JN045512

プーチン 3.0
殺戮と破壊への衝動

ウクライナ戦争はなぜ勃発したか

SHIOBARA Toshihiko
塩原俊彦 著

社会評論社

はじめに

本書は、社会評論社としてはじめて、電子版を先行販売し、実物版を1カ月後に刊行するものだ。このため、URLをつけることで、出所などに簡単にアクセスできるように配慮して書かれている。たとえば、ノンフィクション作家の河添恵子の動画「バイデン家と再燃するウクライナ・ゲート」（https://www.youtube.com/watch?v=mD7uDM4UuSc）にアクセスできれば、楽しみも増えるというわけだ。逆に、この本を電子書籍ではなく実物で読んでいる方には、やや不便をかけることになることをあらかじめ断っておきたい。

まだ電子書籍になじみのない人向けに、練習をしてみよう。拙稿（https://webronza.asahi.com/politics/articles/2022030100008.html）にアクセスしてみてほしい。下線部分をタップすれば、「ウクライナ侵攻、西側の報道に異論：「非ナチ化」の意味をもっと掘り下げよ」という「論座」に掲載された記事に移ることができるだろう。

実は、この記事は「論座」編集部の幹部が公開直前に公開を取り止めることを決定したものだ。だが、あまりにも直前であったためか、原稿は公開された。「論座」側の手違いの結果、思わぬかたちで拙稿が無事、日の目をみたことになる。

なぜ「論座」の幹部が公開停止を決めたのかは読者の方々に判断していただきたい。ぼくが内幕をあえて暴露したのは、マスメディアの情報操作（manipulation）の実態を知ってほしかったからにほかならない。この例で言えば、マスメディアは情報自体を封殺することで、何か「不都合な事実」を隠そうとしたに違いない。マスメディアには、編集という作業が伴うから、内容の修正を求めることはありうる。その最終手段が言論封殺ということになる（なお、「論座」に寄稿した記事のうち、編集部から言論封殺を受けかけたのはこの1本だけだ、念のため）。

いま、ロシア連邦によるウクライナへの全面的な軍事侵攻という悲劇を目の当たりにして、テレビや新聞などの既存のマスメディアは膨大な量の情報を提供している。テレビに映る悲惨な実態は心を揺さぶる。そして、侵略を決断したウラジーミル・プーチンへの憤怒が湧き上がり、一刻も早く戦闘を停止し、和平をもたらすことを願うばかりの状況だ。

ぼくも同じ心境にある。ただし、言論封殺という事態を知っているぼくからみると、マスメディアが伝えようとしない「現実」についても考える必要があると感じている。

前述したぼくの論考にあるように、マスメディアと主権国家が共謀関係にあるのは歴史的事実だ。ウクライナ戦争のような大事件を契機に、この共謀関係がわかりやすいかたちで露わになることがある。たとえば、ウクライナからの避難民を見るたびに、どうして男性はウクライナから避難できないのだろうという疑問がわく。ウクライナという主権国家よりも、自分の身を護るほうがずっと大切であるはずなのに、避難したい人に避難させない国家って何なのだろうという問いが頭に浮かぶ。ところが、そんな疑問にこたえてくれる報道をみかけることはほとんどない。

あるいは、ジョー・バイデン米大統領は厳しい対ロ制裁を矢継ぎ早に打ち出しているが、その法的根拠について問題視する報道がなかなか見出せないのも気がかりだ。同じことが、欧米諸国でも日本でも起きている。既存の権力者が恣意的に制裁を決めているように見える。だが、その制裁の法的根拠はどこにあるのかについて、マスメディアはきちんと報道していない。主権国家にとって「不都合な事実」について、目を瞑っているように感じられる。

本書の目論見

そんな想いから、ウクライナ戦争について、マスメディアでは語られていない「現実」を丹念に調べ上げ、マスメディアによる情報操作で歪められてしまったウクライナ戦争像を少なくとも別の角度からながめる視角を提供したい、とぼくは考えるようになった。といっても、マスメディアはその情報操作を通じて、集団ヒステリーのような状況を世界中でつくり出している。他方で、SNSでは、感情論があふれている。本書は、こうした二つの傾向に背を向けて、テレビやSNSと距離を置いて、じっくりと文字を追うことで、頭のなかで考えをめぐらせてみたい人向けに書かれている。

タイトルを「プーチン3.0」としたのは、『プーチン2.0』という自著があるからだ。いま読むと、「ぼくにも真面目に丹念に研究していた時期があったものだな」とつくづくと感じる。

この本は、プーチンめぐる腐敗構造を徹底的に分析したものである。そのうえで、「プーチン2.0」という新しいプーチン像を展望するという内容になっている。2000年5月から2008年まで大統領を務めた後、当時の憲法の規定に沿って、大統領の座を一期だけドミトリー・メドヴェージェフに譲り、2012年に大統領に復帰したプーチンの今後を占うために書いた本であったから、「プーチン2.0」というタイトルにしたのだ。

そのなかで、ぼくはつぎのように記述している。

「いずれにしても現状では、プーチンは「何も変えずに厳しい権威主義にすがる」という20世紀スターリン型の手法に傾いているように思える。だが、21世紀においては、国家そのものを改革しなければ、権力そのものを手放さざるをえなくなるのではないか。とすれば、プーチン自身が「プーチン2.0」に転換することが求められている。プーチンは自分だけのことしか考えていない人物ではないから、ロシア国民の声に適応する能力はあるはずだという楽観論もある。しかし、それは近代化の失敗の教訓によって、民主化への傾斜を意味するものとはならないだろう。」

何とも優柔不断な書き方である。まだ「初学者」として真面目に研究していたぼくとしては、こんなもの言いしかできなかったのだろう。

さらに、この記述の少し先には、つぎのように書いている。

「こうした「優しさ」をもつプーチンがどこまで自らをヴァージョン・アップして非情に徹することができるか。そこに、「プーチン2.0」の「機能」の出来不出来がかかっているのではないか。ただし、それは民主主義の徹底や民主化を意味しない。権威主義によってしか、プーチンを中心とするピラミッドは維持できないことを知っているからだ。

もちろん、これだけでは、ロシアの腐敗問題は解決しない。プーチンそのものが腐敗していると思われる以上、自らを厳しく律する姿勢も求められている。しかし、そこまで高い「機能」を備えた「プーチン2.0」の出現は期待薄だろう。ヴァージョン・アップを少しずつ重ねてゆくしかない。それを促すのは、外国という「外部」からの監視や批判であろう。すでに、人権の軽視といった問題に対して、欧州人権裁判所が国を超えて介入できる仕組みが存在する。こうした機関がロシアの内政に厳しい目を向け続けることが必要だろう。それは研究者も同じである。ロシアの「内部」に透徹した分析力で迫る姿勢を貫くことが求められている。」

こうした視角の延長線上に本書『プーチン3.0』がある。だが、それは「極悪人」と化したかにみえるプーチンの新しいバージョンを意味していない。国家を強くすることで、国民を守るという主権国家に基づく近代制度を疑うことなく、「強国ロシア」を夢想したプーチンの基本姿勢はいまでも変わっていない。「プーチン2.0」は「プーチン1.0」の延長にすぎず、「プーチン3.0」もそのつづきにすぎない。問題は、そのプーチンを追い詰め、戦争にまで駆り立てた世界全体の構造にある。それは、近代化が生み出した制度への根本的問いかけを含むものだ。つまり、『プーチン3.0』で語りたいのは、制度が軋み、爆発したという世界秩序のほうであり、プーチンはそのなかに登場する「悪人」の一人にすぎないことを本書で説明したいと思う。ぼくもその片隅にいるという自虐的な意識もあると書いておこう。

地政学・地経学からみたロシア

ぼくは、陸・海・空・サイバー空間をめぐる支配権について、地政学とか地経学とか呼ばれている分野について長年研究してきた。陸・海・空については、『現代ロシアの経済構造』(慶應義塾大学出版会)や『ロシアの軍需産業』(岩波新書)、『「軍事大国」ロシアの虚実』(岩波書店)をはじめとするたくさんの本を書いてきた。エネルギー安全保障をめぐっては、『パイプラインの政治経済学』(法政大学出版局)、核兵器については、『核なき世界論』(東洋書店)を上梓した。権力そのものを分析するために、『プーチン2.0』や『ネオKGB帝国』(いずれも東洋書店)といった本も書いた。

加えて、『官僚の世界史』(社会評論社)や『なぜ「官僚」は腐敗するのか』(潮新書)などで権力者としての官僚も俎上にあげた。もちろん、『ウクライナ・ゲート』や『ウクライナ2.0』(いずれも社会評論社)によって、ウクライナ問題の本質にも迫ってきた。そして、『サイバー空間における覇権争奪』(社会評論社)で、サイバー空間の支配権についても分析した経験をもつ。

いずれも、地政学上の重要な論点についての考察であったことになる。本書はこうした問題意識の延長線上に書かれたものであり、その問題意識は多岐にわたっている。その意味では、やや難しい面もあるかもしれない。それでも、「現実」を知るためには、「理論」や「制度」について理解を深めるのは当たり前であり、読者一人一人の奮起を期待するしかない。

「コラム」の活用

説明というのは、実に面倒なものだ。人々がめざす「理念」、その「理念」を実現するための「理論」や「制度」に精通していないと、結果として生じる「現実」をうまく説明できない。ゆえに、本書の構成を考える途上で、ぼくは大いに困惑した。しかも、21 世紀はサイバー空間の発展で、陸海空というこれまでの空間自体にも変革を迫っている。こうなると、ウクライナ侵攻をめぐる説明はテクノロジーのもたらす大変革とも無縁ではいられない。

そこでぼくがとったのは、書きながら考えるという方法だ。しっかりとした構成を設定して、学術書のように書くのをあっさりと捨てた。もっと気ままに、それでも裏づけや事実なるものに配慮しながら、とにもかくにも説明を試みる。これである。

そのとき活用したのが「コラム」である。ヒト・モノ・カネは相互に関連している。説明には、またつぎの説明が必要になる。そこで、重要だと考える「モノ」や「コト」について、コラムのなかで追加の説明を加えている。読者を刺激することで、少しでも多くの問題に関心をもってほしいと思っているからだ。

本書の内容

本書では、第一章において、「ウクライナ危機の主要因は西側（欧米）にある」という主張について分析するところからはじめている。欧米のマスメディアによる情報に「毒されている」読者には目新しい視角が得られるかもしれない。とにかく、距離を置いて、冷静にながめてみるというアプローチで書かれたものだ。

第二章では、「プーチンを解剖する」として、プーチンの権力構造について詳細に考察する。長年、プーチンを研究してきたぼくにとって、この部分は重要なのだが、やや詳しすぎるかもしれない。それでも、一知半解で出鱈目な情報を報道しているマスメディアに騙されないためにも、じっくりと読んでみてほしい。

第三章は「核抑止論という詭弁」について説明している。『核なき世界論』を書いた者として、北大西洋条約機構（NATO）の背後にある核兵器体制について、最低限知っておいてほしいことを書いておいた。

第四章では、「地経学からみた制裁」として、制裁が歴史的に政治利用されてきた事実について解説している。ウクライナでの戦争を一刻も早く終わらせるために、たしかに厳しい制裁は必要だ。同時に、その制裁が米国一国の世界支配のための道具となっていることについて、より多くの人々がもっと知るべきだろう。

第五章では、「経済はごまかせない」として、ロシア経済の制裁対策を中心に、ロシア経済が受けている打撃などについて詳細に分析している。経済に関心のある読者にとっては十分に読み応えのある内容となっていると自負している。

第六章は、「中国との関係」について論じている。今後の中ロ関係は、ロシアの将来を決定づける重要なテーマだ。中ロ関係の現状と将来展望について、これまでの蓄積をフルに活用して書いたものである。ここでも、多くの読者に新しい知見を示すことができていると思う。

第七章では、「修正迫られる近代制度」について考察している。今回のウクライナ戦争が提起した問題のいくつかについて率直に論じたものだ。ウクライナ戦争は、主権国家の嘘や主権国家と共謀関係にあるマスメディアの嘘といった、日頃気づきにくい「現実」を教えてくれている。それを知ったうえで、どう行動するかがいま問われている。

本当は、「デジタル地政学：ウクライナ戦争の問題提起」といった章も設ける予定であった。しかし、紙幅の問題から、この章にあたる部分については別の機会に一冊の本として上梓したいと考えている。なお、刊行までの時間を節約するために、参考文献や索引は割愛した。

2022年4月18日

塩原　俊彦

プーチン 3.0 殺戮と破壊への衝動―ウクライナ戦争はなぜ勃発したか
＊目次＊

コラム

第一章　ウクライナ危機の主要因は西側（欧米）にある

1．ミアシャイマーの主張

まず、「ウクライナ危機の主要因は西側（欧米）にある」とする、シカゴ大学のジョン・ミアシャイマー教授の主張を紹介したい。ぼくが40年以上、愛読する雑誌、The Economistに掲載されたその意見は実に興味深い。2022年3月の記事（https://www.economist.com/by-invitation/2022/03/11/john-mearsheimer-on-why-the-west-is-principally-responsible-for-the-ukrainian-crisis）のその第二段落以降の記述を翻訳してみると、つぎのようになる。

「プーチンが戦争を始めたこと、そしてその戦争がどのように行われているかに責任があることに疑問の余地はない。しかし、なぜ彼がそうしたかは別問題である。プーチンは旧ソ連のような大ロシアをつくろうとする非合理的で常識はずれの侵略者であるという見方が西側では主流である。ゆえに、ウクライナ危機の全責任は彼一人にあるというわけだ。
しかし、それは間違いである。2014年2月に始まったこの危機の主な責任は、西側、とりわけアメリカにある。それはいまや、ウクライナを破壊する恐れがあるだけでなく、ロシアとNATOの核戦争にエスカレートする可能性を秘めた戦争にまでなってしまった。」

こんなことを書くと、袋叩きに合いかねない雰囲気があるなかで、彼の見解は「異端」である。だが、傾聴に値する主張である。他方で、オックスフォード大学の国際関係論の名誉教授アダム・ロバーツ卿は同じ The Economist に反論（https://www.economist.com/by-invitation/2022/03/26/sir-adam-roberts-rebuffs-the-view-that-the-west-is-principally-responsible-for-the-crisis-in-ukraine）を掲載し、「「ウクライナ危機の主たる責任は西側にある」と断言するのは行き過ぎである」としている。大切なことは議論であり、ミアシャイマーやぼくのような見方を最初から切り捨てることではないはずだ。

元駐 NATO 米国常任代表、アイヴォ・ダールダーは同じ欄（https://www.economist.com/by-invitation/2022/04/01/ivo-daalder-says-nato-enlargement-didnt-go-far-enough）で、「北大西洋条約機構（NATO）を非難するのは率直に言ってばかげている」として、勝者の論理をふりかざしている。こうした人々に知ってほしいのは、世界的言語学者ノーム・チョムスキーの発言である。3 月に公表されたインタビュー（https://truthout.org/articles/noam-chomsky-russias-war-against-ukraine-has-accelerated-the-doomsday-clock/）のなかで、彼はつぎのようにのべている。

「プーチンがなぜウクライナへの侵攻を決意したのか、彼の歪んだ心の奥底を探る議論は、多くの学識者が行っている。犯罪的な侵略に移行することで、彼はウクライナの国境で毎年行われている動員を一歩進めたのであり、ロシアの安全保障上の懸念を考慮するという彼の答えのない呼びかけに何らかの注目を集めようとしたのだ。」

「プーチンの魂を探ることが、2022 年 2 月の彼の決断を理解するための正しいアプローチなのかもしれない。もしかしたら、もう一つの可能性があるかもしれない。おそらく彼は、25 年前のボリス・エリツィン元大統領以来、彼や他のすべてのロシア指導者が言い続けてきた、ウクライナの中立化について言いたかったのだろう。そしておそらく、非常に挑発的な共同声明（2021 年 9 月 1 日にホワイトハウスが署名した「米・ウクライナ戦略的パートナーシップに関する共同声明」[https://www.whitehouse.gov/briefing-room/statements-releases/2021/09/01/joint-statement-on-the-u-s-ukraine-strategic-partnership/]：引用者注）が米国内で沈黙しているにもかかわらず、プーチンはそれに注意を払い、それゆえに無視されてきた毎年の努力を直接侵略へとエスカレートさせようと考えたのかもしれない。」

93歳になる巨人、チョムスキーの言説にしたがって、ぼくはこの問題に真摯に取り組みたいと思う。

ウクライナ問題の端緒

ミアシャイマーは、「ウクライナ問題は、実は2008年4月の北大西洋条約機構（NATO）ブカレスト首脳会議で、ジョージ・W・ブッシュ政権がウクライナとグルジアの「加盟」表明を強行したことに端を発している」と指摘している。これにプーチンが激怒したのである。にもかかわらず、米国はロシアのレッドラインを無視して、ウクライナをロシアとの国境にある西側の防波堤にすることを推し進めた。その戦略には、ウクライナをEUに接近させることと、親米的な民主主義国家にすることの二つが含まれていた。

この政策を推進したのがいわゆる「ネオコン」と呼ばれる人々だ。新保守主義ないし新保守主義者を指している。世界の民主化というリベラルな理念を考え方の中心に置き、それを達成するためには力の行使をいとわない、というパワー信奉のリアリストという側面をもつ。ぼくの知己、渡部恒雄は、その著書『「今のアメリカ」がわかる本』のなかで、「ネオコンにはユダヤ系の知識人が多く、現実にイスラエル政府とのつながりを持つ者も多かった」と指摘している。

2014年にウクライナでネオコンがやったこと

ミアシャイマーによれば、前述の二つの戦略の延長線上で、「2014年2月、米国の支援を受けた反乱により、親ロシア派大統領ヴィクトル・ヤヌコヴィッチが国外に脱出した後、これらの努力（二つの戦略：引用者注）は最終的に敵対行為に発展した」。ここで注意喚起したいのは、この米国の支援こそ、当時、ネオコンであり、国務省次官補であったヴィクトリア・ヌーランドによって主導されたウクライナのナショナリストへの支援であったことである。同じユダヤ系の夫ロバート・ケーガンはネオコンの理論家だ。

わかりやすく言えば、2014年のウクライナ危機はネオコンが仕組んだクーデターであったのだ。そう、危機の発端をつくったのは、米国であり、ネオコンだった。だが、まだ強固な覇権国であった米国が主導したこのクーデターを他の西側諸国はまったく批判しようとしなかった。

ナショナリスト（プーチンの言葉では、「ネオナチ」）がロシア系住民に暴力をふるったことから、彼らの多く住むクリミアを住民保護と称して併合したロシアだけが非難の対象となった。これって、おかしくないか。
この点について、ミアシャイマーはつぎのように指摘している。

「2014 年以前、西側諸国はロシアを欧州の軍事的脅威とみなすことはほとんどなかった。米国のマイケル・マクフォール元駐モスクワ大使が指摘するように、プーチンによるクリミアの占領は長期にわたる計画ではなく、ウクライナの親ロシア派指導者を倒したクーデターに対応した衝動的な動きであった。」

にもかかわらず、いったん危機がはじまると、欧米の政策立案者は、ウクライナを西側に統合しようとすることで自分たちが危機を誘発したことを認めるわけにはゆかなかった。そして、プーチンだけを悪者し、それをユダヤ系が強い影響力をもつマスメディアが喧伝したのだ（なお、ぼくが書いた『ウクライナ・ゲート』や『ウクライナ 2.0』は、こうしたウクライナ危機の「真実」を解説したものである）。
当時のジョン・ケリー国務長官もユダヤ系であった（宗教はカトリック）。ウクライナを担当していたのはジョー・バイデン副大統領だ。このケリー家とバイデン家は親しく、両家に親しいデボン・アーチャーこそ、ウクライナの民間石油ガス会社（Burisma Holdings）の取締役であった人物であり、バイデンの次男ロバート・ハンター・バイデンを同社取締役に招きいれた人物である。二人はこの会社を通じて私服を肥やしたのであった。なお、ハンターは中国企業との蜜月によっても多額の利益を得てきた（詳しくは「ハンター・バイデンの中国のエネルギー企業との数百万ドル規模の取引の内幕」［https://www.washingtonpost.com/politics/2022/03/30/hunter-biden-china-laptop/］を参照）。これこそ、「バイデン家族」の実態であり、腐敗に満ちた米国政治そのものであると指摘しておきたい。

欧米による挑発

ミアシャイマーの分析によれば、2017 年 12 月、トランプ政権がキーウ（キエフ）に「防衛兵器」の売却を決定したことからウクライナを

NATOの事実上のメンバーにしようとする動きがはじまった。何をもって「防衛的」とするかは明確ではないため、ドンバス地方のドネツク人民共和国とルガンスク人民共和国、そしてロシアにとって、これらの兵器は攻撃的に見えた。他のNATO諸国は、ウクライナに武器を送り、軍隊を訓練し、航空・海軍の合同演習に参加させることで、米国の動きに参加したのである。

バイデンが2021年1月に大統領に就任すると、ヌーランドは国務省次官に復活する。その長官アントニー・ブリンケンは、実父がウクライナ系ユダヤ人の銀行家ドナルド・M・ブリンケン、母は裕福なハンガリー系ユダヤ人の娘で、継父サミュエル・ピサールは、ナチスの死の収容所の生き残りで、戦争末期近くにアメリカ軍によって解放された人物である。ケリーは気候問題担当特使として生き残っている。

2021年7月、ウクライナと米国は、黒海地域で32カ国の海軍が参加する大規模な海軍演習（シーブリーズ作戦）を行い、「ロシアが領海と見なす場所に故意に侵入したイギリス海軍の駆逐艦に発砲するなど、ロシアを挑発するところとなった」とミアシャイマーは指摘している（ロシアと欧米の「演習合戦」については、表1-1をよく見てほしい）。

2021年11月10日、ブリンケン国務長官とウクライナのドミトリー・クレバ外相は「米・ウクライナ戦略的パートナーシップ憲章」（https://www.state.gov/u-s-ukraine-charter-on-strategic-partnership/）という重要文書に署名する。前述した9月の共同声明（https://www.whitehouse.gov/briefing-room/statements-releases/2021/09/01/joint-statement-on-the-u-s-ukraine-strategic-partnership/）を明確化したものだ。その目的は、「ウクライナが欧州および欧州大西洋諸制度に完全に統合するために必要な深く包括的な改革を実施することへのコミットメントを強調すること」であった。この文書は、「ゼレンスキー大統領とバイデン大統領による、ウクライナと米国の戦略的パートナーシップを強化するための公約」を明確にしたものであり、また両国が「2008年ブカレスト首脳宣言」を指針とすることを強調するものであった。つまり、ブッシュ路線を平然と踏襲することを宣言したようなものなのだ。

こうして、米国を中心とする欧米諸国はプーチンを怒らせつづけた。別言すると、挑発しつづけたのである。

〔表 1-1〕今回の「ウクライナ侵攻」に関連する出来事

2021 年	
3 月 11 日	ウクライナ付近で、スモレンスク、ヴォロネジなど地域に駐留する統合軍の編隊を対象に、1 週間にわたる指揮・幕僚演習が始まる
3 月 17 日	バイデンはプーチンを「殺人者」と呼ぶことに合意（ABC とのインタビューで）
3 月 18-19 日	2000 人の兵士と 500 個の装備品が参加して、クリミアで演習
3 月 25 日	ウクライナ大統領、「軍事安全保障戦略」を承認
3 月 30 日	ロシア、ウクライナ国境の軍備増強
4 月 8 日	ウクライナは黒海での演習を開始
4 月 9 日	米国、米軍艦 2 隻が来週、ボスポラス海峡から黒海に向かうことをトルコに通知したと、トルコ外務省が発表（その後、米は通航中止を通告）
4 月 13 日	バイデンはプーチンと電話会談し、首脳会談を要請
4 月 22 日	ショイグ国防相はクリミアでの演習を視察
4 月 24 日	4 月 24 日から 6 カ月間、ロシア海軍が黒海で演習を行う
6 月 7 日	米国を含む NATO 諸国を中心に、26 カ国から集まった約 2 万 8000 人の多国籍軍を統合し、12 カ国 30 カ所以上の訓練場でほぼ同時進行の作戦を実施する「DEFENDER-Europe 21」がスタート
6 月 16 日	ジュネーブで米ロ首脳会談
6 月 18 日	米国とその同盟国（日本、韓国、オーストラリアなどを含む 32 カ国が参加）は、黒海で 7 月 10 日まで行われる大規模な多国籍演習「シー・ブリーズ 2021」を開始
7 月 12 日	プーチン、「ロシア人とウクライナ人の歴史的一体性について」を公表
8 月 24 日	ウクライナ、独立 30 周年記念
9 月 17 日	ロシア下院選
9 月 20 日	米国とウクライナの共同軍事演習「Rapid Trident-2021」がスタート。NATO 加盟国 11 カ国を含む 15 カ国から 6000 人の兵士が参加するこの演習は 10 月 1 日まで実施
9 月 22 日	NATO11 カ国が参加してウクライナ領内で行われる多国籍演習「Combined Efforts-2021」がスタート。1 万 2500 人が参加予定で、9 月 30 日まで
12 月 3 日	「ロシア、ウクライナに対して 17 万 5000 人の部隊がかかわる大規模な軍事攻撃を計画、米情報機関が警告」と「ワシントン・ポスト」が大々的に報道
12 月 7 日	米ロ首脳、ビデオ会談
12 月 17 日	ロシア、米国および NATO との間の条約要請案を公表
12 月 25 日	南部軍管区は 1 万人の部隊を 1 カ月間の野外演習の後、恒久的な基地に帰還させる
2022 年	
1 月 6 日	カザフスタンのトカエフ大統領の要請で、集団安全保障条約機構（CSTO）に平和維持部隊としてロシア軍を派遣
1 月 10 日	米ロ協議
1 月 11 日	スモレンスク、ベルゴロド、ブリャンスク、ヴォロネジ地方で、約 3000 人の軍人が参加する演習がスタート
1 月 12 日	ロシア、NATO と協議

1月17日	ロシア兵、ベラルーシとの共同軍事演習のためベラルーシに到着
1月20日	ロシア国防省は、140隻以上の艦船と1万人以上の兵力が参加するロシア海軍の一連の演習の開始を発表
1月21日	米ロ外相会談
1月26日	欧州における安全保障に関するロシアの提案に対する米国とNATOの回答書がロシアに
1月28日	プーチン、マクロンと電話協議（31日も）
1月29日	25日から1000人以上の西部軍管区所属隊員が参加して始まった戦闘態勢の定期点検が終了し、基地に戻っているとの報道あり
2月1日	米ロ外相、談話会談
2月2日	米国防総省は数日中に約3000人を欧州に増派。ポーランドとルーマニアを増強。緊急事態に備えた8500人の警戒態勢は維持
2月3日	トルコ大統領、ウクライナを訪問し、仲介を提案
2月3日	米政府、ウクライナがロシアを攻撃したと誤認させる、偽のプロパガンダ映像をロシア政府が作成、侵攻の口実作りの恐れがあると発表
2月3日	ウクライナのゼレンスキー大統領とトルコのエルドアン大統領、より多くのトルコ製のドローン「バイラクタル無人機」（TB2）を共同で製造する契約に署名
2月4日	中ロ首脳会談、共同声明でNATO拡大に反対
2月4日	ウクライナ軍、米提供の対戦車ミサイルやランチャーなどを用い、西部基地で軍事演習
2月7日	モスクワでロ仏首脳会談（マクロン、8日にゼレンスキーと会談）
2月7日	ワシントンで米独首脳会談（ショルツは14日にキーウ、15日にモスクワで首脳会談）
2月8日	独仏ポーランドの首脳がベルリンで会談
2月10日	ロシアとベラルーシ、ベラルーシ国内で共同軍事演習開始（20日まで）
2月10日	ウクライナ軍、全国的な演習開始
2月11日	国防総省、ポーランドに3000人の追加部隊を命じ、過去2週間に欧州に送られた増援部隊数は5000人に
2月11日	ドンバスでロシア支援の分離主義者が演習
2月12日	米ロ首脳、電話会談（プーチンはマクロン、ルカシェンコとも電話会談）
2月12日	「キーウ政権と第三国による挑発の可能性」を理由に、ロシア外務省は外交官をウクライナから引き揚げると発表
2月12日	ロシア海軍、黒海で演習開始

（出所）The Economist など、多数の情報源から筆者作成

なぜプーチンは激怒したのか

プーチンが激怒した理由を探るためには、2021 年 12 月に実施された米ロ外務省による文書による交渉をみればわかる。

2021 年 12 月 17 日、ロシア外務省は米国側に、「ロシア連邦とアメリカ合衆国との間の安全保障に関する条約案」（https://mid.ru/ru/foreign_policy/rso/nato/1790818/）と、「ロシア連邦と北大西洋条約機構（NATO）加盟国の安全を確保するための措置に関する協定」（https://mid.ru/ru/foreign_policy/rso/nato/1790803/）を提示した。

前者においては、第四条でつぎのように記されている。

「米国は、北大西洋条約機構（NATO）のさらなる東方拡大を排除し、かつてソヴィエト社会主義共和国連邦の一部だった国々の同盟への加盟を拒否することを約束する。

米国は、北大西洋条約機構に加盟していない旧ソヴィエト社会主義共和国連邦の領土に軍事基地を設置せず、そのインフラをいかなる軍事活動にも利用せず、2 国間軍事協力も展開しない。」

後者においては、第六条で、「北大西洋条約機構の加盟国であるメンバーは、ウクライナの加盟を含め、NATO のさらなる拡大を妨げるような約束をする」とか、第四条で、「ロシア連邦及び 1997 年 5 月 27 日の時点で北大西洋条約機構の加盟国であったすべての加盟国は、1997 年 5 月 27 日の時点で他のすべての欧州諸国の領域に駐留していた部隊に加えて、その軍および軍備をそれぞれ駐留させないものとする」とか、第五条で、「加盟国は、中距離及び短距離陸上ミサイルを、他の加盟国の領域の目標を交戦することが可能な地域に配備することを排除する」と書かれている。

これからわかるように、プーチンは NATO の東方拡大、とくにウクライナの NATO 加盟への動きに神経質になっていることが理解できるだろう。だが、北大西洋条約の締約国が加盟したい国の希望をもとに加入招請できる「オープン・ドア」政策という原則は同条約第十条に定められており、米国政府やその他の締約国はロシアの主張を基本的に門前払いした。

レッドラインを越えた西側

2月24日の演説で、プーチンはつぎのようにのべている。

「米国とその同盟国にとって、これ（NATOの東方拡大）はいわゆるロシア封じ込め政策であり、地政学的な配当は明らかである。しかし、我々の国にとっては、最終的には生死の問題であり、民族（ナロード）としての我々の歴史的な未来にかかわる問題である。しかも、それは大げさな話ではなく、事実なのだ。これは、我々の利益だけでなく、国家の存在、主権に対する真の脅威である。これが、繰り返し語られてきたレッドラインである。彼らはそれを越えてしまったのだ。」

ここで注意喚起したいのは、プーチンが「未来」を持ち出している点だ。ウクライナがNATOに加盟すれば、クリミア奪還のためのNATO対ロシアの「大戦争」がはじまるという予測が成り立つ以上、未来の戦争を避けるという大義が成り立つと、プーチンは考えていたことになる。

なぜ未来の戦争になるのか

現実を理解するためには、こうした経緯を丁寧にたどる必要がある。もう少しだけ説明につき合ってほしい。

問題の核心は、ウクライナ政府の姿勢にある。NATOはあくまで集団防衛体制であるにもかかわらず、ウクライナはNATOに入ったうえでNATOの支援を得て、「奪われたクリミア」を奪還する方針を明確に定めていたところにある。

2021年3月25日、ウォロディミル・ゼレンスキーウクライナ大統領は「軍事安全保障戦略」を承認する大統領令（https://www.president.gov.ua/documents/1212021-37661）を出す。このなかで、「国家レベルでは、ロシア連邦は依然としてウクライナの軍事的敵対国であり、ウクライナに対して軍事侵略を行い、当面はクリミア自治共和国の領土とセヴァストポリ市を占拠している」と明記されている。優先順位の高い項目として、「ウクライナのNATOへの完全加盟」がうたわれている。

この戦略に対して、プーチンはテレビ演説のなかで、つぎのようにのべている。

「2021年3月、ウクライナは新たな軍事戦略を採用した。この文書は、ほとんどロシアとの対立に終始し、外国を我が国との対立に引き込むことを目的としている。」

プーチンがとくに問題視したのは、ウクライナがロシアに対して軍事行動を準備していると受け取れる記述に対してだ。「ロシア連邦との地政学的対決において国際社会の軍事的支援を得て」という文言が問題だというのである。この戦略には、「ロシア連邦との地政学的対決において、国際社会がウクライナを政治的、経済的、軍事的に支援すること」という記述がある。つまり、プーチンからみると、ウクライナがNATOに加盟したうえで、クリミア半島の奪還をねらっているということになる。

おそらく事態はつぎのように進むだろう。ウクライナ軍がドンバス地域の親ロシア派が支配するドネツク人民共和国とルガンスク人民共和国への攻撃を仕掛け、それを敵からの攻撃を受けたと偽り、NATOの集団防衛を求めることで、NATO軍の支援を得てこれらの地域はもちろん、クリミアも奪還するという戦略になる。

もしこんな事態になれば、ロシアはNATO軍と戦闘することになり、ロシアの勝ち目はないだろう。それを回避するには、核兵器の使用さえありうるかもしれない。ゆえに、「平和的解決の保証を失ったロシアが先手を打ったのである」（https://expert.ru/expert/2022/09/pochemu-rossiya-bolshe-ne-mogla-otstupat/）という見方がロシア国内にはある。2022年であれば、まだウクライナはNATOに加盟していないから、少なくともNATO軍と真正面から戦うことはないと踏んだわけである。

ただし、未来の世代を持ち出すところに彼の独善がある。こんな独善で、戦争をはじめることなど許されるはずもない。忘れてはならないことは、ナチスの宣伝担当、ヨーゼフ・ゲッベルスが未来を先取りするかたちをとって、若者を鼓舞した事実についてである。

「我々の未来に破壊的な作用をおよぼすいかなる書物も破壊されるだろう ...... ドイツ国民の魂は再び自らを表現することができるのだ。この炎は古い時代の終わりを照らすだけでなく、新しい時代を照らし出すのだ。」

この彼の言葉にしたがって、ベルト・フォン・ズットナー著「Die Waffen nieder!」(武器を捨てよ!) も、トーマス・マン著『魔の山』も焚書の憂き目にあう。他方で、ナチスは、1926年に設立された「ヒトラーユーゲント」を、1933年以降、ナチスの国家共同体に統合し、軍隊や後に親衛隊の兵士として働けるようにすることをめざした。1936年には、10歳から17歳までのすべての少年少女にナチスの青年団への加入が義務づけられるようになる。まさに、未来を先取りすることで現在をナチス一色に固めたのである。

極悪非道のプーチンを非難するだけでは、今回の大事件の真相に近づいたことにはならない。問題は、プーチンをそこまで追い込んでしまった米国を中心とする欧米諸国にある、というのがミアシャイマーの主張である。

2. 2014年のウクライナ危機

ぼくはプーチンの肩をもっているわけではない。人にはいい面もあるし、欠点もあるはずであり、プーチンを極悪人扱いしてみても、それは真実を語っていない。

ここで、ぼくのプーチン評を紹介しておこう。ぼくは、2012年10月25日午後5時すぎから2時間半ほど、プーチンとの晩餐に臨んだことがある。プーチン主導で、海外の研究者やジャーナリストなどをモスクワやサンクトペテルブルクに招き、ロシア側がいろいろと便宜供与をはかるという「バルダイクラブ」なる団体の招待を受けたわけである。出席者は外国人およそ40人、ロシア人10人ほどであった。場所はモスクワ郊外。筆者とプーチンとの距離は15メートルほどだった。

このとき、筆者が強く感じたのは、プーチンの哀れさである。

外国から招かれた学者やジャーナリストは、プーチンの話を聴きながら食事をとっていたのだが、彼は一度もフォークを握ることもないまま、予定調和のつまらない質問に熱心にこたえていた。結局、テーブルに出された赤や黒のスグリを何度か口にしただけだったと記憶している。そういえば、何度かワインを飲んでいたかもしれない。
独裁者のように思われているプーチンが真摯に質問にこたえている姿に、ぼくは哀れさを強く感じた。ぼくがプーチンの立場にあったなら、ばかばかしくてこんな偽善の場から席を立っていたに違いない。プーチンは政治家としての自分の役割を実にまじめに果たしているように見えた。でも、それは権力者の権力維持のための仕事であり、そうまでして権力にしがみつきたいのか、というふうに見えた。だから、ぼくには哀れなプーチンという印象が強い（プーチンの人となりを知りたければ、2018年の「オリバー・ストーン　オン・プーチン」をみることを推奨する）。

「ウクライナ危機＝クリミア併合」ではない

こんなプーチンが激怒したのが2014年に表面化した、いわゆる「ウクライナ危機」である。怒りのマグマが今回、ウクライナ侵攻で爆発したと考えると、このウクライナ危機こそ、プーチンの憤怒の一つに数えることができるだろう。
何が起きたのか。その前に、ぼくは大学で教えていたから、その経験を話しておきたい。これまでの出会った学生の100%が「ウクライナ危機＝ロシアによるクリミア併合」であり、プーチンが仕組んだ悪行であるとみなしていた。それほどまでに、嘘を教え込まれている教育って何なのだろうかと慨嘆してしまうほどだ。
実は、ウクライナ危機は二つの出来事からなっている。第一幕は、親ロシア派と勝手に米国政府からみなされていた当時のヴィクトル・ヤヌコヴィッチ大統領がクーデターによってロシアに逃亡するというものだ。このクーデターの黒幕は、当時、米国務省次官補だったヴィクトリア・ヌーランドだ。彼女は、ウクライナでも貧しい人々が多い地域であった西部にねらいを定める。ウクライナ政府に不満をもつ人が多く、ロシア語よりもウクライナ語を母語とするような人々が多い点に目をつけたのだ。彼女は彼らのウクライナという国家への想いを煽る。つまり、ウクライナ国民であったり、ウクライナ語のようなものを重視するナショナリズムに訴えかけて、反ロシア語、反ロシア人感情に火をつけたのだ。
それだけではない。武力闘争の訓練までした。そして、2013年12月、ついに武装闘争が急速に広がる。詳しくは、ぼくの書いた『ウクライナ・

ゲート』や『ウクライナ2.0』をぜひ読んでほしい。

2月21日の協定を反故にした西側

この第一幕は、2014年2月21日の夜、ヤヌコヴィッチが大統領官邸からロシアに逃亡するという出来事で幕を下ろす。問題は、その直前に、大統領と反政府勢力が協定を締結したにもかかわらず、それが反故にされてしまったことだ。暴力を厭わないナショナリストなどから構成される反政府勢力によって、武力で追い出されてしまったのだ。

このあたりの事情について、ぼくは『ウクライナ・ゲート』のなかでつぎのように記述している。少し長い引用になるが、我慢して精読してほしい。

「21日の協定

もっとも問題なのは、2月21日に結ばれたとされる協定をめぐる事実関係である。英語情報では、この協定自体をきちんと報道しているものは少ない。ロシア語やウクライナ語による情報によれば、この日、ヤヌコヴィッチ、ヴィタリー・クリチコ（「改革をめざすウクライナ民主主義連合」）、ヤツェニューク（「祖国」）、オレグ・チャグニボク（「自由」）は、ドイツのフランク・シュタインマイエル外相、ポーランドのラドスラフ・シコルスキー外相、エリック・フルニエ・フランス外務省ヨーロッパ大陸部長のもとで協定に署名したとされる。第1項で、協定署名後、48時間以内に、これまでの修正付の2004年憲法に復帰する特別法を採択・署名・公布することが規定されていた。第3項では、大統領選が新憲法採択後、2014年12月に遅れることなく速やかに実施されるとされた。加えて、すでに指摘したように、「不法な武器は特別法発効から24時間以内にウクライナ内務省の機関に引き渡されなければならない」という記述もある。

にもかかわらず、同じ日ないし翌未明、ヤヌコヴィッチはキーウから逃げ出した。一体、何が起きたのか。ヤヌコヴィッチ自身は「すでにこの夜、ギャングは公然と私を攻撃し始めた」と説明している。その後の出来事をみると、2004年憲法への復帰が決まり、大統領選が5月25日に実施されることになった。その意味では、協定はたしかに存在したかにみえる。ヤヌコヴィッチがロシアに逃れてから行った2

月 28 日に行った記者会見では、「私ではなく、ウクライナの人民すべてが騙された」と語った。これに対して、ポーランドのシコルスキー外相は「ヤヌコヴィッチ自身が協定の条件を遂行しなかった」とやり返している。だが、むしろ、協定は最終的にヤヌコヴィッチによって拒否されたと考える方が自然かもしれない。ただ、その場合には、なぜ彼が逃げたのか、その理由がよくわからない。暴力には暴力で抵抗できたはずではないか。最終局面では、暴力で戦う力も彼には残されていなかったということだろうか。」

「不都合な事実」に沈黙するマスメディア

ドイツ、フランス、ポーランドの外務省は、協定破棄について言を濁してきた。西側の主要マスメディアにいたっては、プーチンによってクリミア半島が併合されたことだけにスポットを当てた報道しかせず、ヤヌコヴィッチが武力によって追い落とされた事実を無視しつづけている。

それは日本でも同じだ。この問題に真正面から立ち向かい、2014 年春に起きたウクライナ危機における「不都合な事実」を取り上げて非難しつづけているのは、ぼくを含めてごく少数に限られている。他方で、この「不都合な事実」に目を閉ざし、覇権国米国の主張だけを垂れ流すマスメディア、政治家、似非学者ばかりではないか、ぼくはそう思っている。

こんな状況だから、ぼくの出会った学生たちもウクライナ危機の少なくとも第一幕の真相を知らないのだ。

忘れてならないのは、そうした事態を招くことに加担してきたのがマスメディアあるという事実である。だからこそ、プーチンは西側のマスメディアを「嘘の帝国」と呼んで厳しく断罪している（「嘘の帝国」については「コラム 1」を参照）。事実が歪められてしまっては、民主主義はそもそも成り立たない。

第二幕はクリミア併合

クーデターの首謀者のなかには、反ロシアの立場から、ロシア系住民に暴力をふるう者がたしかにいた。ここで、プーチンが 2 月 24 日の演説で、侵攻の目的を「非軍事化」と「非ナチ化」であると解説したことコラム１　「嘘の帝国」

プーチンは2022年2月24日の演説のなかで、「アメリカの政治家、政治アナリスト、ジャーナリストは、近年、アメリカ国内で正真正銘の「嘘の帝国」(империя лжи) が創設されたことについて書き、語っている」という指摘をしている。それにつづいて、「これに同意しないわけにはいかない -- そうなのだ」とものべた。さらに、つぎのように語っている。

「米国は依然として偉大な国であり、システム大国である。その衛星のすべては、おとなしく従順にそれに従うだけでなく、あらゆる場面で一緒に歌い、その行動を真似し、提供されたルールを熱狂的に受け入れている。ゆえに、米国によって自国の姿に似せて形成された、いわゆる西側ブロックが全体として同じ「嘘の帝国」であると自信をもって言えるのである。」

この発言部分に対して、西側メディアは猛反発しているようにみえる。しかし、彼らが怒れば怒るほど、実はこの指摘が的を射ていることに気づかなければならない。

東京新聞の「ウソをつくと鼻がニョキニョキと伸びてしまうのはピノキオだっ …」(https://www.tokyo-np.co.jp/article/162911) という記事を紹介しよう。

その冒頭は、「ウソをつくと鼻がニョキニョキと伸びてしまうのはピノキオだったが、人間にもやはりウソをつくことで悪い影響が出るらしい」ではじまる。そして、「西側の非難にも耳を貸さず、ウクライナ侵攻を続けるロシアのプーチン大統領である。この数日間、この大統領とその周辺からいったい、いくつのウソが発せられたことか」といった記述もある。「嘘の帝国」への言及はないが､おそらく「嘘の帝国」部分に過剰反応しているようにみえる。「嘘を数々ついてきたプーチンに「嘘の帝国」だとは言わせない」といった感情的な反発が透けてみえる。

マスメディアは何度も嘘を平然と垂れ流すことで、既存の政治勢力と結託してきた。ベトナム戦争の引き金となったトンキン湾事件の虚報、大量破壊兵器と核兵器開発をめぐるイラク関与の誤報などはみな、権力と結託したマスメディアの加担のもとに起きたのである。

マスメディアの傍若無人は、訂正さえしないという姿勢によく現れている。たとえば、2008年8月にはじまったロシアとグルジア（ジョージア）との五日間戦争がロシアの開戦したものだとして、平然と嘘をばら撒き、訂正さえしない者がいる（日本経済新聞の飯野克彦と中沢克二という編集委員)。マスメディアの無反省こそ、民主主義なるものをますます虚妄なものに貶めている、とぼくは考えている（この点については、第七章第一節を参照)。

を思い出す必要がある。
　ここで、「非ナチ化」と訳したのは、*Entnazifizierung* というドイツ語をロシア語化したものだ。戦後のドイツとオーストリアの社会、文化、報道、経済、教育、法学、政治からナチスの影響を排除することを目的とした一連の措置を指す。
　プーチンの認識では、ウクライナにはナチズムにかられたナショナリストが存在し、彼らがロシア系住民を排斥するだけでなく、ロシア語さえ廃絶しようとしているということになる。にもかかわらず、「NATOの主要国は、自分たちの目的を達成するために、ウクライナの極端なナショナリストやネオナチを支援している」と、プーチンは指摘する。こうしたロシア人への抑圧を行っているナショナリストやネオナチをつかまえて裁くことが「非軍事化」と並ぶ重要な目的とされているのだ。
　これに対して、ゼレンスキー大統領は、自身がユダヤ人であること、家族がホロコーストで苦しんだこと、祖父が赤軍の一員であったことをしばしば強調する。この主張に対しては、ナチス・ドイツ時代の人種用語で、祖先が「アーリア人」と「ユダヤ人」の両方の血を引く人々のことを指す「ミシュリンゲ」がドイツ国防軍に約 15 万人もいたが、「アウシュビッツの犠牲者を守るために手を上げた者は一人もいなかった」といった、わけのわからない反論（https://expert.ru/expert/2022/14/chto-oznachayet-denatsifikatsiya-ukrainy/）がある。
　もちろん、プーチンの主張が正しいというわけではない。ただ、歴史的記憶を明確に修正するほどのソ連の過去の否定、極端な保守主義、ユダヤ恐怖症、排外主義、そしてウクライナの主な実存的敵はロシアまたはその歴史的化身としてのソ連であるという強迫観念などにまみれた思想に毒された人物をネオナチと呼び、プーチンは警戒しているようにみえる。
　プーチンのネオナチへの憤怒そして報復欲求は、彼らがロシア系住民を殺傷したという出来事に由来する。もっとも有名な事件として、2014 年 5 月 2 日にオデッサで起きた、公式発表で 46 人もの人々が労組会館で殺害された事件がある。イーホル・コロモイスキーというユダヤ系富豪が個人的にネオナチとみられる武力勢力（「ライトセクター」）に「発注」し、事件を起こしたという説がある（ネオナチに関連する「アゾフ大隊」については「コラム 2」を参照）。ヤヌコヴィッチは、コロモイスキー、コラム２　「アゾフ大隊」

2014年5月、ウクライナ南部のマリウポリに、いわば自発的に設立された「アゾフ」について紹介しよう。この「アゾフ」が注目されているのは、当初、超過激なナショナリストとして有名な黒装束のイーゴリ・モシチュークや、「ユーロマイダン」で武装闘争に参加した者が多数、この部隊に糾合していたからである。6月末には、「アゾフ」大隊のメンバーは500人に達し、9月に、「アゾフ」大隊を連隊に再編する決定が採択され、「アゾフ」連隊となった。その後、3月12日に制定された国家警備隊（親衛隊）法に基づく同隊の構成のなかに「アゾフ」は位置づけられることになる。

順序からすると、米国の支援で武装クーデターを引き起こした「ごろつき」とも言える、超過激なナショナリストらを何とかクーデター後の暫定政権の指揮下に入れる必要から、国家親衛隊なるものをつくることにしたのだが、当初、超過激なナショナリスト集団、「ライトセクター」はこれを拒否した。彼らもバカではないから、政府の指揮下に入るより、自分勝手に活動し、あわよくば勢力を拡大して、やがてウクライナ全土をも掌中に入れる目論見に賭けるほうがいいと判断したのだ。2014年9月の段階で、「アゾフ」が国家親衛隊の構成に入ったというのは政府側の発表であり、実際に「アゾフ」の指揮権をしっかりと政府側が握っているのかについては、今現在もよくわからない。

「アゾフ」のスポンサーとして知られているのはユダヤ系のイーホル・コロモイスキーで、一時、資金援助は停止されたが、もっとも過激なモシチュークの離脱によって資金援助が再開されたという。内務省から武器が引き渡されているほか、資金も一部、供与されている。

「アゾフ」が注目されているもう一つの理由は外国人の参加にある。2014年7月に、内務省顧問のアントン・ゲラシェンコが明らかにしたところでは、スウェーデン、イタリアなどの国籍をもつ者が随行しているとされた。ほかにも、ロシア、フランス、ベラルーシ、カナダ、スロバキアからの志願兵がいるとの情報もある。

注目すべきは、いまも「アゾフは白人至上主義的なサイトを通じて欧米人を公然と仲間に迎え入れている」点だ（2022年3月14日付「ワシントン・ポスト」[https://www.washingtonpost.com/outlook/2022/03/14/neo-nazi-ukraine-war/]参照）。「ここ数週間、アゾフに参加する意思を表明した数百人のなかに、ネオナチとして知られる人物が何人も含まれている」のが現状なのだ。

パルビー（国家安全保障国防会議書記）、アルセン・アヴァコフ（内務相）、ヴァレンチン・ナリヴァイチェンコ（保安局長官）が自国市民の殺害命令を出しているとみている。

だからこそ、プーチンは住民投票を経て、クリミア半島のロシアへの併合を決める。プーチンの陰謀によって併合がなされたといった話が欧米では流されているが、本当はミアシャイマーが言うように、「プーチンによるクリミアの占領は長期にわたる計画ではなく、ウクライナの親ロシア派指導者を倒したクーデターに対応した衝動的な動きであった」のだ。

にもかかわらず、ウクライナ危機の悪者として、プーチンだけがやり玉にあげられている。これって、どう考えてもおかしいだろう。

プーチンが標的にする、いまのウクライナにいるネオナチまがいの人々は、2014 年 2 月の事実上のクーデター後に暫定政権に入り込み、その後も軍や諜報機関、民兵組織などで権力をもつようになった者と考えられている。このころのウクライナの雰囲気をよく伝えている 7 分弱の「新生ウクライナでネオナチの脅威」と題された BBC の番組（https://www.youtube.com/watch?v=5SBo0akeDMY）がある。なかには、ナチを思わせるような暴力的なネオナチがたしかに登場する。プーチンはそうした人物に報復したがっているのだ。とはいえ、「ネオナチ」と「ナショナリスト」を区分する法的基準を定めることなどできそうもない。プーチンのいう「非ナチ化」はナショナリスト潰しのために濫用される可能性が高い。

3. NATO の東方拡大

つぎに、プーチンを怒らせつづけてきた NATO の東方拡大について説明したい。

北大西洋条約機構（NATO）が創設されたのは 1949 年である。それからもう 70 年以上も経過している。当初、NATO は「集団的な防衛のため、並びに平和および安全の維持のために、その努力を結集することを決意する」として誕生したものだ。ソ連に対する集団安全保障体制と理解されているが、平和と安全の維持のためであるのなら、ソ連は加盟してもおかしくなかった。ゆえに、1954年3月31日、当時のソ連トップ、ニキータ・フルシチョフはNATOへの加盟を求める公文書を米・英・仏の3カ国の政府宛に送付した。

1952年ごろ、ソ連は北大西洋同盟について半ば本気で検討しはじめていた。まだ、スターリンが存命の時期だ。フランス大使ルイ・ジョックスとの会談で、シャルル・ド・ゴール大統領がNATOをあくまで平和的な組織と見なしていることを聞いたスターリンは、アンドレイ・ヴィシンスキー外相に、「それなら我々もNATOに加盟すべきではないか」と皮肉を言ったとされる（資料［https://www.gazeta.ru/science/2019/03/31_a_12276109.shtml?updated］を参照）。

1952年はトルコがNATOに加盟した年であり、いわばこの時期から、NATOの東方拡大はスタートしていたことになる。ソ連はほぼ同時期に、ウクライナ・ソヴィエト社会主義共和国（SSR）とベラルーシSSRもNATOへの加盟を申請した。本気度合いを示そうとしたのかもしれないが、ソ連の本音は、①米国をヨーロッパから追い出す、②NATOを内部から弱体化させることにある――とされ、ソ連による申請は却下された。

1955年には、当時の西独がNATOに加盟し、もはやNATOとソ連ブロックとの対立は決定的となった。この年、ワルシャワで、ソ連のほかにアルバニア、ブルガリア、チェコスロバキア、ハンガリー、東独、ポーランド、ルーマニアの社会主義ヨーロッパ諸国による軍事同盟を結ぶ条約が結ばれた。「NATO対ワルシャワ条約機構」という構図が生まれる。1961年には、社会主義のユーゴスラビア、インド、エジプトが中心となって、これらの軍事同盟に参加したくない約120カ国を集めた非同盟運動という組織も結成される。

その後、本格的なNATOの東方拡大は、ソ連崩壊直前の1991年11月のローマにおけるNATO首脳会議で採択された「新戦略概念」に基づいている。翌年採択されるローマ宣言では、「域外防衛」が提起され、旧ソ連圏がNATO加盟対象国となる。ただし、チェコ、ハンガリー、ポーランドが実際に加盟したのは1999年3月であり、東方拡大路線はいったんは下火になる。

1993年からはじまったウクライナのNATO加盟作戦

1993～94年当時、米国家安全保障会議のスタッフだったサンディー（アレクサンダー）・ヴェルシュボフ、ニック（ニコラス）・バーンズ、ダン（ダニエル）・フリードは「NATO拡大へ向けて」というロードマップを描いていた。三人はタカ派であり、1994年10月4日付の「NATO拡大へ向けて」（https://www.archives.gov/files/declassification/iscap/pdf/2016-140-doc05.pdf）をもとに、10月12日付の「NATO拡大へ向けて」（https://www.archives.gov/files/declassification/iscap/pdf/2016-140-doc07.pdf）を完成させる。最初の草稿にはなかった「ウクライナ、バルト諸国、ルーマニア、ブルガリアに加盟の門戸を開き、すべての候補者が同じ原則を満たす必要があることを強調する」という項目が加えられているのが特徴だ。

NATO加盟に向けて一歩先んじていた前述の3カ国のつぎのグループとして、ウクライナ、バルト諸国、ルーマニア、ブルガリアが想定されていたことになる。実際、2004年3月にウクライナを除く国々はNATOに加盟した。ウクライナだけがこぼれ落ちたことになる。

このロードマップ実現の障害となったのは、当時、アメリカはペルシャ湾、バルカン半島、ソマリアなどの危機に集中していたことだった。加えて、市場改革と民主的価値観というNATOメンバーとなるための最低限の条件を当時のウクライナ政権が備えているようには見えなかった。

だが、安易なNATOの東方拡大は、NATO内の調整に時間を要するようになる。1999年に加盟したポーランドは米国べったりだから、まだ御しやすいが、ハンガリーは違う。ハンガリーのヴィクトル・オルバン首相はウクライナ侵攻騒ぎのなかであえてモスクワを訪問し、プーチンと会談し、経済面でロシアから譲歩を引き出すことに成功している。要するに、加盟国が増加するにつれて、NATO内部の連帯を維持することが難しくなっている。

それでも、2000年代に入って状況は変化する。2003年11月、グルジアで「バラ革命」が起こり、エドゥアルド・シェワルナゼが倒れ、ミヘイル・サーカシュヴィリが政権を握った。2004年12月、ウクライナで起きたオレンジ革命により、レオニード・クチマの後継者であるヴィクトル・ヤヌコヴィッチではなく、ヴィクトル・ユシチェンコが政権を握った。2005年4月、長年にわたるキルギスのアスカル・アカエフ大統領が倒された。

大きな転機となったのは、ジョージ・W・ブッシュ大統領のもとでネオコン勢力が台頭したことである。「NATO拡大へ向けて」の立案者の一人、フリードは2005年5月5日から2009年5月15日まで、欧州・ユーラシア問題担当国務次官補を務めた。すでに紹介したヌーランドは2005～2008年までNATO常駐代表だった。2003～2006年にジョン・ハーベストは駐ウクライナ米国大使の職にあった。「エクスペルト」の情報（https://expert.ru/expert/2022/12/zachem-ukraina-zapadnomu-miru/）によれば、ウクライナとグルジア（ジョージア）の国民的支持がなければNATOへの加盟は実現しないと考えたアメリカの指導者は、ウクライナ当局に「NATOに対する国民の意識を高める」よう求めたという。この「国民意識を高める」という言葉は、2006年のウィキリークスが暴露した報告書のなかに登場する。この方針こそ、その後の米国政府によるウクライナ・ナショナリズムの煽動へとつながっているのだ。

いずれにしても、ウクライナのNATO加盟を使命のようにみなしていた3人組こそ2008年のブカレスト首脳宣言の裏で暗躍していたので

コラム3　南オセチア

南オセチアは、それまで属していたグルジアとの武力衝突のなかで、1992年5月29日に独立を宣言した。2008年8月、ロシアは同胞の保護を口実に同共和国に軍隊を派遣し、5日間の戦闘の後、グルジア軍を追い出する。同月26日、ロシアは南オセチアともう一つの分離独立国アブハジアを独立国家として承認した。

「五日間戦争」後、南オセチアはすでにロシアと高度に統合されている。南オセチアの法律はほとんどロシアの法律に書き換えられており、この地域は通貨ルーブル圏に属し、住民はすべてロシアのパスポートを所持している。

2022年4月10日に南オセチア大統領選が予定された。5人の立候補者中、過半数を得票した者がいなかったため、上位二人による決選投票が近く実施される。その後、ロシアへの編入を問う住民投票が実施される公算が大きい。新たに住民投票が行われるとすれば、それは、ロシアによるウクライナ侵攻でグルジアに高まっている反ロシア感情を刺激することになるだろう。

ある。なお、この年の8月7日から8日にかけて、グルジアのミハイル・サーカシヴィリ大統領は南オセチアの都ツヒンヴァリ侵攻を命じた。NATO支援をあてにした開戦だったが、「五日間戦争」と呼ばれるように、この試みはグルジア側の敗戦で終わった（きな臭くなりつつある現状については、「コラム3」を参照）。

プーチンの不満：NATOの東方拡大

なぜプーチンはNATOの東方拡大を問題にするようになったのか。その理由をわかりやすく語ったのが、2022年2月1日に行われたハンガリーのオルバン首相との会談後の記者会見でのプーチンの発言である。

「私の言うことを注意深く聞いてください。何しろ、ウクライナ自身の教義文書（たとえば、ウクライナの内閣は、2021年9月、クリミアの「脱占領と再統合」のための戦略を実施するための行動計画を承認した：引用者注）に軍事的手段も含めてクリミアを奪還すると書かれているのですから、観衆に話すのではなく文書に書かれていることです。

ウクライナがNATOに加盟したとしましょう。武器がいっぱいとなり、ポーランドやルーマニアと同じように、最新の優れたシステムをもつことを、だれが妨げるのか。そして、クリミアで作戦を開始し、そうとなってはドンバスの話さえしない。これは、ロシアの主権がおよぶ領域の話です。この意味で、この問いは私たちのなかで完結しています。NATO加盟国であるウクライナがこのような軍事作戦を開始したと仮定してみましょう。私たちはNATOブロックと戦争する必要があるのでしょうか。だれか、このことについて考えたことがありますか」

プーチンの「深謀遠慮」は理解できなくもない。ただ、ウクライナがNATOに加盟する話は将来の可能性であって、いま現在、具体的なロードマップが存在するわけではない。そんな話をなぜいまの時点で、国際協議の場に持ち出したのか。

NATO加盟国に揺さぶりをかける

まず、時期について言うと、2022年6月に予定されているNATO首脳会議で、NATOは10年先を見据えた戦略構想を採択する見通しだ。2021年12月にラトビアの首都リガで開かれたNATO外相会合でも、「ロシアの攻撃的な行動」や「より自己主張の強い中国」、新しく画期的な技術、気候変動の安全保障への影響など、新しい現実を考慮した戦略が練り上げられる計画であった。こうした時期だからこそ、NATOの今後を問うタイミングとして適していたと考えられるわけだ。

NATOの東方拡大に対して、ロシア側が我慢の限界に達しているという面も知っておく必要がある。1990年、当時のジョージ・H・W・ブッシュ大統領がミハイル・ゴルバチョフ大統領に「口約束」したとされる、ドイツが統一されたとき、NATOの軍事インフラは西独から東独の領域には拡大しないという合意がある。これは、ドイツだけにしか適用されない話だった。残りの「社会主義陣営」は、まだ解散していないワルシャワ条約機構メンバーであったから、これらの国のNATO加盟など、話されたわけではない。

その後、旧ユーゴスラビアを構成したボスニア・ヘルツェゴビナ共和国の独立をめぐって、1992年4月、民族間で紛争が勃発、1995年12月のデイトン和平合意の成立まで戦闘がつづいた。この間、1994年2月、NATO軍機がセルビア軍機を撃墜させる事件が起き、同年4月以降、NATOは小規模な空爆を開始する。1995年8月からは大規模空爆に踏み切る。

注目すべきは、1993年8月、ボリス・エリツィン大統領がポーランド、チェコを訪問した際、中欧のNATO加盟容認する発言を行なったことである。しかし、帰国後ロシア国内で軍部・保守派が一斉反発し、発言は取り消された。1994年1月には、NATOが旧東側諸国との間で個別に結ぶ協力協定である、「平和のための協力協定」がNATO首脳会議で決定される。加盟を望む中・東欧諸国とそれに強硬に反対するロシアの双方に配慮してとられた措置だが、こうしてエリツィンは西側に取り込まれてゆく。1994年7月にナポリで開催された先進国首脳会議にエリツィンは初めて正式メンバーとして参加し、ボスニア・ヘルツェゴビナ問題などを協議した。こんな牧歌的とも言える状況があったのだ。

1999年3月、チェコ、ハンガリー、ポーランドのNATO加盟が承認された。それにもかかわらず、2000年5月に大統領に就任したプーチンはNATO拡大を事実上、受け入れた。それだけでなく、2002年にローマ近郊で開かれたNATO首脳会議にプーチンが参加したことで、NATO・ロシア理事会の設立が調印されるまでになる。常設の対話機構と代表部が開設されることになった。

2007年には、プーチンはミュンヘンでの国際会議で、米国がポーランドやチェコにミサイル防衛システムの配備を計画していることについて批判し、NATO拡大に反対する姿勢を明確に示す。それでも、プーチンに代わって大統領に就任したメドヴェージェフは2010年のリスボン・サミットに参加する。問題の「リセット」が提示されたのだが、「アラブの春」への対応やプーチンの再登場で、事態は悪化に向かう。

2014年のクリミア併合とドンバス紛争の結果、ロシアとNATOの蜜月は終了する。そして、2021年10月、セルゲイ・ラヴロフ外相は、ロシアがNATOの常設代表部の業務を停止していることを明らかにした。これは、NATOがスパイ容疑でロシア側の外交官8人を追放し、外交官枠を20人から10人に半減するという決定へのモスクワの反応であった。同時に、ロシアはモスクワのNATO軍事連絡団を停止し、今年11月1日付でその職員の認定を取り消し、ベルギー大使館のもとに設置されていたロシアのNATO情報局を終了させたのである。プーチンからすれば、もう我慢の限界を通り過ぎてしまったということか。

「安全保障体制の選択の自由」の制限は可能か

戦略家のプーチンがNATO加盟国に問いかけているのは、「安全保障体制の選択の自由」という問題だ。東西冷戦下の1975年ヘルシンキにて首脳会合で設置が決まった欧州安全保障協力機構（OSCE）の1999年のイスタンブール首脳会議で署名された「欧州安全保障憲章」(https://www.osce.org/files/f/documents/6/5/39569.pdf) にある、いわゆる「安全保障の不可分性」が守られていない現実を問題視したのである。

同憲章には、つぎのような記述がある。

「各参加国は、安全保障に対する平等な権利を有する。我々は、同盟条約を含む安全保障上の取り決めを、その進展に応じて自由に選択し、または変更することができるという、各参加国の固有の権利を再確認する。各国はまた、中立の権利を有する。各参加国は、これらの点に関し、他のすべての国の権利を尊重する。また、他国の安全保障を犠牲にして自国の安全保障を強化することはない。OSCEにおいては、いかなる国、国家群または組織も、OSCE域内の平和と安定の維持に卓越した責任を負わず、OSCE域内のいかなる部分も自らの影響圏と見なすことはできない。」

つまり、OSCEに加盟しているウクライナは、同じくOSCEに加盟しているロシアの安全保障を犠牲にして、NATOに加盟することで自国の安全保障を強化してはならないと解釈可能というわけだ。

2010年12月にカザフスタンの首都アスタナ（当時の名称）で開催されたOSCE首脳会議では、「安全保障共同体に向けたアスタナ記念宣言」のなかで、同じ内容が再確認されている。それだけではない。OSCEの1994年の「政治的・軍事的側面に関する安全保障行動規範」には、つぎのように記されている。

「安全保障は不可分であり、各自の安全保障は他のすべての者の安全保障と不可分に結びついていることを確信しつづける。彼らは、他の国の安全保障を犠牲にして自国の安全保障を強化することはない。彼らは、OSCE地域及びそれを越える地域における安全及び安定を強化するための共通の努力に適合するよう、自国の安全保障上の利益を追求するものである。」

実は、この記述から「安全保障の不可分性」という概念が注目され、他国を犠牲にして自国の安全を強化しないという大原則が生まれたはずだった。しかし、それが蔑ろにされつづけているというのである。

だからこそ、プーチンは前述した記者会見で、つぎのように話している。

「なぜ私たちは、イスタンブールやアスタナで、いかなる国も他者の安全を犠牲にして自国の安全を確保することはできないと書かれた条約や関連する協定に署名したのでしょうか。ここでは、ウクライナのNATO加盟は私たちの安全保障を損なうものであり、このことに注意を払うように求めているのです。」

冷静にみて、そういう経緯があるのならば、プーチンの言い分にも一理あると思うのが普通の人の感覚ではなかろうか。

問題化する「選択の自由」

簡単に言えば、いわゆる西側諸国は「安全保障の不可分性」を軽んじて、選択の自由を重視してきた。ウクライナがNATOに加盟しようと、それはウクライナの選択の自由であり、ロシアとは無関係と言いたいのだ。しかし、それは前記の「約束」に反している。もちろん、ソ連やロシアもまた、不可分性を軽視してきた過去があるかもしれない。そうであっても、不可分性の重視について世界各国はもっと真摯に向き合わなければならないだろう。

他方で、こうした「選択の自由」を重視する姿勢はすでにNATO内部に亀裂を生じさせている。たとえば、トルコはNATO加盟国であるにもかかわらず、ロシアから防空ミサイル・コンプレクス「S-400」を輸入している。ドイツは自国のエネルギー安全保障のために、バルト海海底に敷設された、ロシアからドイツに向かうガスパイプライン「ノルドストリーム2」を開通させようとしてきた。それがロシアからのウクライナ経由での対欧州ガス通行料減を招き、ウクライナを困らせることについてはあまり気にかけてはいない。

ドイツと米国の関係

ここで、ドイツやNATOと米国との関係をごく簡単に説明しておこう。2001年9月の同時多発テロ後の段階では、ゲアハルト・シュレーダー首相（当時）は米国との「無制限の連帯」を口にし、国際安全保障のために軍事行動をとることもはばからないという方針をとった。ドイツ政府は実際に11月、派兵同意決議案を連邦議会に提出した。決議案は、「安保理決議1368号に従い、あらゆる必要な措置を持って、テロ活動による世界平和と国際の安全に対する脅威と戦うことを任務」として、ドイツ連邦軍を「国連憲章第51条および北大西洋条約第5条に基づき」不朽の自由作戦に参加させるという内容であった。当面の派遣期間は1年、兵力は最大3900人。同決議案は僅差で可決された。

こうしてアフガニスタンでの米軍活動に、ドイツは協力姿勢をとった。ただし、NATOが米国の要請に応えるかたちで、同時多発テロを米国への武力攻撃と認定し、初めて北大西洋条約第5条の集団防衛条項を発動するとの声明を出したにもかかわらず、米国はNATOに対して具体的な軍事行動を求めようとはしなかった。この背後には、「欧州からの支援は政治的には貴重だが軍事的重要性は低いという米国の国防総省や共和党の一部に存在する根強い感情」があったという（それでも、2003年8月から、NATOは国連が命じた国際治安支援部隊［ISAF］を率いてアフガニスタンの治安維持に関与［2014年末まで]）。

こうしたこともあってか、2002年夏の連邦議会選挙の途上、シュレーダーは態度を大きく変える。9月22日の投票日前、8月の段階で、彼は「ドイツの道」という標語を掲げて米国の対イラク政策を批判し、「ドイツにはドイツの道がある」とのスタンスでイラク攻撃に参加しない方向性を明確に打ち出したのだ。イラクとの和平に奔走したジャック・シラク大統領も参戦しなかった。さらに、2003年1月の記者会見で、当時のドナルド・ラムズフェルド米国防長官が、イラクへの武力行使に疑問を呈するフランスとドイツを「古い欧州」と呼び、批判した。これを契機に、米国のユニラテラリズム（単独行動主義）が強まっていく。そこに、ネオコンのロバート・ケーガン（ヴィクトリア・ヌーランド現国務省次官の夫）が「欧州と米国が世界観を共有しているふりをするのはもうやめよう」と唱えたものだから、一層、NATOの結束は弱まってしまった。

シュレーダーの後任、アンゲラ・メルケルは米国との関係修復を迫られる結果となる。NATOは、2015年1月から、アフガニスタンの治安部隊・機関の訓練・助言・支援を行い、テロとの戦いや自国の安全を確保するための「Resolute Support Mission」（RSM）を発足させる。2020年2月、米国とタリバンは、2021年5月までにアフガニスタンから国際軍を撤退させるという協定に調印し、2021年4月になって、NATO外相・国防相は、アフガニスタンから数カ月以内に全連合軍を撤退させることを決定した。明らかに米国政府の身勝手な方針転換に米国以外のNATO加盟国は振り回される結果となった。

米国のNATO軽視の姿勢はバイデン政権下でも変わっていない。驚くのは、駐NATO米国大使が1年ほど空席のまま放置され、2022年1月になって、アントニー・ブリンケン国務長官の側近だったジュリアン・スミスが任命され、ブリュッセルに赴任したことだ。

NATOの過去と現在

おそらくNATOと米国との間に大きな溝が生まれたのは、1999年のNATOによるコソボ紛争介入の経験であったと思われる。米国と欧州諸国との戦闘能力に歴然たる差があったことから、両者に齟齬が広がり、それが米国と欧州諸国との隙間風の要因となっていったと考えられるのだ。このとき、NATOは1999年3月に、セルビアとモンテネグロからなる新ユーゴスラヴィアを空爆した。国連決議のないまま、セルビアとコソボを空爆したのである。それを主導したのがマデレーン・オルブライト国務長官（当時）であった。彼女こそ、ズビグネフ・ブレジンスキー元ジミー・カーター政権下の国家安全保障担当大統領補佐官の「弟子」にあたる。いわば、「ネオコン」の旗手の一人だ（ネオコンについては次節参照）。

この空爆が国際紛争解決の主導権をドイツやバチカンに奪われていたことに気づいた米国が行った暴挙であると岩田昌征は的確に指摘している（「ユーゴスラヴィア内戦の真相」［https://docs.google.com/viewerng/viewer?url=http://chikyuza.net/wp-content/uploads/2022/01/0fddeb1a0458b36a6de67ee5577061c5.pdf］を参照）。

そう考えると、もう一人のネオコン、ヌーランドがNATOを再び巻き込んで、覇権国米国の過去の栄光を取り戻そうとしているようにもみえてくる。

ウクライナ支援をめぐってNATOの対応は割れている。当初、殺傷性の高い武器を含めた武器の積極的な支援に乗り出したのは米国や英国だが、ドイツとスウェーデンはウクライナへの武器輸出に慎重な姿勢であった（ウクライナ侵攻後には方針を改め、2022年2月27日、ドイツ連邦議会は、ドイツ軍の近代化のために1000億ユーロの特別防衛基金を創設するというオーラフ・ショルツ構想に拍手喝采した）。

どうやらNATOなるものの本来の目的をどんどん歪めることで、NATOは東方に拡大してきた。その背後には、軍事力の強化で金儲けをしている人々の後押しがあることは間違いない。本当は、NATOの本来の役割はソ連崩壊とワルシャワ条約機構の解体によってすでに終了している。そんな事実がありながら、NATO存続そしてその東方拡大を認めてきた西側の国々に問題はなかったのだろうか。

4. ネオコンの怖さ

少しはミアシャイマーやぼくの主張の概観を理解してもらえただろうか。ここで、さらに深いところで世界を動かしてきた原理のようなところまで立ち入って説明してみたい。

そこで必要になるのがネオコンについての理解である。ぼくは『ウクライナ・ゲート』のなかで、ネオコンについてつぎのように記しておいた。

「そこでまず、ネオコンについて説明しておきたい。ネオコンは新保守主義ないし新保守主義者を指している。この特徴について、筆者と同じころモスクワ特派員だった、朝日新聞社の西村陽一はつぎの4点を指摘している（西村 , 2003）。

① 世界を善悪二元論的な対立構図でとらえ、外交政策に道義的な明快さを求める。

② 中東をはじめとする世界の自由化、民主化など、米国の考える「道義的な善」を実現するため、米国は己の力を積極的に使うべきだと考える。

③ 必要なら単独で専制的に軍事力を行使することもいとわない。

④ 国際的な条約や協定、国連などの国際機関は、米国の行動の自由を束縛する存在として否定的にみなし、国際協調主義には極めて懐疑的。」

もちろん、すでに登場したヌーランドもまたネオコンの一人である。その点を記述した『ウクライナ・ゲート』の一段落も読んでいただこう。

「ヌーランドの夫は、同じくユダヤ系のロバート・ケーガンであり、ネオコンの論客だ。ヌーランドは夫の影響を強く受けている。それを物語っているのは、前記の会話にある「ファック EU」という言葉だ。ヌーランドがひどく EU を嫌っていることがわかるのだが、これはおそらく夫ロバートの影響だ。その著書のなかで夫は、無秩序における安全保障という観点を重視する米国人と、平和ボケした欧州人を、「米国人は軍神マーズの火星から、欧州人は美神ビーナスの金星からやってきた」と言えるほどの大きな違いがあると指摘し、欧州人を蔑視する見方を示しているのだ。米国のユニラテラリズム（単独行動主義）への傾斜を示している。オバマが2012年1月、ケーガンの書いた「米国凋落神話に反対する」という論文を称賛したことも、オバマとネオコン夫妻の良好な関係を物語っている。ケーガンは毎月、ワシントン・ポストに外交問題を定期的に執筆するコラムニストであり、同紙に対する大きな影響力をもっている。ついでに、ケーガンにはフレデリックという弟がおり、彼もまたネオコンの論客である。彼らのネットワークがネオコンの力をいまでも残存させている。」

ネオコンの源流

つぎに、ネオコンの源流について語りたい。そこには、ズビグネフ・ブレジンスキーがいる。彼は、ソ連と対峙する米国という、冷戦下にあって、ソ連の弱体化のためにソ連を構成する連邦共和国のナショナリズムを煽動し、ソ連の屋台骨を揺さぶるという戦略を米国の基本外交戦略とした。その彼は、ジミー・カーター政権時の国家安全保障問題担当大統領補佐官を務めた。

ブレジンスキーは1989年にコロンビア大学を去るまで、1960年から同大学でウクライナの独立的地位を確立する計画に従事してきた。それは、ロシアが超大国として復興することを阻むための折衷案であり、ロシアを西側の制度に統合しながら、旧ソ連領域に「地政学的多党制」(geopolitical multiparty system) を導入してロシアの復活を阻むことを目的としていた。ビル・クリントン政権で国務長官だったマデレーン・オルブライトはコロンビア大学当時から、同大学の共産主義者問題研究所を主導していたブレジンスキーに学び、やがて彼の推薦でジミー・カーター政権下の国家安全保障諮問会議のスタッフに参加する。

だからこそ、国務長官を務めていた当時、1999年、彼女はアゼルバイジャンのヘイダル・アリエフ大統領をNATOの記念式典に招待した。もうすでに、このとき、ジョージア、アゼルバイジャン、ウクライナの3国はNATOの「平和のためのアソシエーション」プログラムの資金を使って共同軍事演習を行うまでに至っていたのであり、この段階で、米国がこの3カ国に「攻撃」を仕掛け、ロシアから引き離そうとしていたのだ。

ブレジンスキーの考えは、1997年に『フォーリン・アフェアーズ』に公表された「ユーラシアのゲオストラテジー」という論文のなかによく現れている。世界の人口の75%、GNPの60%、エネルギー資源の75%をかかえるユーラシアを支配する権力こそ西欧と東アジアに決定的な影響力をおよぼすことができるだろうとして、このユーラシアで覇権を確立することが米国の一国覇権の堅持につながるとの説を展開している。

ウクライナとロシアの関係でとくに有名な指摘は、1997年に公表された The Grand Chessboard: American Primacy and Its Geostrategic Imperatives という本（https://www.cia.gov/library/abbottabad-compound/BD/BD4CE651B07CCB8CB069F9999F0EADEE_Zbigniew_Brzezinski_-_The_Grand_ChessBoard.pdf）のなかにあるつぎの記述だろう。

「ウクライナは、ユーラシア大陸のチェス盤上の新しくて重要な空間であり、その独立国としての存在そのものがロシアの変革を助けるという意味で、地政学上の要衝である。ウクライナなしでは、ロシアはユーラシア帝国でなくなってしまう。ウクライナ抜きのロシアは帝国的地位をめざすことはできるが、その場合、アジア主体の帝国国家となり、覚醒した中央アジアとの衰弱した紛争に巻き込まれる可能性が高く、中央アジア諸国は最近の独立の喪失に憤り、南のイスラーム諸国の仲間から支援を受けることになるだろう。中国もまた、中央アジアの新興独立国への関心を高めており、ロシアの中央アジア支配の回復に反対する可能性が高い。しかし、人口5200万人、豊富な資源、黒海を有するウクライナを支配下に置けば、ロシアはヨーロッパとアジアにまたがる強力な帝国国家となる資力を自動的に取り戻すことになる。ウクライナの独立喪失は直ちに中欧に影響を及ぼし、ポーランドは統一欧州の東のフロンティアに位置する地政学的な要衝に変貌することになる。」

20年以上前の本だが、いま読んでもなかなか読み応えのある地政学上の名著かもしれない。

もちろん、ブレジンスキーの提唱した説がそのままいまの世界の地政学を決定づけているわけではない。伊藤貫著『自壊するアメリカ帝国』によれば、グローバリゼーションという変革を取り込みながら、米国ではネオリベラル（新自由主義者、民主党系）とネオコン（新保守主義者、共和党系）とが勢力を拡大させ、①民主的平和論（Democratic Peace Theory）、②民主主義・普遍主義（Democracy Universalism）、③主権制限論（Theory of limiting sovereignty）、④覇権安定論（Hegemonic Stability Theory）――といった「新しい外交理論」の創出につながったという。

ここで強調したいことは、そうした変貌にもかかわらず、ブレジンスキーの戦略が色濃く反映された外交政策が実際にいまも行われているという現実である。

ブレジンスキーはその戦略を実現するためにナショナリズムの煽動を重視した。岩田昌征著「ユーゴスラヴィア内戦の真相」（https://docs.google.com/viewerng/viewer?url=http://chikyuza.net/wp-content/uploads/2022/01/0fddeb1a0458b36a6de67ee5577061c5.pdf）によれば、1978年8月13日から19日まで、スウェーデンの町ウプサラで、第9回世界社会学者大会が開かれ、その中心的テーマのひとつが「現代世界における世論の創造者たち」だったという。そこで、ブレジンス

コラム 4　イスラーム諸国とナショナリズム

ぼくは、「アラブ世界で起きた政変でナショナリストが大きな役割を果たしたとは言えない。なぜならイスラーム教徒にとって、国家は理解しがたいものであるからだ」と書いたことがある（拙著『ウクライナ・ゲート：危機の本質』, Kindle版, 2014）。イスラーム教世界では、キリスト教世界で広がった「可死の神」としての国家（ホッブズ的国家）といった見方を受け入れることは難しい。そもそも、神に取って代わった国家のような存在は許しがたい神への挑戦ではないか。したがって、イスラーム世界では、国家のもとでの国民化というナショナリズムが運動として広がることは原理的にありえない。コーランはイトコ同士の結婚を禁止しておらず、父方平行イトコ同士の選好婚を特徴としている。その結果として、兄弟のつながりが父親とのつながりを凌駕するようになる。兄弟のつながりの過度の発達は、内婚制的な閉鎖性を生み出し、イスラーム世界が個人からなる共同体ではなく、家族が並立することで成り立つという状況をつくりだす。それが、イスラーム教徒共同体（ウンマ）の構造であり、家族ではなく個人の集合である国民というヨーロッパ的な観念と対立することになるのだ。

キーは、その学会の前日にか、前々日に、米国の社会学者を数十人集めてレクチャーを行った。米国は対東ヨーロッパ、とくに対ユーゴスラヴィア戦略を転換するとして、その方法として、ソ連に対しては、ベオグラードの中央集権勢力を支援するが、ベオグラードに対してはアンチ・ベオグラードのさまざまな国内諸勢力を支援するとのべたという。彼は、「なぜかというと、民族主義は共産主義より強力であって、共産主義の天敵であるから。自分たちは民族主義を支援する」と説明したのだという。

ここでは、民族主義と書かれているが、ナショナリズムをブレジンスキーが重視していたと考えても間違いではないだろう。複数の「民族」で構成されている国家（ユーゴスラビア）において、民族ごとの国家の成立をめざすエスニシズムを煽動して、新しい国民としてのネーションをかたちづくろうとしたことになる（「コラム４」で、イスラーム諸国とナショナリズムについて説明している。違った視角からアプローチする大切さをわかってほしい）。

ユダヤ人について

すでにネオコンにユダヤ系の人が多いという話は紹介した。ここでは、地政学的アプローチをとるとき、忘れてならないのは陸上のランドパワーにかかわる人間そのものの配置をめぐる問題について注意喚起しておきたい。とくに、ノマドとして世界中を漂流してきたユダヤ人が世界史にあたえた影響は無視することができない。それを教えてくれるのは、ジャック・アタリ著『ユダヤ人、世界と貨幣』である。ここでは、紙幅の関係から多くを論じることはできないが、つぎの２点だけを確認してきたい。ぼくは『ウクライナ 2.0』のなかでつぎのように書いておいた。

「第一は、ユダヤ人の影響力の相対的低下である。2002 年現在、世界中のユダヤ人の人口は 1250 万人とみられているが、1370 万人に到達した 1970 年半ば以降、減少している。出生率の低下、混合婚の増加、帰属意識の衰退で、ユダヤ教の信者も減少している。2080 年にはせいぜい 90 万人のユダヤ人しかいないことになるとの見方まである。こうした現実を受けいれるとすれば、世界の椿事を「ユダヤ人陰謀説」で語ることは慎むべきだろう。だが他方で、過去の歴史においてユダヤ人が果たした役割を過小評価にとどめてはならない。ユダヤ人を弾圧したスペインの無敵艦隊がイングランド艦隊に敗れた背後に、ユダヤ資本があったし、反ユダヤ主義のロシア帝国のツァーリよりも社会主義者を好んだユダヤ資本がロシア革命の実現を後押ししたのも事実だ。とはいえ、現代に残るユダヤ系の名称をもつ企業にしても、その多くはユダヤ的特殊性を維持していない。

第二は、さはさりながら、ユダヤ系資本の影響力を無視すべきではない。ロスチャイルド家は創設者の家族の子孫によって守られており、英仏でとくに基盤を築いている。投機家として名高い、ハンガリー系ユダヤ人、ジョージ・ソロスのほか、リスクの高いヘッジファンド部門などで働く多数のユダヤ人もいる。こうした企業やその企業の経営者や従業員がユダヤ教の律法に導かれたユダヤ的行動を実践しているかどうかについては慎重な判断が必要だろう。ぼくは反ユダヤ主義者でもシオニストでもないが、ユダヤ人が歴史にとどめてきた役割を地政学の立場からもっと高く評価すべきあると思っている。」

問題は、東欧地域に多く住むようになったユダヤ系の人々のなかで、ロシア革命やナチスによる迫害を逃れて米国に移民した人々のなかに、社会主義やロシア人を忌み嫌う風潮があることではないか。そして、自分たちが育った地をロシアから解放し、民主的な国家とすることを信念とするような人がいることだ（「コラム５」を参照）。

「剥き出しのカネ」の威力

つぎに、2007年刊行のブレジンスキー著『ブッシュが壊したアメリカ』にある興味深い指摘を紹介したい。「アメリカの外交政策の一部は金さえあればどうにでも動かせる、という印象は国内だけでなく世界じゅうに広まっている」というのがそれである。ブレジンスキー自身は、そうした印象を払拭させることが必要だと説いているのだが、実は2007年の段階で彼が懸念していたことは近年になって、ますますひどくなっている。これは、ロビイストという米国で生まれた独特の制度が世界中に広がり、それがカネによる政治を撒き散らかしているからだ（ロビイストについては、拙著『民意と政治の断絶はなぜ起きた：官僚支配の民主主義』のなかで詳しく論じたことがある）。

ブレジンスキーは、「近年、外交ロビイ団体の最大の武器は、集票力

コラム5

ユダヤ人と同質性（homogeneity）

ウクライナ語でいうリヴィウ周辺、あるいはポーランドやウクライナなどの東欧には、多くのユダヤ人が住んでいた。その理由を簡単に説明すると、国家主権の強化という、近代に向けた歴史的胎動があった。

まず、黒死病のもたらした時代の雰囲気を知らなければならない。14世紀に黒死病の大規模な被害を受けたヨーロッパでは、絶望的な状況に追い込まれた人々が土着の神々を呼び起こし、悪魔や魔女への「迫害」が本格化した。1347年から1350年までの4年間で、ヨーロッパ全体のペストによる死亡者は全体の人口の約3分の1にのぼったとみられている。まったく健康そうに見える人が24時間もたたないうちに悲惨な死を迎えることが少なくない状況下で、人々は神秘主義に陥っていった。そして、「魔女迫害はやがて一つの産業になった」と言われるほど、裁判官、獄吏、拷問吏、執行吏、指物師、書記といった専門的職業を生み出した。拷問吏はその仕事をつづけるために、拷問を受ける魔女が共犯者の名を挙げることを強要するようになる。

こうした時代背景のなかで、王権が強まる歴史過程が進み、同質性（homogeneity）が重視されるようになる。同時に外的脅威に対して統合する傾向を強めたことも忘れてはならない。王権の強化は傭兵から常備軍への移行を促し、それが同質性指向をさらに強める。それがユダヤ教徒やイスラーム教徒への迫害につながるのである。フランス、スペインなどは改宗か移民かの選択を迫るようになる。1492年にグラナダ征服を完了した直後、フェルナンドとイサベルはスペインのユダヤ人にこの選択を迫り、ポルトガルもこの選択を1497年に追随した。

この結果、西ヨーロッパにいたユダヤ人がポーランドなどの東欧に逃れたのである。そうした人々の子孫が今度は、社会主義ソ連やアドルフ・ヒトラーによる迫害受けたことになる。

から、選挙資金援助へと移行した」として、献金を武器に、イスラエル系団体、キューバ系団体、ギリシャ系団体、アルメニア系団体などの台頭を例示している。この成功例を模倣して、インド系団体、中国系団体、ロシア系団体が立法過程にまで影響をおよぼすのは時間の問題だろうと予想している。

「カネさえあればどうにでもなる」という世界観はソ連崩壊で米国が唯一の超大国となり、一国覇権戦略をとるようになった結果として広まったと考えられる。一国覇権を維持するためには、そうせざるをえなかったと言えるかもしれない。世界通貨としてのドルを堅持することが超大国アメリカの維持につながるからである。モノづくりの優位性に翳りが生まれたために、「剥き出しのカネ」で言うことをきかせるしかなくなっているのだ。

こうして財力のあるユダヤ系の一部の人々の影響力が米国外交にますます影響力を強めている。

「剥き出しのカネ」という現象はカネをもつ者がそのカネを増やしたり維持したりするために、そのカネを使ってさまざまな活動をすることを伴う。自分だけの利益、自分とその家族だけの利益を最優先に「カネさえあればどうにでもなる」と開き直ることにもつながりかねない。あるいは、主権国家というレベルで、国家が自らの国益だけを最優先し、まず自国の利益だけを考えて行動するという事態も考えられる。

「剥き出しのカネ」を生かすも殺すもヒトであり、人間が「剥き出しのヒト」にまで堕落して自分だけの利益にしがみつこうとしないかぎり、トマス・ホッブズが描いたような「万人の万人のための戦争」という事態には陥らないかもしれない。実は、こうした事態を避けるために考え出されたのが主権国家なのだが、その主権国家同士の覇権争いのなかで、なりふりにかまっていられないほど事態が錯綜し、世界の国際秩序の不安定化につながっているのではないか。具体的に言えば、一国覇権戦略にこだわる米国が、その覇権の維持の困難さに直面しているからこそ、ユーラシアのなかでも重要な一角を占めると一部の地政学者がみなすウクライナを舞台に、その領土をロシアから切り離し、より米国と親しい陣営に引き入れようとする暴挙に出たのが2014年のウクライナ危機ではなかったか。

そして、その延長線上において、今回のロシアによるウクライナ侵攻の挑発という現象が生じたのではないか。少なくともそんな疑いの目を向けてもまったくおかしくない。

5. プーチンだけが悪人ではない

このように説明してくると、プーチンだけにウクライナ侵攻の全責任を負わせるのはいかがなものかという疑問がわいてくる。もちろん、プーチンは悪者だが、他にも悪い奴がいるのではないか。

皮肉なのは、ユダヤ系のネオコンが米国にある民主主義がりっぱなものであり、その理想的民主政治を自分たちの故郷に持ち込むためにはたとえ暴力を用いてもかまわないと信じて疑わない点にある。民主主義が機能するためには一定の条件が必要なのであって、やみくもに民主政治を輸出しても決してうまく機能できない（第七章第一節の「民主主義の虚妄」を読んでほしい）。

ネオコンの独我論

「民主主義の輸出」という傲慢で尊大な独我論（「私」にあてはまることが万人にも妥当すると考える見方）に陥っている米国は、2003 年のイラク戦争を皮切りに、ジョージア（グルジア）でミハイル・サーカシヴィリ、ウクライナでヴィクトル・ユシチェンコという親米派を大統領に就け、それを「アラブの春」につなげ、ウクライナで再び実践した、とぼくは考えている。この民主主義の輸出を正義とみなしているのがネオコンであり、彼らが米国の外交政策を担ってきた結果、シリアでもリビアでも多数の血が流れてきた。にもかかわらず、ネオコンを断罪する声はなかなか聞こえてこない。

歴史が教えているのは、こうした「民主主義の輸出」が各国の政治・経済秩序を破壊し、多数の人命を奪い去ったという事実である。イラク、ジョージア、ウクライナ、エジプト、リビア、シリアなど、多数の国々が大混乱に陥ってしまった。おそらくもう百万人以上の人々が死傷しただろう。この責任の多くは米国政府、それを主導したネオコンにあるとみなすべきではないか。

欧米の独我論的民主主義

なぜこんな独我論がまかり通るのかという疑問がわく。おそらくそれは、彼らにとっては「民主主義」が絶対的正義であるので、何のためらいもなくこの価値観を振り回すのだ。

事態を深刻にしているのは、マスメディアが「アラブの春」と称して、こうした「民主主義の輸出」を礼賛したことである。「民主主義の輸出」が決して好ましいことではないとなぜ糾弾できないのか。

民主主義なるものが金科玉条のように絶対的な善であると考えるのはまったく間違っている。歴史をみればわかるように、いつどのように民主化を進めるかはその後の各国の統治に大きな影響を与えている。たとえば、ギリシャは1844年に憲法を制定し、1862年のクーデター後、デンマーク出身のゲオルギオス一世が即位、1864年に新憲法が制定された。これにより、男子普通選挙が実現された。普通選挙の実施が民主化の証とみなせば、ギリシャは、米国はもちろん、英国、ドイツ、ベルギーなどよりもずっと早期に民主化していたことになる。だが、その早期の民主化がその後のギリシャの発展に寄与したとは決して言えない。

むしろ、家族重視のギリシャでは、主権国家に対する不信感が強く、普通選挙が強い主権国家の創出へとはつながらなかった。それどころか、国家主導の産業化が後手に回り、経済発展が遅れてしまう。むしろ、権威主義的な主権国家が産業化をある程度まで進めた後で民主化させたほうがより安定的な政権運営を可能にすることが歴史的にわかっている。

民主化は各国の政治経済状況に応じて、自発的に進むべきであり、外部から移植しても、決していい結果をもたらすわけではないのである。まあ、その例外が日本やドイツなのだが、そこには官僚支配の継続があったと、ぼくは考えている。ナチスは政権奪取後、既存の官僚を一掃せず、そのまま活用したし、第二次大戦後も、官僚の多くは仕事を継続できたから、それが民主化路線の定着に役立った。日本の官僚支配も生き延びたのである（それが、日本の官僚支配の継続につながっている。詳しくは拙著『なぜ「官僚」は腐敗するのか』を参照）。

2014年のウクライナ危機は米国の独我論を直接の契機として米国政府によって引き起こされた悲劇であったと理解すべきであろう。それなのに、ロシアによるクリミア併合に対して、欧米諸国は対ロ制裁を科してきた。クーデターを支援した米国政府を非難する声はごく一部の変わり者（世界的言語学者ノーム・チョムスキー）くらいだった。ウクライナ国内の大混乱の引き金を引いた張本人である米国政府の責任を問うことなく、EU の各国政府や日本政府などはこの制裁に加わってきたのである。

和平の行方と展望

この章を終えるにあたり、ウクライナとロシアの和平交渉の行方について書いておきたい。これには、①ウクライナの非同盟化、将来的に中立をどう保つのか、②ウクライナの非軍事化、軍隊の縮小化、③右派政治グループの排除という政治構造改革、④ウクライナの国境問題とドンバスの取り扱い —— という四つの課題がある。

①については、4 月 6 日のラヴロフ外相の発言を信じれば、ウクライナ側が前日にロシアに手渡したという新しい協定草案では、ウクライナ側の「交渉を長引かせ、さらには台なしにしようとする路線」が垣間見えるという。3 月 29 日のイスタンブールでの協議で、ウクライナの将来の安全保障はクリミアとセヴァストポリには適用されないと明言されていた記述が 5 日の草案では、2 月 23 日時点で何らかの「実効支配」をするという曖昧な文言になっているというのだ。②については、ロシアの立場は、「ウクライナの軍隊を、5 万人を超えてはいけない」とするものだという。フィンランドを例に国の軍隊の規模を推定し、その人口規模との相関関係を作ることを提案しているという。

③は「非ナチ化」に通じる問題だ。しかし、前述したように、「「ネオナチ」と「ナショナリスト」を区分する法的基準を定めることなどできそうもない」から、困難な交渉がつづいているものと考えられる。④はそもそもの領土問題であり、その解決はきわめて難しい。

ゆえに、そう簡単に和平交渉がまとまるとは考えにくい。たぶん、米国政府は戦争を長引かせることで、対ロ制裁を通じてロシアを徹底的に締め上げ、プーチン体制の崩壊につなげたいと目論んでいるのではないか。第五章で詳述するように、長引けばロシア経済が衰退の一途を向かうのは確実であり、それに中国がどう対応するかに応じて、中ロの協力関係の行方も定まっていくものと予想される。

こうした米国政府のねらいがある程度はっきりしている以上、プーチンが賢明であるならば、その裏をかいて早めに停戦に持ち込み、国内体制の立て直しをはかるという方法もありえた。だが、すでに侵攻から1カ月以上が経過し、引くに引けない泥沼へとはまり込んでしまったかにみえる（4月18日現在、5月9日のロシアの戦勝記念日までに停戦合意が成立しているかどうかは見通せない。そうなることを祈念してやまない）。

いずれにしても、ロシアの国際的地位低下は確実だ。たとえ停戦が実現しても、少なくともプーチンが権力の座を去らなければ、多くの対ロ制裁は継続されるだろう。それは、ロシア経済の崩壊につながり、ロシアの統治を不安定化させ、新たな紛争の火種となるだろう。問題は、中国がそれにどう対処するかにかかっている。米国に並ぶ、あるいは凌駕する覇権国をめざすのであれば、主権国家システムの再構築を主導することで自らを有利な立場に置くという戦略もありうる。しかし、権威主義によって人権保障義務さえ守れないような中国がその大役を果たせるとは考えにくい。

他方で、覇権国米国の横暴がさらけ出されたいま、米国に追随すればすむといった状況にあるとは思えない。民主主義なるものを軽視した政治的独善（逆に言えば、独善的民主主義）は米国政府自体が行っているものであり、その独善は批判されるべき対象であるからだ。後述する「世界正義」の実現は混迷に向かっていると指摘せざるをえない（第七章を参照）。それは主権国家体制という近代制度そのものへの大きな疑問へと導かれている。

第二章　プーチンを解剖する

1．殺し屋プーチン

この章では、プーチンの正体について詳しく説明してみよう。ぼくは、反プーチンの立場をずっととりつづけてきたから、「論座」において、「プーチン支配の本質は「強権」」（https://webronza.asahi.com/politics/articles/2020090200006.html）という記事を2020年9月20日付で公開している。ほかにも、2021年2月3日付で「「プーチン宮殿」だけではないプーチンの正体」（https://webronza.asahi.com/politics/articles/2021020300002.html）という記事を公表したことがある。あるいは、拙著『プーチン2.0』や『ネオKGB帝国』を読んでもらえば、プーチン政権のひどさがわかるだろう。ここでは、これらの内容に基づきながら、プーチンなる人物を「解剖」してみたい。

殺害リスト

まずは、「表2-1　21世紀における形骸での殺害（未遂を含む）」をみてほしい。ここからわるように、チェチェンの独立のための武装闘争に参加した人物が何人も海外で殺害されてきた。最近でも、2019年8月に射殺されたゼリムハン・ハンゴシヴィリはジョージア人でありながら、チェチェン独立のために戦った軍人だった。

ほかにも、ソ連国家保安委員会（KGB）やロシア連邦保安局（FSB）を裏切ったとみなされたアレクサンドル・リトヴィネンコのような人物は、国家管理のもとにある放射性物質であるポロニウムを使って殺害された。同じく、KGB・FSBからみると、「裏切者」にあたるセルゲイ・スクリパリとその娘は高純度の神経剤、ノビチョクによって毒殺対象になった。

とくにリトヴィネンコ殺害については、プーチンの出身母体であるKGB（FSB）を裏切ったとプーチン自身がみなし、自分の管理下にあるポロニウムを使って殺害させたのではないかと疑うことはできる。

毒殺対象となった人々

つぎに、ロシア国内において毒殺対象となった人々を示した表2-2をみてほしい。ユーリー・シェコチヒンとアンナ・ポリトコフスカヤはともにプーチンにとっての「政敵」であった。シェコチヒンは毒殺の確証を得られないまま死亡したが、ポリトコフスカヤについては、毒殺を免れたが、結局、射殺されてしまう。後者については、二人の実行犯は逮捕・起訴され、終身刑になったが、黒幕は不明のままであり、前者については闇に閉ざされている。

いずれの場合も、当局は毒殺事件の捜査そのものに消極的で、犯人捜査が困難という特徴がある。反政府活動家、アレクセイ・ナヴァーリヌイの場合にも、当初、事件後、２日間、彼が留め置かれたのは、彼の尿と血液から毒物が検出されるのを回避するためであったとみられている。

ナヴァーリヌイがベルリンへ搬送された後、ドイツの病院が彼の毒殺未遂の証拠を確認し、アンゲラ・メルケル首相はロシア政府に捜査を求めた。これに対して、ロシア政府は応じない方針を示している。毒殺をはかった側からみると、こうした事態は予想の範囲内にある。たとえロシア政府が捜査に応じても、毒殺犯を特定するのは困難であり、うやむやにできると犯行側は思っているに違いない。

権力者による弾圧

よく知られているように、権力者は政敵を亡き者にしようとしてきた。ソ連時代、スターリンは1940年にトルコ亡命後、メキシコまで逃走していたレフ・トロツキーを刺客によって殺害することに成功した。その前に息子をパリで殺害してもいる。

ロシアになってからも、プーチンの政敵であったボリス・ネムツォフ

〔表 2-1〕21 世紀における海外での殺害（未遂を含む）

氏名	時期	概要
マゴメド・カリエフ	2001 年 5 月 22 日	チェチェン独立派のチェチェン・イチケリア共和国の第三代大統領アスラン・マスハドフ政権の保安機関将軍であったチェチェン人のカリエフは、バクーの自宅入り口で射殺
ヒジル・タルハドフ	2002 年 11 月 11 日（5 日説も）	マスハドフ大統領の元ボディーガードで、バクーで殺害
ヴァハ・イブラギモフ	2003 年 9 月 7 日	さまざまな時期にマスハドフ大統領の顧問、財務相、駐（タリバン時代の）アフガニスタン・イチケリア大使だった彼はバクーで殺害
ゼリムハン・ヤンダルビエフ	2004 年 2 月 13 日	チェチェン独立派のチェチェン・イチケリア共和国の第二代大統領だった彼は、カタールのドーハにおいて自動車に仕掛けられた爆弾で暗殺。二人の特殊部隊員が逮捕・起訴され、カタールの裁判所で終身刑を受けた。二人はその後、ロシア政府の要請でロシアに送還されたが、その後は不明
アレクサンドル・リトヴィネンコ	2006 年 11 月 23 日	ソ連国家保安委員会（KGB）および連邦保安局（FSB）元職員の彼は、1998 年に上司から有力な新興財閥のボリス・ベレゾフスキー殺害の命令を受けたと公言し、2000 年に英国に逃亡、政治亡命を認められ、MI6 の協力者となっていた。殺害にはポロニウムが使用され、英国当局は、犯行が彼の同僚だったアンドレイ・ルゴボイとドミトリー・コフトゥンによってなされたと断定した。ルゴボイはロシア下院議員
ガジー・エディリスルタノフ	2008 年 9 月 16 日	トルコで集められたチェチェンへの財政支援の配分をめぐってイスタンブールで殺害されたとロシアのリアノーヴォスチ通信は伝えたが、ロシアの特務機関による復讐の可能性大
イスラム・ジャニベコフ	2008 年 12 月 9 日	チェチェンの元軍人に対するロシアの特務機関による殺害の可能性大
ウマル・イスライロフ	2009 年 1 月 13 日	2007 年からチェチェン共和国の大統領になったラムザン・カドゥロフの元ボディーガードだった彼は、誘拐されそうになり、抵抗したため、ウィーンで射殺
アリ・オサエフ	2009 年 2 月 26 日	チェチェンの軍人の彼はイスタンブールで射殺
マゴメド・オチェルハジ	2009 年 3 月 5 日	チェチェン人がノルウェーの難民ホステルでクルド人を襲撃した事件の主な目撃者であった彼のせいで、約 15 人のチェチェン人が連行され、多くが投獄された。その後、彼はノルウェーの治安機関のエージェントを務めていた
スリム・ヤマダエフ	2009 年 3 月 28 日	ロシア連邦英雄で、元チェチェン・イチケリア共和国国家親衛隊第 2 大隊長、准将であった彼は UEA のドバイで殺害
アレクサンドル・ペレペリチヌイ	2012 年 11 月 17 日（12 日説も）	ビル・ブラウダーの率いるエルミタージュ・キャピタル財団の情報提供者で、その情報に基づいて、スイス検察庁はロシアの予算から役人らによって引き出された資金洗浄を捜査した。彼は英国で死亡。英国の警察はロシアの軍参謀本部諜報総局（GRU）に

		よる殺害を疑っているが、2018年12月の調査の結果、検視官は不整脈による突然死症候群で死亡したとの見方を示した
エメリヤン・ゲブレフ	2015年4月28日	ジョージアとウクライナに武器を供給するエムコ軍事会社のオーナーである彼はブルガリアのソフィアで毒殺された。GRUの職員による犯行と疑われている
セルゲイ・スクリパリ同娘ユリア	2016年3月4日	ロシアにおいてスパイ活動の罪で有罪判決を受けたGRU高官だったスクリパリとその娘ユリアは毒殺未遂事件に巻き込まれる。英国当局はロシア英雄でGRU大佐ら4人を告発
アダム・オスマエフとアミナ・オクエワ	2017年6月1日	ルモンド記者を名乗る人物がウクライナ・キーウの車中で二人を銃撃、アダムは重傷を負った。同年10月30日、キーウ近郊で待ち伏せ攻撃によってアミナが銃殺された。アダムも負傷。犯人はロシアの軍人の可能性
ゼリムハン・ハンゴシヴィリ	2019年8月23日	チェチェンの元野戦司令官の彼は、ドイツ・ベルリンで銃殺。ドイツ検察当局は2020年6月、ロシア人による殺害と断定

（出所）https://novayagazeta.ru/articles/2020/08/20/86753-goskorporatsiya-killerov およびインターネットの多数の情報。

〔表2-2〕ロシアにおける毒殺（未遂を含む）事例

氏名	時期	概要
ユーリー・シェコチヒン	2003年	「ノーヴァヤガゼータ」の副編集で下院議員でもあった彼は、毒殺されたという主張を同紙は繰り返している。7月3日に死亡したが、「トゥリ・キタ」（三頭のクジラ）という名前の家具屋をめぐって起きた事件を厳しく追及していた。この事件は、2000年8月、当時あった国家関税委員会の職員が「トゥリ・キタ」を閉鎖し、その店に供給されていた家具を差し押さえ、その家具のなかに密輸品が隠されてことを発端としている。同年9月、モスクワ州内務総局は一部の密輸についてのみ告発した。起訴するかどうかを決める権限を当時もっていたのは内務省付属予審委員会だったが、同委員会のパーヴェル・ザイツェフ予審官は2000年10月、モスクワ州内務総局によって告発された案件の起訴を決める。ところが、2001年5月、最高検察庁が直接捜査するとして事件書類を収容のうえ、その直後に犯罪容疑なしとして捜査打ち切りが決められる。それどころか、最高検察庁はザイツェフを権力濫用で起訴するに至る。さらに、同庁は国家関税委員会の幹部も権力濫用で起訴した。同委員会の捜査官が「トゥリ・キタ」の密輸事件にかかわっていたのがエフゲニー・ザオストロフツェフ（元ＫＧＢ少将で、その息子ユーリーは2000年からFSB副長官）であることを暴露したことへの意趣返しとみられている。どういうことかというと、この密輸事件の首謀者はFSB関係者であり、当時のFSB長官だったニコライ・パトルシェフが友人の検事総長ウラジミル・ウスチノフに事件のもみ消しを求めたという図式があるとみられている。こんな事

		件だから、その真相に迫ろうとしたシェコチヒンが毒殺されかねない危険があったことになる
アンナ・ポリトコフスカヤ	2004 年	プーチン批判の急先鋒であったポリトコフスカヤは「ノーヴァヤ・ガゼータ」の編集委員を務めており、ロストフ行きの飛行機のなかで、毒を盛られた。空港の医療ステーションで奇跡的に意識を取り戻した彼女は分析のために血液を採られた。しかし、試験管はラボに向かう途中で何らかの理由で壊れてしまう。結局、丸一日後、モスクワの診療所で彼女は診察されたが、毒物を特定することはできなかった。2006 年 10 月 7 日、彼女は自宅のエレベーターで射殺された
ウラジミール・カーラ・ムルザ	2015 年と2017 年	ジャーナリストである彼は、2015 年 5 月、初めて毒の症状が出てモスクワで入院。2017 年 2 月、二度目の中毒症状によりモスクワで入院。いずれも生き延びた
ピョートル・ヴェルジロフ	2018 年	2012 年に逮捕・投獄された女性ロックグループ、プッシー・ライオットの非公式のスポークスマンとして有名になった彼は、2018 年 9 月、重度の中毒症状でモスクワの病院に入院。その後、回復

（出所）https://novayagazeta.ru/articles/2020/08/20/86755-agent-otravleniya や塩原俊彦（2012）『プーチン 2.0：帰路に立つ権力と腐敗』東洋書店など。

は 2015 年 2 月、モスクワ川にかかる橋の上で射殺された。

ここで紹介したような状況証拠から判断すると、プーチンないしその取り巻きがナヴァーリヌイ殺害をねらって今回の事件を主導した可能性を排除することはできない。プーチン政権はこうした「強権」をちらつかせることで、これまで自らの権力を維持してきたと考えられるからである。

マグニツキー事件

つぎに、二つの表にないが、きわめて有名な「マグニツキー事件」について説明してみよう。なぜないかというと、プーチン自身が殺害を命令した可能性は低いからである。だが、この事件を知れば、ロシアが構造的とも言える腐敗にまみれていることがわかるだろう。

この事件は、セルゲイ・マグニツキー弁護士が拘置所で死亡したというのが直接の出来事だった。同事件に関連して、米国ではマグニツキー法が制定されただけでなく、EU でも同種の法律が生まれている。これらの法律は、人権侵害を行った個人や団体を対象にビザ規制や資産凍結をするものだ。日本でも、2021 年 1 月になって、ようやく自民党の中谷元・

元防衛相らが人権侵害にかかわった外国の人物や団体に制裁を科す「日本版マグニツキー法（特定人権侵害制裁法）」制定に向け、超党派の議員連盟を発足させると発表した。日本の人々もマグニツキー事件を知らないままでは恥ずかしい状況になりつつある。

The Economist は、「スイスのマネーロンダリング調査に疑問の声も　マグニツキー事件におけるスイスとロシア当局の密接な関係を調査する」（https://www.economist.com/finance-and-economics/2021/01/23/a-swiss-money-laundering-probe-raises-disturbing-questions）という興味深い記事を掲載した。その記事にある表をもとに作成したのが「表 2-3　マグニツキー事件をめぐる概要」である。この表を丹念に見てもらえば、事件の概要は理解してもらえるはずだ。

マグニツキー事件の真相

事件の真相を理解するには、もう少し詳しい説明が必要だろう。ここでは、2019 年 11 月刊行のヘイディ・ブレイク著『血塗られたロシアから：クレムリンの冷酷な暗殺計画とウラジーミル・プーチンの対西側秘密戦争』の記述を参考にしながら、スパイ小説のような世界を紹介したい。

まず、ドミトリー・クルエフというギャングによって運営される組織犯罪ネットワークがあった。大規模な詐欺を仕組んで、ロシア政府高官のために資金洗浄していたと考えられている。その一員で、実際に資金洗浄に従事していたのがアレクサンドル・ペレペリチヌイである。詐欺は、セルゲイ・マグニツキー弁護士が真相を暴くまでの数年間はうまく機能していた。税金の還付などで、国家をだまして総額 8 億ドルもの金額を奪ったとみられている。

問題は、エルミタージュ・キャピタルという投資会社のビル・ブローダーが彼のロシアに所有する会社の巨額損失に気づき、モスクワの税務関係の弁護士、マグニツキーを雇い、調査を依頼したことを発端としている。マグニツキーは、クルエフのギャングらが会社を乗っ取り、2 億 3000 万ドルもの税還付を受けて自分たちの口座に移し替えたことを見つけ出す。クルエフのネットワークには、税務署員もいれば、警官もいた。マグニツキーは自分が発見した犯罪を当局に通報したが、逆に、彼が逮捕され、この犯罪の濡れ衣を着せられることになる。それどころか、358 日におよぶ虐待で、彼は 2009 年 11 月に死亡してしまう。

〔表 2-3〕マグニツキー事件をめぐる概要

2007 年 6 月	モスクワ市内務総局のアルチョム・クズネツォフらがエルミタージュ・キャピタルなどの事務所を捜査名目で急襲し、税務書類やスタンプなどを持ち去る
2007 年 12 月	クズネツォフらは税務署から 54 億ルーブルを不正に還付した詐欺事件の罪をエルミタージュ側弁護士、セルゲイ・マグニツキーになすりつけて、彼を告発
2007 年 12 月	エルミタージュから盗まれた、企業に支払われた 2 億 3000 万ドルの不正な税金還付金で、マグニツキー側はクズネツォフや他の内務省職員を窃盗で告発
2008 年 2 月	エルミタージュのトップ、ビル・ブローダーも脱税などで告訴される
2008 年 8 月	クズネツォフの部下がマグニツキーをブローダーの脱税幇助の疑いで逮捕
2009 年 11 月	セルゲイ・マグニツキー、ロシアの拘置所で死亡
2011 年	エルミタージュ、UBS とクレディ・スイスを通じた資金洗浄疑惑で刑事告訴、スイス連邦検事総長は調査を開始
2012 年 12 月	米議会、マグニツキー法を可決
2013 年 7 月	ロシアの裁判所、マグニツキーの死後に税金詐欺で彼を有罪に、彼の前のボス、ブローダーも有罪
2014 年はじめ	ヴィクトル・K（検察庁出向中の警官）の最初のロシアへの狩猟旅行
2014 年 8 月	K のパトリック・ラモン（主任検事）およびミヒャエル・ラウバー（連邦検事総長）とのバイカル湖への旅行
2015 年 9 月	K とラモンはロシアに戻る。K は二回目の狩猟のために滞在
2016 年 8 月	K の三度目の狩猟旅行
2016 年 11 月	K は、重大なマグニツキー報告書の著者、アンドレアス・グロスを調査
2016 年 12 月	K はモスクワに許可なしの旅行をする
2017 年 2 月	スイス警察、K を告訴
2017 年	マグニツキーの闇金の痕跡の暴露がきっかけとなって、ダンスケ銀行で 2300 億ドルのマネーロンダリングスキャンダルが勃発
2019 年 1 月	ラウバー、K に対する起訴を取り下げ、より軽い罪に切り換える
2019 年 1 月	米国、プレヴェゾン事件における司法妨害でナタリア・ヴェセルニツカヤを告発する
2020 年 11 月	スイスは調査終了の合図をし、凍結された金の大半を返還へ
2020 年 12 月	EU、マグニツキー法を可決

（出所）The Economist, https://www.economist.com/finance-and-economics/2021/01/23/a-swiss-money-laundering-probe-raises-disturbing-questions, 塩原俊彦『プーチン 2.0』東洋書店 , pp. 216-218, 2012 など。

* 表では、The Economist の記述に従って、匿名を用いている。ロシアの報道では、彼はヴィンツェンツ・シュネル（Винценц Шнелль, Vinzenz Schnell）なる人物で、1990 年代後半から将来、スイス連邦検事総長になるラウバーのもとで働いていたという（https://novayagazeta.ru/articles/2020/05/17/85405-prokuror-na-eskort）。

彼の死後、ペレペリチヌイはついに反旗を翻す。英国に逃亡し、英国に住むブローダーに税金詐欺の証拠を渡すのである。その結果、ロシア政府高官のために数百万ドルを移転させるための「影の会社」の存在がわかる。その会社は、ロシアの内外に資金を移すためのトンネルとなる複数の資金源の秘密のネットワークの中心に位置しており、犯罪者が頻繁に利用していた。その会社の真の所有者はイサ・アル‐ゼウディで、シリア化学兵器計画の最前線に立つ人物で、不法な武器の開発にも関与している。

情報を得たブローダーは資金が移転したとみられる各国に事件を通報した。その結果、スイス当局はクルエフのギャングらの口座を凍結する。米国政府はクレムリンの幹部を含む49人に対して制裁を科すに至る。ただし、英国政府は3000万ポンド相当の資金が英国に流入した証拠にもかかわらず、捜査開始を拒絶する。なお、この詐欺事件で資金をだまし取った税理士や法執行官（警官など）は、ニューヨーク、ドバイ、モンテネグロで不動産を購入したことが判明している。この計画に関与した人々は、ロシアでは処罰されず、それどころか、昇進して報われたこともわかっている。

2006年11月にソ連国家保安委員会（KGB）の後継機関、元連邦保安局（FSB）の職員、アレクサンドル・リトヴィネンコが核物質ポロニウムで殺害される事件が英国内で起きて以降、英ロ関係は悪化していた。デイヴィッド・キャメロン首相（当時）は2012年にプーチンと会談し、英国の諜報機関とFSBとの協力復活を合意する。こうしたわけのわからない英国政府の対応のなかで、2012年11月10日早朝、ペレペリチヌイが死ぬ。当初は、事件化を望まない警察によってジョギング中の心臓麻痺による死亡と片づけられたのだが、保険会社の努力で、毒殺されたことが判明する（ペレペリチヌイは殺害される直前、パリに出向き、ウクライナ出身の女性と密会していたことも判明している。このあたりが映画にすれば、興味深いのかもしれない）。

実は、ペレペリチヌイが詐欺事件への関与を明かした3人はみな、不審死を遂げている。一人は肝臓病、もう一人は心不全、三人目はバルコニーからの転落死だ。これにペレペリチヌイの殺害が加わることで、ロシアの権力者が詐欺事件を葬り去ろうとしていることがわかる。

最後に、『血塗られたロシアから』にある興味深い記述を紹介したい。

「米情報機関の高官が、議会向けに「ロシア連邦による政治的暗殺の利用について」という極秘報告書を作成し、イギリスでの複数の死者をリストアップした。その報告書は「高い確信」をもって、ペレペリチヌイがプーチンまたはプーチンに近い人々の直接の命令に基づいて暗殺されたと主張し、その概要を説明した情報が英情報局（MI6）に渡された。しかし、イギリス政府はその情報と、イギリス国内での別の大胆な攻撃にクレムリンを結びつける他の証拠を無視した。それために、ロシアはさらに自信をもつようになったのだ。」

そう、マグニツキー事件の黒幕もプーチンである可能性がある。

スイス当局の及び腰

不可思議なのは、スイス当局の及び腰である。The Economist によれば、「2011 年、エルミタージュはスイスの検察官に 2 億 3000 万ドルの窃盗を刑事告訴した。検察は調査を開始し、口座を凍結した。しかし、他の地域でも関連する調査が進み、多くの証拠が出てきたにもかかわらず、起訴も押収もされていない」という。そして、2020 年 11 月になって、スイス検察庁は、捜査を終了し、口座内の資金の大部分をロシア人所有者に返還する計画であると発表するのである。

スイスでの主役は、表 2-3 の脚注に示したように、ヴィンツェンツ・シュネルなる人物だ。彼はなぜかミヒャエル・ラウバー連邦検事総長（スイス連邦検察庁長官、各国の司法長官に類似）にかわいがられた人物で、1990 年代後半に、スイス連邦刑事警察で後のラウバー検事総長の下で働く。ラウバーは弁護士として働いた後、リヒテンシュタインでマネーロンダリングに取り組み、2011 年にはスイスの連邦検事総長に選出された。検察庁には空きがなかったため、ロシア問題の専門家であるシュネルは警察から出向させられ、検察庁に職は与えられたが、ポストは与えられなかった。出向の期限が切れても、シュネルの直属の上司は彼が何をしているのかには興味がなく、スイス連邦検事総長の顧問のような存在だった。

ロシアの報道では、シュネルの上司、ラウバーも曲者で腐敗していた。2014 年に、シュネルは彼の直属の上司であるパトリック・ラモンとスイス連邦検事総長のラウバーとともに、当時のユーリ・チャイカロシア検事総長の故郷イルクーツクで開かれた検事会議に出席する。そこで、彼らはバイカル湖でボートに乗るために招待され、そのときの写真がスイスで報道された。要するに、スイスの検察トップらはロシアの検察トップに篭絡されていたのである。その結果、反政府系の「ノーヴァヤ・ガゼータ」と反政府活動家のナヴァーリヌイが暴露した、検事総長の息子たちがスイスの不動産に不正に投資していた事件について、2016年になって、スイス連邦検察庁はチャイカの息子に対する刑事訴訟の開始を拒否する決定を出す。どこかの国の検事総長や検事長と同じくらい腐敗していると言えるだろう。

ラウバーはその後、国際サッカー連盟（FIFA）の汚職事件で手心を加えた疑いで、2020年5月、弾劾手続きの対象となる。同年7月に彼は辞職したが、彼とその手下シュネルによって、マグニツキー事件の真相も藪に紛れてしまったことになる。

こうした出来事を知って、読者はどう思うだろうか。「どこの検察もひどい」とか、「権力者はろくでもない」とか、さまざまな感情が湧き上がってくるに違いない。そのなかでも、とく若い人々に考えてほしいのは、能天気な日本政府のプーチンへの接し方である。たとえ北方領土問題の解決という課題があるにしても、人殺しであるかもしれないようなプーチンに対して安倍晋三前首相のように地元に招待して歓待するようなことでいいのかを問うてほしかった。プーチンは「殺し屋」の可能性が濃厚である人物なのだから。

2. プーチンの権力構造

つぎに説明したいのは、プーチンの権力構造についてである。突飛かもしれないが、アンドレイ・ズヴャギンツェフ監督の「裁かれるは善人のみ」というロシア映画の話からはじめよう。これは、「リヴァイアサン」（Leviathan）という原題を「裁かれるは善人のみ」と日本語訳した2014年のロシア映画である。その脚本はカンヌ国際映画祭脚本賞に輝いている。フィクションゆえに「現実」を逆によく照らし出しているようにみえるこの作品では、怪物リヴァイアサン、すなわち「可死の神」（deus mortalis, mortal God）が国家の魂の部分、主権国家ロシアを象徴している。そのリヴァイアサンは大自然のもとで神の化身のように振る舞いながらちっぽけな人に襲い掛かりるのだ。それは、市長と警察、検察、裁判所などの「共謀ネットワーク」がロシアの隅々まで行き渡っていることを教えてくれる。

この映画が問いかけている最大の問題は、「裁く側」がだれで、このとき「神」はどうしているかである。

シベリアの極寒の大地を生き抜いてきた人々のもつ､「服従」による「救済」を求める「ケノーシス」という観念の広がりのもと、正教では父なる神と子なるキリストと聖霊（三位）が神をなす（ケノーシスについては次節で再論する)。聖霊は神と人間を繋ぐ媒体で、聖霊によってイエスは処女マリアの身中に宿ったとされている。その聖霊は正教では父から生じるとされているから、三位のうち、父、子、聖霊の位階は明確なのだが、ロシア人は人間のかたちをしたキリストに強い親近感をもつ。

人間キリストへの尋常ではない服従は、皇帝や絶対的指導者たるスターリンへの隷従精神に通じてしまうのだ。ケノーシスの意味する救済は贖罪や悔い改めを媒介せずに可能となり、神からやってくるはずの救済が人間によって簒奪される可能性をもつようになる。それは、神への服従ではなく、レーニンやスターリンに隷属することで救済につながる可能性を排除しないことにもなる。そう考えると、いまではウラジーミル・プーチン大統領に神を見出し、「裁かれない人」であるプーチン大統領を中心とする体系が善人を裁くという構図が成立しているように映る。

ここで、2018年7月4日付のロシア語新聞「ノーヴァヤ・ガゼータ」にユーリヤ・ラティニナという女性記者が書いた興味深い記事を紹介したい。彼女は、脱税に目をつむる代わりに脱税で稼いだ資金の一部を賄賂として巻き上げるという仕組みが中国でもロシアでも広がっているという話を記している。まさに、「裁かれない」立場にある権力当局がやりたい放題の不正を繰り返しているのだ。

ロシアのプーチン大統領は、その権力の淵源として、ソ連時代の国家保安委員会（KGB）の後継機関、連邦保安局（FSB）に加えて、大統領警護局、警察権をもつ内務省、国防省など、いずれも「合理的暴力装置」と呼ばれる執行権力機関に根をはっている。それだけではなく、裁判にかけるかどうかを判断する予審委員会も、あるいは、裁判所もプーチン人脈が支配を固めている。ゆえに、もはやプーチン大統領の人脈に連なれば、「裁かれざる」悪人として大手を振って巨利を得ることができる。逆に、そうしたプーチン一派に反旗を翻そうものなら、すぐに後ろに手が周り、「裁かれる善人のみ」の一員に加えられてしまうだけだ。これこそがプーチンの構築した権力維持のための構造、メカニズムなのである。

腐敗を強いるソ連時代からの「ミーム」

つぎに、ソ連時代からつづく腐敗を強いる構造について話したい。プーチンの権力構造は一朝一夕でできあがったわけではないからである。そのためには、インテリジェンス（諜報）機関のミーム（文化遺伝子）について知る必要がある（インテリジェンス機関については「コラム６」を参照）。

まず、社会主義経済たる計画経済を実践する背後には、いわば「いつ投獄されるかわからない脅威」があったことを知る必要があるだろう（もう少し正確に記述すると、

コラム 6

インテリジェンスの歴史（米国とソ連・ロシア）

ハーバート・ヤードリーという人物がいる。1931 年に刊行した『米国のブラック・チャンバー』（*The American Black Chamber*）という本で、米国のインテリジェンス活動を暴露した人だ。ヤードリーは父親が鉄道電信員であった関係で、電信について子どものころから慣れ親しんでいた。加えて、ポーカーゲームを通じて、人の心理を読むという暗号解読につながる問題にも関心をもつようになる。

1912 年、公務員となった彼は国務省で電信員として勤務する。ここでの仕事を通じて、重要情報の暗号化の必要性や他国の暗号情報の解読の重要性に気づくのである。1915 年 3 月のある夜、彼はニューヨークとホワイトハウス間の電信を盗聴した。彼は、大統領補佐官のエドワード・ハウスからウッドロー・ウィルソン大統領への電信を 2 時間もかからずに解読することに成功する。こうして、彼は防諜および諜報の必要性を米国政府に訴えるようになる。

彼は軍事諜報のトップを説得し、1918 年に新しい暗号機関、MI-8（Cable and Telegraph Section）の設置を認めさせた。だが、その後、閉鎖の憂き目にもあうのだが、MI-8 閉鎖以前から、国防総省（戦争省）には信号諜報局（Signal Intelligence Service, SIS）があり、これがやがてフランクリン・ルーズヴェルト大統領によって信号安全保障機関（Signal Security Agency, SSA）にまで復活することになる。この SSA こそ日本軍の暗号解読に成功し、ミッドウェー海戦の勝利につながる。ドイツの改良型エニグマに対しては、コンピュータを利用した解読が試みられ、1943 年

5月、解読に成功する。

SSAは1945年に軍安全保障機関（Army Security Agency, ASA）となり、1952年10月、いまの国家安全保障機関（National Security Agency, NSA）に改名されることになる。こうしたDNAをもつNSAだからこそ、2009年に創設された「サイバー司令官」は陸海軍のサイバー防衛ユニットと空軍サイバー軍を統合して、NSA長官の指揮下に置かれることになるのだ。

このNSAの「ロシア版」として存在したのが大統領付属・連邦政府通信・情報庁（FAPSI）である。それは、1991年12月24日付大統領令によって創設が決められたもので、正式名称は「ロシア・ソヴィエト連邦社会主義共和国大統領付属連邦政府通信・情報庁」だった。大統領付属政府通信委員会などのほか、ソ連国家保安委員会（KGB）の旧16総局で、通信手段・無線電子諜報総局と改称されていた組織も含まれており、FAPSIはその後、米国のNSAのように、FAPSIはコード作成・解除、無線（ラジオ）遮断、盗聴などを開始する。

1995年に内務省の大規模な改革が検討される過程で、FAPSIを解体してその機能をすべてFSBに移管させる動きも生まれた。だが、結局、2003年3月11日付大統領令「ロシア連邦の安全保障部面での国家管理措置について」で、プーチンはFAPSIを分割し、その権限を三つの機関に分けることにした。第3項において、廃止されるFAPSIの機能を連邦保安局（FSB）、対外諜報局（SVR）、および連邦警護局（FSO）付属特殊通信・情報局に譲渡すると規定されている。連邦警護局（FSO）付属特殊通信・情報局はこの大統領令の2項で設置が決められたもので、2014年8月7日付大統領令で、改めて連邦警護局の下部機関として位置づけられた。同機関はヴォロネジにおいて、世界でもっとも大きなハッカー学校であるかもしれない教育機関を運営していることで知られている。

2003年の時期に、FAPSIのすべての機能をFSBに移譲していれば、まさにFSBの大きな権限拡大につながったと考えられる。だが、そうはならなかった。エリツィン末期からプーチン初期の権力移行期にFAPSIの取り扱いが問題になっただけに、権力を維持するための強力な源泉となるFAPSIの権限をFSBだけに移すことはプーチンであっても困難であったと推測される。

2008年12月3日付大統領令で連邦通信・情報技術・マスコミ監督庁（Roskomnadzor）が設立されることになる。Roskomnadzorはドミトリー・メドヴェージェフ大統領就任直後に出された大統領令で、連邦マスコミ・通信・文化遺産保護・監督庁を分割して二つの機関（連邦通信・マスコミ監督庁と文化遺産保護法令遵守監督庁）にするとされたうちの一つ（前者）を改名したものだ。前者は通信省の下部機関として設立された（後者は文化省の下部機関）。

この「ロスコムナドゾル」と呼ばれる機関こそ、ロシアのインテリジェンス機関のDNAを受け継ぎながら、SNS規制を主導しているのだ。

計画経済の運営の背後には、こうした脅威のほかに恩恵供与があったことも明確に指摘しておかなければならない。前者が「鞭」であり、後者が「飴」であった。恩恵享受者には、孤児、身体障碍者、無年金者などのほか、退役軍人、チェルノブイリなどの危険カ所での労働者、公務員がいた。ソ連時代から創出された、さまざまの市民の230強のカテゴリーを包摂する、社会的特権・割引・便宜・助成の種類は150を超えている。退役軍人向けの電気料金割引や高齢者向けの書籍割引、警官向け無料乗車券など、さまざまな恩恵が供与されてきたのである)。それをソ連の刑法典が制度化していたのであり、その執行を担ったのが「チェーカー」と呼ばれた機関であった。

恐怖の執行機関としての「チェーカー」

「チェーカー」について理解するには、「人民コミッサール」から説き起こす必要がある。これは「大臣」のような高位の責任者で、「人民コミッサールソヴィエト」と言えば、十月革命で誕生した「内閣」のような存在にあたる。フランス革命かぶれのレフ・トロツキーが大臣をコミッサール（人民委員と訳されることが多い）と呼ぶことを提案し、レーニンがこれを気に入ったのだという。この人民コミッサールはロシア革命後の権力保持のための暴力装置であった「チェーカー」と呼ばれた秘密警察組織に深く関係している。というのは、1917年12月、人民コミッサールソヴィエトが反ボリシェヴィキのストライキやサボタージュに対抗するために「反革命・サボタージュとの闘争に関する人民コミッサールソヴィエト付属全ロシア非常委員会」（VChK）が人民委員会議（Sovnarkom）の付属機関として創設されたのである（1919年にはVChKへの批判から、レーニンはこれを政治局に従属させることを決める）。同機関はその後何度も名称変更するのだが、「チェーカー」と総称されるようになる。同機関設立のきっかけとなったのは、11月15日に武装解除に応じた反革命派の大半が数週間のうちに反革命派に復帰してしまったという事件である。

VChKの設立はあらかじめ計画されていたわけではなく、十月革命後の都市部での無秩序や略奪に対処するための措置であった。この意味で、「チェーカー」はロシア帝国皇帝の秘密警察をもとにしたわけではない。むしろ、フランス革命後の政権を守るために、国民公会が1793年8月に国民総動員令を出し、10月に「恐怖政治」を行う旨宣言、翌年の4月には公安委員会が設立された事実がこの「チェーカー」の創設に関係したのではないかとみられている。戦時共産主義後、1922年2月、全ロ中央執行委員会はVChKを廃止し、国家政治総局（GPU）に再編する決定を採択した。GPUはVChKよりもより閉鎖的で官僚主義的であったから、こちらのほうがロシア帝国時代の秘密警察に近いとシェイラ・フィッツパトリックは記している（"The Civil War as a Formative Experience," *Bolshevik Culture: Experiment and Order in the Russian Revolution,* Indiana University Press, 1985を参照）。

忘れてならないのは、「チェーカー」が犯罪者などの天国となったことである。この機関に入った一部の人々は刑務所でリクルートされたのであり、そこで彼らは「チェーカー」の初代指導者、フェリクス・ジェルジンスキーを含むボリシェヴィキ指導者にはじめて出会っていたのだ。加えて重要なのは、「チェーカー」（VChKやGPU）が単なる官僚機構ではなくテロや階級への復讐のための道具となったことだ。その存在は、プロレタリアート独裁は反革命や階級の敵に対して国家の強制権力を使わなければならないとしたレーニンの考え方に両立するものであった。「チェーカー」は「初の社会主義政権」を支持するかどうかというイデオロギー上のチェック機関として機能するようになる。それどころか、スターリンの独裁がはじまると、スターリンによるスターリンのための反スターリン主義者の粛清機関となるのだ。こうして「チェーカー」は暴力と恐怖によって全体主義的な傾向に一挙に傾く。

経済活動の監視機関としての「チェーカー」

チェーカーの恐ろしさは経済活動の監視によってソ連経済全体にまでおよんだことがきわめて重要な点である。VChKが存在した当時、同機関のなかには、スパイ闘争・軍管理のための特別部のほか、鉄道・水輸送およびその活動監視への敵対要素との闘争のための輸送部、経済における経済スパイ、妨害行為、破壊行為との闘争のための経済管理部、外国での諜報実施のための外国部、反ソヴィエト的党・グループ・組織との闘争のための、同じく、知識人や芸術家の監視のための秘密部があった。さらに、「その後、国家安全保障のソヴィエト機関の活動ないし関心のこれらの方向性は変わることなく残され（名称が変更されただけ）、定期的な改革に際してもなんらかのかたち（部、管理部ないし総局）でつねに自らの形態のままであった」という。つまり、VChKはその後、国家政治総局（GPU, 1922 年）、統一国家政治総局（OGPU, 1923 年）、内務人民委員部（NKVD, 1934 年）、国家保安人民委員部（NKGB, 1941 年）、国家保安人民委員部（NKGB, 1943 年）、国家保安委員会（KGB, 1954 年）のように変化するが、「経済における経済スパイ、妨害行為、破壊行為との闘争のための経済管理部」のような下部組織をもち、企業内での工作を継続してきたのである。

おそらく、「チェーカー」の企業内への「配備」は、1936 年にゲンリフ・ヤゴーダの後任として内務人民委員部のトップ（内務人民委員）のポストに就いたニコライ・エジョフによって推進された。1937 年に向けて、レーニン党の徹底的根絶の作戦を準備しながら、彼は内務人民委員部を師団や数十万の警備員をもつ巨大な軍に変えた。内務人民委員部の機関はすべての地方で絶対的な権力になった。内務人民委員部の特務部がすべての大規模な企業や、すべての教育施設に配備されたのである。

たとえば、1959 年 1 月 9 日から 1991 年 5 月 16 日まで KGB の活動を律してきた「ソ連国家保安委員会とその地方機関に関する規程」をみると、国家保安機関の権利として、第九条において、「課題遂行のために国家保安委員会とその地方機関につぎの権利が供与される」とあり、そのなかに、「省庁同じくそれらの従属する企業や設備における暗号業務や機密事務の状況の検査を行うこと」という項目がある。この工作があからさまに企業内で行われるのか、工作員を秘密裡に送り込んで実施するのかはわからないが、「チェーカー」の伝統として企業への干渉が継続されていることになる。

特筆すべきことは、1937 年から本格化する大粛清を前に、1936 年の段階で、スターリンの権力基盤である内務人民委員部が全権を掌握していた点である。E・ラジンスキーはつぎのように明確にのべている（Edvard Radzinsky, *Stalin: The First In-Depth Biography based on Explosive New Documents from Russia's Secret Archives*, 1996=『赤いツァーリ：スターリン、封印された生涯　上 , 下』工藤精一郎訳、1996 年、下）。

「内務人民委員部特務部は、今は上は中央委員会にまでいたる党の全機関を監視下においており、党のすべての指導者たちが、内務人民委員部の承認を得て初めて自分のポストにつくことが認められた。内務人民委員部自体も、党の内務人民委員部の職員たちを監視する秘密の特別部が設けられた。そしてそれらの各特別部を監視する秘密の特別部も」。

そして、こうした状況は多くの人々が互いに中傷し密告し合う社会を広げた。だからこそ、1938年になってボリショイ劇場で開催されたVChK20周年祭の祝典でアナスタス・ミコヤンは「わが国ではすべての勤労者が内務人民委員部の職員になった」とのべたのであろう。

密告社会という現実

ここで、「チェーカー」の人員面から、そのネットワークを考えてみよう。1991年8月のクーデターの前の時点で、KGB職員は40万〜70万人程度はいたという説や1991年10月にKGB議長に任命されたヴァジム・バカチンは国境警備隊22万人を含む48万8000人のトップにたったという数値もある。別の説では、KGBは1973年の49万人から1986年の70万人に膨らんだという。

問題は正規の職員以外に、「チェーカー」には「影のスタッフ」がいることだ。一説には、「活動的予備」、「信頼できる人々」、「秘密の支援者」の3種類があるという（Yevgenia Albats, *The State within a State: The KGB and Its Hold on Russia － Past, Present, and Future*, 1994）。「活動的予備」とは、科学研究所の副所長や大学の外国人向け学部長のようなかたちでさまざまの仕事を引き受けるふりをしたり、通訳、外国人にサービス提供するドアマン、電話技師、ジャーナリストのように実際に訓練を積んだ専門性をいかしたりしながら隠れて仕事をするチェーカー職員のことである。「信頼できる人々」は「影のスタッフ」のなかでもっとも多いグループで、金銭的なつながりや文書に基づく関係ではないかたちで情報提供をしている。マスメディア幹部、企業長、大学学部長、党員などに多くみられる。「秘密の支援者」はいわば組織内部にいる「密告者」を意味している。興味深いのは1921年の段階で、地方のチェーカー職員に対して、工場、国営農場、協同組合などで内通者のネットワークを構築する手段を講じるように指導がなされていたことだ。加えて、「情報提供者」を重視する傾向が地方警察の下部機関、社会主義財産窃盗闘争部（OBKhSS）で高まる。この情報提供者には、帳簿係、会計担当者、管理者はもちろん、事務員、秘書、おかかえ運転手、宿直などもいた（James Heinzen, *The Art of the Bribe: Corruption Under Starlin, 1943-1953*, Yale University Press, 2016）。

スターリンからブレジネフへ：腐敗の蔓延

「投獄されない経済活動の保障」という問題は、投獄を脅しに使って政治的権力強化に利用するという現象を引き起こす。焦点をあてたいのは、「伝統・法的社会構造とは別の継続する企業体で、そのなかで多数の人が不法な活動を通じて権力や私的利得を得るためにそのヒエラルキーのもとでともに仕事をしている」という「組織犯罪」である。「投獄されない経済活動の保障」原理が移行経済期に転換する過程で、こうした犯罪組織が大きく変化していることに注目したいのである。この際、犯罪組織は公務員による収賄、横領、権力濫用などを惹起し、両者の「共謀関係」を深化させたことを忘れてはならない。

イタリアのロシア研究者、マーク・ガレオッティはその著書（*The Vory: Russia's Super Mafia,* Yale University Press, 2018）のなかで、ロシアの犯罪組織の「産婆」がミハイル・ゴルバチョフ、「乳母」がボリス・エリツィンであったと主張している。ここでは彼の比喩に倣って、ブレジネフが「掟に則った盗人（犯罪者）」（後述）を中心とする犯罪組織の拡大を放置し、アンドロポフがそうした犯罪組織を権力奪取に利用し、ゴルバチョフが移行経済化によって「掟に則った盗人」の政治家化および政治家・官僚の「掟に則った盗人」化への道を切り拓き、エリツィンがそうした盗人支配の拡大を促し、ウラジーミル・プーチンがそれをさらに堅固なものにしつつあることを示したい。

図 2- 1は安全保障面からみたロシアの変遷を理解するために示した「官民」を縦軸、「合法・非合法」を横軸にとったグラフである。「官」は非公式の「屋根」を拡充する一方、「民」は犯罪組織グループの民間セキュリティビジネス化によって投獄されるリスクを低下させてきた。この過程で、官民の癒着・結託が強化され、プーチン政権に至って、プーチンを頂点とする「掟」に逆らわないかぎり投獄されない秩序が制度化されたことになる。

ここではまず、スターリンは重工業に焦点をあてて消費財を軽視したために、国家部門が重要でないとみなし適切な品質を伴わずに生産された財やサービスを供給する、不法で非公式な市場が生じたという一般論があることを指摘したい。とくに、第二次世界大戦から1953年の彼の死亡までの間、戦時体制下での歪みが大きくなり、住宅、医療、輸送、

〔図2-1〕官民と合法性

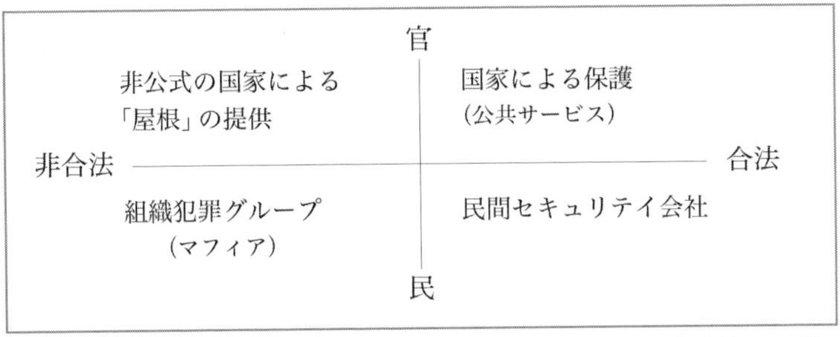

(出所) Vadim Volkov, *Violent Entrepreneurs: The Use of Force in the Making of Russian Capitalism* (Ithaca & London: Cornell University Press, 2002) , p. 169 を改変。

教育、食料配給などの分野を中心に腐敗が広がった。そこに、組織犯罪グループも関与し、腐敗のネットワークが構築されることになる。この腐敗ネットワークは「ブラート」(блат) と呼ばれる非公式の関係の構築と呼応している。すでに紹介したジェームス・ハインゼンは、「贈収賄とブラートともに、スータリニストのソ連において諸機能を関連づけることに役立つ非公式な関係であった」としたうえで、結びつきが良好であれば、ブラートは大臣会議よりも影響力をもつ半面、こうした結びつきの不足している人にとってはブラートよりも贈収賄によるカネの結びつきのほうが重要となっていると指摘している。

犯罪地下組織は盗人を意味する「ブラトノイ」を隠語として使っており、これがブラートに関係したとも考えられる。内村剛介著『ロシア無頼』によれば、ブラトノイは「ブラート(コネ)の人」、「結びあった人」、「血盟の人」を意味する。「ブラート」はユダヤ人の言葉、イディシが起こりで、19世紀から、いまのウクライナのオデッサで用いられはじめた。その後、ロシア語化し、犯罪者たちの頭目がロシア全土にわたる組織をつくったのだという。ブラトノイ同士の連帯は固く、ブラトノイを、文字通り命をかけて守る。ブラトノイ集団は集団側が新メンバーを採用することによって増員してゆく。だが、希望者側の申し出を検討することはしない。既存のブラトノイが入会を提案するのだ。ブラトノイは「法」なるものを軽蔑し、自分たちだけの不文律が彼らにとっての「法=掟」となる。

他方で、1930年代に刑務所や強制収容所で使われるようになった「掟のなかの盗人」（вор в законе）という概念がある。この概念は、同じ場所で使われたブラトノイと関連している。内村自身は無頼の徒が「ブラトノイ」（блатной）または「ヴォール」（вор）と呼ばれているとみなした。「ウルカ」（урка）も同じ概念である。この「ヴォール・フ・ザコーネ」はもともと、一般犯罪者や政治犯のようなかたちで刑務所に入れられた者や収容所に送られた者がその場所での「掟」にしたがって尊敬を集めるようになったボスを意味する言葉であったらしい。仲間によって認められた判事、教師、お手本、聖職者のような人物に近いという。つまり、投獄された人々のなかにあって盗人でありながら尊敬を集めた「裁かれない人」こそ「ヴォール・フ・ザコーネ」であったのではないか。ゆえに、これを「掟に則った裁かれない盗人」と意訳したい。

興味深いのは当局がこの「掟に則った裁かれない盗人」を、その他の受刑者をコントロールするために1937年から戦後まで強制収容所などに公然と配置したことである。彼らは刑務所や収容所に送られ、その場所での「掟」にしたがって独特の強い結束力たる「ブラート」で結びついたロシア独特の組織犯罪グループ（以下、便宜上、「マフィア」と記述）を生み出したものと考えられる。つまり、マフィアと党員・公務員よる国家犯罪の「共謀ネットワーク」がスターリン後期には着実に半ば公然と当局の保護のもとに広がっていたのだ。ただし共謀関係が深まるにつれて、徴兵に応じたり全連邦レーニン共産主義青年同盟（コムソモール）に参加したりすることを禁じる「内輪」の「掟」は断念され、「掟に則った裁かれない盗人」は法律を表面上守りつつ銀行家や一般企業家を装うようになる。「法に則った裁かれない盗人」の誕生である。他方で、党幹部や公務員は「掟・法に則った裁かれない盗人」化する。その結果、プーチン政権下では、「掟・法に則った裁かれない盗人」が投獄されずに経済活動を謳歌する半面、「善人」は裁かれ、投獄の憂き目を見ているのではないかとの疑いが生じる。

ニキータ・フルシチョフもブレジネフもこうした共謀ネットワークの拡充を放置した。1953年のスターリンの死後、共産党幹部が犯罪で起訴されるケースは激減し、新聞も公務員による犯罪をめぐる記事をあまり報道しなくなる。とくに、1964年10月から1982年11月まで、18年間も共産党中央委員会第一書記（1966年から書記長）の地位にあったブレジネフ期は腐敗の蔓延した時代であった。その深刻さは、ダイヤモンド密輸に関係していた娘ガリーナの夫、ユーリー・チュルバノフ（内務省第一次官まで昇進）がウズベキスタン共産党中央委第一書記だったシャラフ・ラシドフから賄賂をもらい、ウズベキスタンでの共和国全体の腐敗のもみ消しに関与してきたことに現れている。こうしたなかで、腐敗への攻撃を材料に虎視眈々と力をつけていたのがアンドロポフである。

アンドロポフの権謀術数

1956年のフルシチョフによる「個人崇拝とその結果について」という秘密報告はKGBの資料に基づいて行われたものだった。KGBはスターリンが犯した虐殺に彩られた過去の「チェーカー」のもつ遺伝子を継承するとはいえ、共産党の改革によって新たな出直しをめざしていた。その先頭に1967年就任のアンドロポフKGB議長がいた。1970年代の間、アンドロポフは腐敗にかかわる情報を蓄積し、政治局に腐敗に関する事実を定期的に受け取りながら、KGBは腐敗闘争上のノウハウを発達させたのである。彼が腐敗を重視したのは、それがソヴィエト・システムに重大な脅威をもたらし、腐敗蔓延がソ連に損害をあたえているとの確信があったのだ。

これに対して、内務省（MVD）の名前に戻っていた機関は腐敗防止に無力であった。1968～1982年まで内相を務めたニコライ・ショロコフ自身も、内務省第一次官のチュルバノフまでもが収賄罪を犯していたから、MVDは腐敗に目を瞑っていたことになる。これに対して、アゼルバイジャンのKGB議長の地位に1967年に就任したガイダル・アリエフは同国共産党幹部らの腐敗をつぎつぎに暴き、更迭に導く。これが、KGBの名声を高め、MVDの悪評につながったことは間違いない。もちろん、アンドロポフは彼を評価し、昇進させた。同じく、ウクライナのKGB議長だったヴィタリー・フェルドチュークもアンドロポフに評価され、1982年5月、アンドロポフの後任としてソ連KGB議長に就任する。同年12月には、ショロコフ内相に代えて彼を内相に据え、そこでブレジネフ派の一掃やKGBの影響力強化に尽力することになる。たとえば、密輸捜査の経験のある150人ものKGB職員が1982～1983年の間にMVD幹部に任命された。

といっても、アンドロポフはKGBの前身である「チェーカー」時代の過去に対する人々の危惧を意識していたし、「チェーカー」支配を推進しようとしたラヴレンチー・ベリヤに対する人々の嫌悪を理解していた。ゆえにアンドロポフは共産党改革者の顔を持ちながら、人々のもつ恐怖を弱めようと腐心した。つまり党幹部に蔓延する腐敗を知りながら、それを告発したり起訴したりすることには慎重であった。そうした情報をいわば「脅し」に使いながら地歩を固めたアンドロポフは1982年11月に共産党中央委書記長にまで登りつめる。1983年には、MVDを監督・統制するための部署をKGB内に設置する。だが、半年ほどの闘病の末、1984年2月に死去する。反腐敗闘争を通じて共産党改革を断行しようとしたのは彼の真意であったと思われるが、道半ばでその遺志はゴルバチョフに引き継がれることになる。

ゴルバチョフの正体

後任のコンスタンチン・チェルネンコは翌年3月に死去する。こうして、アンドロポフが時間をかけて敷いたレールの延長線上にゴルバチョフが登場するのである。1952年にソ連共産党に入ったゴルバチョフはスタヴロポリ地方の党第一書記だったフョードル・クラコフによって見出され、1962年、党人事担当に抜擢され、地方のKGBとの関係が生まれた。クラコフが農業担当の党中央委書記に昇進すると、スタヴロポリの元党トップのミハイル・スースロフ政治局員とともに、この二人の知遇を得て、ゴルバチョフは1970年に同地方の第一書記に就任し、スタヴロポリ地方出身のアンドロポフとも知り合うことになる。クラコフが1978年に死去したことから、アンドロポフらはゴルバチョフをモスクワに党中央委農業担当書記として引き上げた。1979年に政治局員候補、1980年に政治局員になる。アンドロポフが書記長になると、ゴルバチョフはイデオロギー担当書記に就任する。興味深いのはスースロフもアンドロポフも同じ担当であったことである。

アンドロポフはブレジネフ派を反腐敗闘争のキャンペーンによって排除した。それがゴルバチョフのライバルだったグレゴリー・ロマノフの信用失墜につながる。ゴルバチョフはアンドロポフがKGB議長に据えたヴィクトル・チェブリコフの支援を受けていた。だからこそゴルバチョフは書記長になるとチェブリコフを政治局員候補から政治局員に昇格させた。

1988年にチェブリコフに代えて、駐ハンガリー大使を務めていたころのアンドロポフ時代からの直系、ウラジミール・クリュチコフがKGB議長に就任する。チェブリコフを政治局員のまま、公式的にKGB、内務省などの安全保障機関を監督する新設のソ連共産党法律問題委員会議長に据えた点が重要だ。この時点で、ゴルバチョフは内務省、検察庁、裁判所などをKGBのコントロール下に置こうとしいたのではないかと思われるからである。

ゴルバチョフはマルクス・レーニン主義を放棄したわけはない。共産党の「改革」によって社会主義理想を実践しようとしていたわけだ。その党を守ることこそKGBの責任であったが、ゴルバチョフ改革は議会という新しい統治機関の登場で、KGBに「党」と「議会」とどう向き合うべきかという新しい課題を突きつける。それが尖鋭化したのが1989年4月にグルジア（当時）で起きた反ソ連デモへの鎮圧事件である。この事件に対して、チェブリコフはグルジア共産党の弾圧を支持し、ゴルバチョフも同調する。しかし、これが連邦を構成していた各共和国での反発を巻き起こし、同年5月にはモスクワの共産党自体において、チェブリコフに反対する動きがはじまる。1988年の憲法改正で最高権力機関としての「最高ソヴィエト（会議）」が創設され、1989年3月には、その選挙まで行われていた。

最高ソヴィエト側に軸足を移したゴルバチョフはよりオープンな改革を主張しながら、チェブリコフの法律問題委員会に対応する国防安全保障委員会を設置する一方、クリュチコフはKGBが共産党ではなく議会のもとで活動する方針転換を決める。1989年9月には、ゴルバチョフはチェブリコフを政治局から更迭し、1990年には後任にクリュチコフを据える。ただし、チェブリコフのKGBへの影響力はなくなったわけではない。加えて、1991年にはソ連のためのKGBではなく、ロシアのためのKGBを設立する動きが広がり、ゴルバチョフとエリツィンとの関係も問題になる。

こうしたごたごたのなかで注目すべきなのは、ゴルバチョフによる経済改革が「パンドラの箱」を開けてしまった点である。もっとも問題だったのは、1987年5月にスタートした制限つきながらの私的ビジネスや協同組合ビジネスの解禁であった。その前年、ゴルバチョフは転売による私的利益の獲得を禁じた「投機罪」を厳格化して、生産物販売にはそれを自ら生産したという証明が必要とし、事実上、通りでの食料品売買は警察の取締対象とされた。にもかかわらず、1年後には、正反対の政策に転じたのである。しかも、私的ビジネスを政府の規制なしにできるのは、年金受給者と学生に限定された。これが意味していたのは、食料品を含む、多くの財・サービスの価格が規制されているなかで、ごく一部の者にだけ自由な価格設定に基づく売買が認められると、そうした新規ビジネス参入者は競争が制限された初期条件において巨利を得ることが可能となるということだ。

限定的にしか認められない私的ビジネスや協同組合ビジネスの安全を保障することで、マフィアは「みかじめ料」を得たり、協同組合に出資したりして自らの勢力拡大に成功する。民法、商法、銀行制度、会計制度といった資本主義経済を支える基本的制度がまったく整備されていなかったから、マフィアはやりたい放題であった。しかも、「投機」を禁じてきた以上、投機による収益に対する課税制度も整っていなかったから、ビジネスの利益ではなく、収入に対して10～20%ものカネをマフィアの側が要求することも決して難しいことではなかった。新ビジネスへの参入者が限定されたうえ、その安全保障は地域ごとに請け負われたから非競争に近かった。ゆえにマフィアは暴利をむさぼることが可能であった。

この「新興市場」に目をつけたのはマフィアだけではない。KGB職員も市場導入に伴う諸制度の変更に「ビジネスチャンス」があることによく気づいていた。だからこそ、KGBは海外企業との合弁会社に出資したり、その事業に参加したり、あるいは、国内銀行の安全保障業務に積極的に乗り出したのである。

腐敗を蔓延させたエリツィン

ソ連崩壊とそのロシアへの継承は大きな変化であった。結論から言えば、エリツィンはKGBを分割後、再編させる。その過程で、組織犯罪グループであるマフィアと、政治家や公務員（法執行にかかわる者を含む）との癒着が深まり、腐敗が深化するのである。

なんといっても、事態を大きく動かしたのは1991年8月に発生したクーデターであり、その失敗であった。エリツィンとクリュチコフKGB議長の間で、1991年5月6日、連邦・共和国機関としてロシア共和国のKGBを設立する議定書が結ばれていたのだが、クーデターの首謀者の一人、クリュチコフが更迭されたことで、新KGB議長のヴァジム・バカチン前内相が中心となってKGBの「分割」および「再編」を進めた（チェコの国家保安機関［StB］や東ドイツの国家保安省［シュタージ、Stasi］が解体されたのとは対照的であった点に注意）。1991年10月5日付ソ連法で創設された、移行期間における一時的なソ連国家権力機関、「ソ連国家ソヴィエト」の決定に基づいてソ連KGBの分割による「共和国間保安局」（MSB）が同月に設立され、11月にバカチンがトップに任命される。さらに、KGB第一総局（対外諜報）はエフゲニー・プリマコフを長とするソ連中央諜報局（TsSR）に再編され、同KGB国境警備総局はソ連国境警備委員会になる。ほかにも、KGB内の情報関連総局などが集まってソ連政府通信委員会が形成された。

他方で、1991年11月26日付ロシア共和国大統領令で、ロシア共和国KGBが連邦保安庁（AFB）に再編されることになる。結局、KGBはソ連のゴルバチョフ大統領が1991年12月3日に保安機関再組織化法に署名したことによって正式に分割される。①12月18日付エリツィンロシア共和国大統領令によってTsSRをもとに対外諜報局（SVR）を設立すること、②12月19日付大統領令でソ連内務省（MVD）とMSBを廃止し、ロシア内務省（MVD）とAFBに合併させて新たに「保安・内務省」（MBVD）を設立することが決まる。ところが、ソ連の後継国となったロシア連邦のエリツィン大統領は1992年1月24日に大統領令を出し、MBVDを巨大なロシア連邦内務省（MVD）とロシア連邦保安省（MB）の設立方針を明らかにするのである。その後、MBは廃止され、連邦防諜局を経て、連邦保安局（FSB）が生まれることになる。

1995年4月3日制定のFSB法第15条では、国家機関、同じく、企業・施設・組織がFSB機関に協力しなければならないとされた。これがFSBの企業への干渉の根拠となっている。とくに「テレビ・秘密・衛星通信システムを含む、すべての種類の電子通信、郵便通信のサービスを提供する、ロシア連邦における個人および法人は、連邦保安局機関の求めに応じて機器に追加的設備やプログラム手段を含め、また、連邦保安局機関によるオペレーション技術措置の実施に必要なその他の条件を創出する義務を負う」ことになった。つまり、盗聴に協力することが義務づけられたことになる。

こうした混乱のなかで、真偽は不明確ながら、MBVD の大臣に就任したヴィクトル・バランニコフとエリツィンが組んで、MVD 内の腐敗に関する KGB のファイルが破壊されてしまった可能性が強い。1990 年に KGB が検察庁に提出していたマフィア 830 人のうち、190 人は MVD 職員であったとみられている。こうした嫌疑が報道されたため、MVD と AFB の統合に議会は猛反対したことから、上記のように MB の創設が決まった。ただし、MB 内に KGB に属していた 18 以上の部署が吸収されてしまう。ほかにも、KGB 内にあった部署から、連邦国境警備局や大統領官房付属警備総局（後の大統領警護局）などが生まれる。したがって、KGB の権限が大幅に縮小されるかたちで MB が誕生するのだ (KGB 末期の職員総数は 75 万 3000 人で、これから国境警備隊員 24 万人、特殊軍（最小 2 万人)、ロシア共和国以外の勤務者（9 万人）を差し引くと 40 万 3000 人となり、SVR に 1 万 6000 人、連邦政府通信・情報庁（FAPSI）に 8 万 5000 人が移った結果、MB は 30 万 2000 人規模となる計算だが、設立時に認められた人員数は 13 万 7900 人であった［J. Michael Waller, *Secret Empire: The KGB in Russia Today*, Westview Press, 1994］)。

これは「チェーカー」VS「ミリツィヤ」(警察)、KGB 対 MVD といった過去の因縁の延長線にある。問題は、こうした対立がマフィアと権力執行機関（治安維持機関）との関係を厳格するどころか、むしろ双方の癒着を深めた点にある。腐敗防止を材料に権力を強めてきた「チェーカー」も「ミリツィヤ」の巻き返しによって自ら腐敗に積極的に手を染めることで、資本主義原理の導入に伴う利益を少しでも多く奪取しようとするようになる。

エリツィン政権のもとで、いわゆる民営化をはじめとする移行経済化のための諸制度改革が本格化した。このため、エリツィンがバランニコフと組んで腐敗隠しに動いたことは、ロシア全土に制度改革に伴うレントをマフィアと治安維持機関との間で分け合う構図を広げることになってしまう。1992 年 3 月 5 日制定の安全保障法第 21 条では、「ロシア連邦の国家権力・管理機関は自らの専門分野の限度内で安全保障について省庁、企業、施設、組織の活動に対するコントロールを行う」と規定されている（なお、2010 年 12 月 28 日付安全保障法にはこの規定はない)。つまり、エリツィン政権下、「チェーカー」や「ミリツィヤ」、KGB や MVD の「遺伝子」をもつ権力機関が安全保障を理由に企業を含めて干渉することが当然とされるようになってしまった。具体的には、政府が国営企業、核発電所、輸送部門などに独立した保安部門を設置する権限があたえられたことになる。

エリツィン政権下で腐敗が広がり、マフィアと治安維持機関との癒着が深まった例として、「民間警備会社」（ChOP）の隆盛をあげておきたい。1992年3月11日制定の「探偵・警備活動法」によって、ChOPの設立が急増する。民間警備会社数は1993年の4503社から1994年の6600社、1995年の8295社、1996年の9844社、1997年の10487社へと逓増した（В.В. Кудрядев, А.В. Овчаров, Настольная книга частного охранника: Учебно-справонное пособие, 2005）。マフィアが自らChOPの経営に乗り出す一方、治安維持機関の息のかかったChOPも相次いで設立されるようになり、こうして、企業の安全保障をめぐって、組織犯罪グループとKGB・FSB、内務省（MVD）との垣根が壊れ、「力の企業家精神」をもった人々がますます権力を拡大する事態に至ったのである。

ロシア連邦になってはじめて編纂されたロシア連邦刑法典は1996年に制定された。もっとも特徴的なのは、「階級の敵」に代わって「組織犯罪」が重視されるようになったことである。窃盗、詐欺、横領、強盗、恐喝などにそれぞれ「組織集団」によるものという記述がみられ、組織犯罪への警戒が強調されている（第158～163条）。経済活動に関連して、「不法な企業活動」や「不法な銀行活動」、「取引の強要」にも「組織集団」によって実行されたものという別規定がみられる（第171～172条および第179条）。

社会生活の制度上の不安定、警察や国家官僚の深刻な腐敗にともなって、マフィアはビジネスに対するコントロールを入手したり、コミュニティにおける重大な影響力を獲得したり、国家制度機関の内部に入り込んだりしようとして、いくつかのマフィアがそれらの場所で自主的な支配レジームとなることも可能になる。逆に、政治家の側は治安維持機関の権力を提供して「屋根」となる代わりに、マフィアと癒着して多額の賄賂を得ることも可能になる。わかりやすく言えば、エリツィン政権下で、「地下世界の国家化」および「公的部門のマフィア化」が進み、プーチン政権下でさらに加速化するのである。

第一次・第二次プーチン政権：「企業乗っ取り」時代

プーチンは、1998年7月にFSB長官に就任する。注意すべきなのは、このとき、彼が高レベルの経済犯罪を捜査する経済防諜総局と、核発電所のような戦略場所・防衛防諜総局を廃止し、6下部機関としたことである。プーチンは1998年8月、プーチンの旧友ヴィクトル・チェルケソフをFSB第一副長官に任命する（後に連邦麻薬・向精神薬取引監視局長官）。同時に、セルゲイ・イワノフを同副長官に任命する。ほかに、経済保安部長にアレクサンドル・グリゴリエフ（後にFSB副長官、サンクトペテルブルク総局長）を据えた。ニコライ・パトルシェフは1998年10月にFSB副長官になり、その後、第一副長官を経て1999年8月からFSB長官に就任するのである。

2000年5月のプーチン大統領の就任（第一次プーチン政権）はエリツィンが広げた治安維持機関とマフィアとの共謀ネットワークの構築を促す。1999年当時、プーチンは内務省よりは腐敗していないとみられていたKGBの出身であることを「売り」にしてロシアの混乱した「秩序の回復」をはかろうとしたが、それがまったくの裏目に出る（皮肉なのは、「法的秩序」基金という名前の慈善団体が警察と民間をつなぐ腐敗の温床として広がったことである。2000年にモスクワ州で採択された条例が他の自治体にも広まり、州レベルでの予算拠出を伴った「法的秩序」基金が形成されるようになる。同基金には、個人・企業からの寄付、法的違反に対する罰金、没収されたアルコールの売却資金、予算からの直接拠出金などがあったが、同基金が「屋根」を提供し、企業などがその安全保障サービス料を基金に寄付として納入する仕組みが生まれる。予算拠出がなくなると、企業寄付の重要性が高まり、警察と民間企業との癒着が慈善団体を通じて「公式化」されるようになる）。

その典型が「レイデル」（рейдел, raider）だ。2000年前後から「企業や不動産などの不法な略奪者」を意味する言葉として人口に膾炙するようになる。2008年秋のいわゆるリーマンショック以降、「レイジェールストヴォ」（рейдерство）、すなわち「企業乗っ取り」が目立つようになる。一説には、1999～2010年に312件のこうした事件が起きたという（Michael Rochlitz, “Corporate raiding and the role of the state in Russia,” *Post-Soviet Affairs*, 2014, Vol. 30, No. 2-3）。

レイデルは警官やFSB職員が定期検査を装って会社の文書を押収し、それを偽造したり、不適切に利用したりして、その会社の幹部を逮捕・起訴し、会社を破産に追い込んだり、増資によって株主を変更したりすることで乗っ取りにつなげる。一般論として言えば、レイジェールストヴォを行うには、①「ビジネスマン」とも呼べなくもない人物（レイデルを仕組むには資金が必要であり、これを提供する人物がいなくてはならない。このビジネスマンは商工会議所幹部や政治家、官僚などに接触し、協力関係を結ぶ。大企業がこの役割を果たすこともあるし、マフィアのボス、政治家、政府機関の有力者がビジネスマン役を果たすこともある。内務省、FSB、検察官、裁判官などの人脈をもつ法律家もこの役割を担いうる）、②検察官（攻撃対象に根拠なしに刑事事件を提起できるため）、③予審官（刑事事件を裁判所が一般に公開された法廷で審理されるべきかを判断する地位を利用して、攻撃対象の多くを、裁判を理由に拘留することができる）、④警官（必要があれば軽犯罪などをでっち上げて攻撃対象にかかわるすべての人々を逮捕して、レイジェールストヴォを迅速に実現する）、⑤裁判官（判決そのものをレイデル側に有利になるように取り計らう）、⑥FSB関係者（現FSB職員および企業で安全保障担当となった元FSB職員らが結託してライバル企業を追い落とすなどの攻撃を実施）―― といった多くの人々のネットワークが必要となる。ほかにも、新聞やテレビなどのマスメディアを抱き込んで、情報操作によってレイジェールストヴォ実現を後押しする場面も求められるだろう。

まさにレイデルはマフィアと治安維持機関の共謀ネットワーク構築を前提にしていると言えよう。この治安維持機関には税務警察と呼ばれる組織も含まれている。意図的に会社に脱税を認め、その一部を賄賂として巻き上げるといった方法は共謀ネットワークの典型であり、中国などとともにロシアでも広範に広がっている。

共謀ネットワーク化の進展とプーチン大統領の就任はまったく無関係というわけではない。プーチンは1990年代前半、サンクトペテルブルクで副市長を務めていたころ、地元マフィアの「タンボフグループ」と連絡を取り合う関係であったとみられている。プーチン自身が収賄罪を犯していた可能性がきわめて高い。KGB出身の彼はKGBやその後継機関であるFSBを利用して、自らの権力基盤強化に利用してきた。だからこそ、KGB出身の大統領就任で共謀ネットワークの構築は促進されることになる。

プーチンは大統領就任後、2000年7月28日、オリガルヒ(複数形であり、単数形はオリガルフ。ギリシャ語のオリゴイ[少数]とアークヘイン[支配する]が語源としており、アリストテレスはこの言葉を、腐敗した目的のために専制的な権力を行使する少数の特権階級、つまり堕落した一種の貴族を表現するために使った)と呼ばれる寡頭資本家21人と会談し、①プーチンは民営化の見直しはせずオリガルヒのビジネスをそのまま認める代わりに、オリガルヒは政治から足を洗う、②オリガルヒは税金を支払う代わりに、プーチンは彼らにサービスを提供する —— という合意がまとまったとされている。ただし、このルールに従わない者に対しては、いわばプーチン主導の「レイジェールストヴォ」が仕組まれた。これを示したのが表2-4である。

まず、ボリス・ベレゾフスキー、ついでミハイル・グシンスキーという二人のもつ各マスメディアを乗っ取り、ついで石油会社ユコスに事実上のレイジェールストヴォを仕掛けたことでプーチン主導の共謀ネットワーク構築が決定的となったのである。その後も、メドヴェージェフ政権下でも第三次、第四次プーチン政権下でも同種の事件が起きており、これが共謀ネットワークの結束を維持・拡大につながっていると考えられる。

プーチン政権下で顕著になった特徴は、情報ネットワークへの国家管理を強化して、この分野を共謀ネットワークに組み込もうとした点にある。まず「米国版国家安全保障局(NSA)」であった大統領付属・連邦政府通信・情報庁(FAPSI)が2003年に解体されたところから説明したい。背後には、2000年5月に就任したプーチン大統領のもとで情報を監督する官庁間の競争があった。具体的にはFSBと内務省との縄張り争いだ。FAPSIはKGB第8総局と第16総局(政府通信、暗号、電波諜報担当)からつくられた政府通信委員会が改組されたものだ。他方で情報分野については、内務省内にコンピュータ犯罪を取り締まる「K」総局があった。1992年10月に内務省の下部機関として設立された「特殊技術活動ビューロー」というコンピュータ犯罪を扱う機関があり、この構成内に「K」総局が入っていた。この関係で、インターネット上のe-mailの内容を諜報するためのシステム、「作戦・捜査措置保障のための技術的手

〔表 2-4〕「レイジェールストヴォ」と疑われる主要事件

ターゲットとなった企業(( ) 内はそのオーナー)	概要
ロシア公共テレビやシブネフチなど（ボリス・ベレゾフスキー）	1999 年春、当時ベレゾフスキーが事実上支配していたアエロフロートの事件（1996 ～ 1999 年に社内資金が紛失）の捜査開始。2000 年末、予審官による起訴直前、ベレゾフスキーはロンドンに逃亡。彼は事実上ロシア公共テレビ（ORT）を支配していたが、2000 年に同株式の売却も余儀なくされた。プーチンの意向を受けたロマン・アブラモヴィッチがベレゾフスキーと交渉し、彼は ORT 株の 3 億ドル強での売却を余儀なくされた。2003 年はじめまでに同じくベレゾフスキーの支配下にあった石油会社シブネフチ株もアブラモヴィッチに売却。
メディアモストグループ（新聞セヴォドニャ、独立テレビ［NTV］、雑誌イトーギ、モスクワのこだまなど）（ミハイル・グシンスキー）	2000 年 5 月 11 日、メディアモストの事務所が捜査のため急襲される。同年 6 月、検察はサンクトペテルブルクのテレビ局 11 チャンネルの不法売却事件でグシンスキーに尋問請求、その後、逮捕。同年 7 月、メディアモスト株のガスプロムへの売却と引き換えに釈放。迫害を恐れた彼はスペインに逃亡。
石油会社ユコス（ミハイル・ハダルコフスキー）*	2003 年 10 月、ハダルコフスキーが横領と脱税の容疑で逮捕。逮捕直前に締結されたユコス・シブネフチ合併は解消に。同年 11 月、彼はユコス CEO を辞任。納税の必要から、ユコスグループは解体され、傘下の有力な採掘会社ユガンスクネフチガスなどの売却を余儀なくされる。ガスプロムがロスネフチとユガンスクネフチガスを吸収する計画がたてられたが、資金難から結局、2004 年 12 月のオークションを通じて無名のバイカル・フィナンス・グループが落札し、これをロスネフチが買収するかたちで決着。
投資ファンドのエルミタージュ・キャピタル・マネジメント（ビル・ブラウダー）	2005 年に大規模不正事件を暴露した後、ブラウダーはロシアへの入国を拒否される。FSB の K 局（経済分野の対諜報部門）がブラウダーを引きずり下して資産をすべて差し押さえる陰謀あり。複数の投資会社が警察に押収された正式の社判や登記簿によって乗っ取られる。それらの会社の巨額債務が捏造され、エルミタージュ・キャピタル・マネジメントの債務弁済を命じるというかたちで資産乗っ取りがはかられる。事件の過程で、モスクワ市内務総局の職員らが 2 億 3000 万ドルを横領。エルミタージュの弁護士セルゲイ・マグニツキーは 2009 年 11 月、拘置所で殺害。
石油会社ルスネフチ（ミハイル・グツェリエフ）	2007 年 2 月、石油会社ルスネフチ社長のグツェリエフは脱税の嫌疑を受け、国外逃亡。2010 年に帰国。この間、ルスネフチの乗っ取りは成功せず。イングーシ問題解決の協力を求められる。
石油会社バシネフチ（ウラジーミル・エフトゥシェンコフ）	2014 年、石油会社バシネフチがロンドン証券取引所で株式公開しようとした際、これが外国投資家によるバシネフチ支配につながるとして、イーゴリ・セーチンは当時、バシネフチを支配下に置いていたシスチェーマという会社の主導者、ウラジーミル・エフトゥシェンコフを追い落とし、自宅での逮捕状態に至らしめる。エフトゥシェンコフは刑罰を免れるためにバシネフチ株を売却せざるをえなくなる。この結果、2014 年 12 月には、連邦国家資産管理庁がバシネフチの普通株 60.16%（定款資本の 50.08%）を所有するようになる。その後 2016 年 10 月に入り、メドヴェージェフはロスネフチにバシネフチ株を売却する政令に署名する。売却額は 3297 億ルーブル。結局、歳入不足に悩む政府は競争入札すら行うことなく、ロスネフチへの売却を決めた。
スーマグループ（マゴメドフ兄弟）	2018 年 3 月末、輸送関連会社に集中投資するグループ・スーマを率いるマゴメドフ兄弟らが大規模横領や犯罪組織化の容疑で逮捕される。同

	グループはトランスコンテイネル株 25.07%、ノヴォロッシースク海洋貿易港（NMTP）株 25%、極東海洋船舶株 32.5% などを保有。2018 年 2 月には、トランスネフチが同グループの NMTP 株を購入する取引に対する許可が連邦反独占局から出されていた。今後、同グループ傘下のその他の会社がねらわれることになろう。

（註）* 発音に近いハダルコフスキーを採用。

（参考文献）塩原俊彦、『プーチン 2.0』（東洋書店、2012 年）; pp. 208-218, Michael Rochlitz, "Corporate raiding and the role of the state in Russia," *Post-Soviet Affairs*, 2014, Vol. 30, No. 2-3, p. 102; Karen Dawisha, *Rutin's Kleptocracy: Who Owns Russia?* (New York, et al.: Simon & Schuster Paperbacks, 2014); Peter Baker & Susan Glasser, *Kremlin Rising: Vladimir Putin's Russia and the End of Revolution* (Potomac Books, updated edition, 2007), p. 280; Thane Gustafson, *Wheel of Fortune: The Battle for Oil and Power in Russia* (Cambridge, Massachusetts, London, England: The Belknap Press of Harverd University Press, 2012), p. 83; pp. 285, 307, 344-346; 塩原俊彦『ガスプロムの政治経済学（2016 年版）』(Kindle 版 ,、2016 年）; *Коммерсанть*, Феб. 26, 2018; Stephen Fortescue, *Russia's Oil Barons and Metal Magnates: Oligarchs and the Stare in Transition* (Palgrave Macmillan, 2006), pp. 121-148; Richard Sakwa, *Putin and the Oligarch: The Khodorkovsky-Yukos Affair* (London & New York: I. B. Tauris, 2014), p. 27; Masha Gessen, *The Man without A Face: The Unlikely Rise of Vladimir Putin* (With an updated afterword, Ganta Books, 2014), p. 163,;Bill Browder, Red Notice: How I Became Putin's No. 1 Enemy {Corgi Books, 2015), pp. 247-398.

段システム」(SORM) の運用に内務省が深くかかわってきたことになる。FSB は 1995 年ころから検討されるようになっていた内務省改革の過程で、自らの権限強化をめざして、FAPSI や SORM の権限奪取をもくろむようになる。

FSB は内務省内の腐敗に目をつけた。1998 年 5 月に内務省次官に任命されたウラジーミル・ルシャイロは、1999 年 5 月にセルゲイ・ステパシン内相が首相に昇格した人事にともなって内相に就任したが、彼は次官時代から補佐官のような立場にあったアレクサンドル・オルロフと組んで汚職に手を汚していた。多くの企業家の「屋根」として、彼らのビジネス上のトラブルに手助けしたり、犯罪を黙殺したりすることで利益を得ていたのである。ルシャイロは 2001 年 3 月に解任されたが、大きなスキャンダルになるのを嫌ってか、プーチンはルシャイロを安全保障会議書記に転じさせただけだった。オルロフはイスラエルに逃亡する。この不祥事を契機に、内務省の権限が強かった SORM は FSB の主管に移る。加えて、FSB は内務省内の主要ポストや地方の治安維持機関に FSB 職員を送り込んだ。その筆頭がラシド・ヌルガリエフである。彼は FSB 副長官まで勤め上げた後、2002 年 8 月に内務省第一次官として内務省に乗り込み、2003 年 12 月からの大臣代行職を経て 2004 年 3 月に内相に任命される。内務省は FSB の軍門に下ったことになる。

ただ、FSBによるFAPSI全体の取り込みについてはうまく進まなかった。その背後には、「トゥリ・キタ」（三頭のクジラ）という名前の家具屋をめぐって起きたスキャンダルがある（詳しく「コラム7」を参照）。結局、2003年3月の大統領令で、FAPSI全体がFSBに吸収されるのではなく、解体されてその一部をFSBも担うことになる。

注目すべきは、FSBがチェチェンのウェブサイトを攻撃していたハッカーを取り込んだことである。1999年からはじまった第二次チェチェン紛争において、チェチェン側の情報発信拠点であったkavkaz.orgというサイトへのロシア側からのサイバー攻撃が同年8月31日にスタートした。2002年になると、トムスクの学生がいわゆる「分散型サービス拒否」（Distributed Denial of Service, DDoS）攻撃をはじめた。この段階で、FSBはハッカーを利用する必要性に気づき、2003年にはハッカーを組み込むようになる。

こうしてFSBはサイバー犯罪そのものに深くかかわるようになっている。情報技術（IT）に詳しいハッカーなどの若者をさまざまなサイバー犯罪に巻き込んで、ビジネス化している。そうしたビジネスをFSBが保護し、利権としているのだ。そのもっとも有名な例がサンクトペテルブルクにつくられたロシア・ビジネス・ネットワーク（Russian Business Network, RBN）という会社である。一説には、RBNは1998年に有力ハッカーグループによって創設された後、サンクトペテルブルクの最大マフィア、タンボフ・マフィアと手を組む。その延長線上で、政治家らとも結託する。公式にはサービス・プロバイダーとしてウェブホスティングや高速データ通信関連の業務を提供しているが、裏では、世界中のスパム業者、ネット詐欺グループ、チャイルド・ポルノ業者にさまざまなサービスを提供している。RBNは一時、すべてのサイバー犯罪のほぼ60%とリンクしていたという話まである。そして、いまのRBNを支えているのはFSBであるとみられている。

忘れてはならない西側企業の協力

前述したSORMには、ソ連時代のKGBが電話を盗聴していたという第一世代がある。これをSORM-1と呼ぶ。インターネット上の監視や携帯電話の盗聴、スカイプのようなインターネット上の声や動画の監視をするのが第二世代のSORM-2だ。すべてのテレコミュニケーションの監視を行うのがSORM-3ということになる。ロシアのすべてのインターネット関連オペレーターやインターネット・サービス・プロバイダー（ISP）はブラック・ボックスの装填を義務づけられており、それによってFSBの地方部局との情報伝達が可能となっている。

ディープ・パケット・インスペクション（Deep Packet Inspection, DPI）はあるポイントをパケットが通過する際、パケットのデータ部分を検査することを意味する。こうしてパケットのメッセージも読み取るわけだが、ロシアでも2005年前後からDPI技術が導入された。DPI技術を提供するイスラエルのアロット（Allot）社のロシアでの流通・販売会社RGRComが2003年に設立され、タタールスタンなどに導入された。そう、西側企業の協力あっての監視なのである。

その後、ロシアの主要通信会社はそれぞれ別の会社からDPI技術を導入した（ヴィン

コラム7

トゥリ・キタ事件

2000年8月、当時あった国家関税委員会の職員が「トゥリ・キタ」を閉鎖し、その店に供給されていた家具を差し押さえた。家具のなかに密輸品が隠されていたのである。同年9月、モスクワ州内務総局は一部の密輸についてのみ告発する。当時、起訴するかどうかを決める権限をもっていたのは内務省付属予審委員会で、同委員会は1995年、内務機関の他の下部組織に従属しない委員会として設立され、内務省の付属機関でありながら一定の独立性をもつ機関だった。同委員会のパーヴェル・ザイツェフ予審官は2000年10月、モスクワ州内務総局によって告発された案件の起訴を決める。ところが2001年5月、最高検察庁が直接捜査するとして事件書類を収容のうえ、その直後に犯罪容疑なしとして捜査打ち切りが決められる。それどころか、最高検察庁はザイツェフを権力濫用で起訴する。さらに同庁は国家関税委員会の幹部も権力濫用で起訴した。同委員会の捜査官が「トゥリ・キタ」の密輸事件にかかわっていたのがエフゲニー・ザオストロフツェフ（元KGB少将で、その息子ユーリーは2000年からFSB副長官）であることを暴露したことへの意趣返しとみられている。

この密輸事件の首謀者はFSB関係者であり、当時のFSB長官だったパトルシェフが友人の検事総長ウラジミル・ウスチノフに事件のもみ消しを求めたというのが事件の真相とみられている。「トゥリ・キタ」事件は、プーチンにFSBと検察当局への監視の必要性を痛感させる。そこで彼は、2003年3月、内務省付属麻薬・向精神薬の不正取引防止国家委員会を麻薬・向精神薬取引監視国家委員会（2004年から連邦麻薬・向精神薬取引統制局）に再編することとし、そのトップにチェルケソフを据えた。その真のねらいはチェルケソフにFSBと検察当局を監視させることだった。ウスチノフ検事総長の息子は2003年に当時、大統領府副長官のイーゴリ・セー

チンの娘と結婚したこともあり、ここに「シロヴィキ」と呼ばれる、国家主義的な思想をもつ人々が結集する動きが広がっていたから、プーチンは警戒感を強めたわけである。結局、2006年にチェルケソフのまとめた報告書に基づいて関係者の処分が行われた。ウスチノフは検事総長を辞任し、司法相に任命され、司法相だったユーリー・チャイカが検事総長に就く。パトルシェフは2008年5月までFSB長官をつづけ、すぐに安全保障会議書記に横滑りする。結局、プーチンは「トゥリ・キタ」事件の背後で暗躍した首謀者の刑事責任を問えず、「パトルシェフ―ウスチノフ―セーチン」というシロヴィキ勢力の弱体化への布石を打ったにすぎない。それでも、プーチンは連邦予審委員会設立によって検察がもっていた権限を奪う方向に動き、実現させた。重大事件において検事が直接、尋問、押収などの取調行為ができる制度を改め、起訴するかどうかを決める予審官と捜査官だけが取調行為を行うこととしたのだ。

そこで、内務省付属予審委員会につづいて検察庁でも付属の予審委員会をつくり、取調行為の分離を進めることとし、2007年6月、同委員会設置法と刑事訴訟法典および検察法の修正に基づいて、検察庁内にあった予審総局や軍検事局を統合した組織として検察庁付属予審委員会が同年9月からスタートした。この予審委の議長は検事総長によって任命されるのではなく大統領の提案に基づいて連邦院（上院）で任命されることになる。プーチンはその長にアレクサンドル・バストゥルイキンを就ける。2010年12月28日付連邦法「ロシア連邦予審委員会」が2011年1月15日に施行となり、ロシア連邦予審委員会がこの検察庁付属予審委員会をもとに形成される。トップは同じバストゥルイキンだった。当時、大統領はメドヴェージェフだが、プーチン首相の意向が反映した結果だ。

ペルコムはプロセラ、メガフォンはファーウェイ、MTSはシスコ、ロステレコムはカナダのSandvineを導入）。DPIは情報の傍受のための手段だ。これをもとに特定の情報を排除するフィルタリングという機能に結びつけることが可能となる。ロシアでは、2012年6月に、インターネット上でのフィルタリングの全国規模の導入を開始する法律が制定され、まず子どもを守るために実際に使われるようになる。ブラックリストが作成され、禁止サイトが登録されるようにもなっている。DPIとSORMとが2015年4月に結びつけられて、新システムの監視体制がスタートした。なお、2011年12月、前記のアロット社の前身、アロット・コミュニケーションズはデンマーク経由でDPI技術を含むNetEnforcerという製品をイランに輸出したことがわかっている。中国でもDPIは利用されている。

利益のためには何でもする、という企業の本質を決して忘れてはならない。2022年3月28日付の「ニューヨークタイムズ」（https://www.

nytimes.com/live/2022/03/28/world/ukraine-russia-war#nokia-russia-surveillance-system-sorm）は、フィンランドのノキアが「5年以上にわたり、ロシア最大の通信サービス・プロバイダーであるMTSにSORMをつなぐための機器とサービスを提供していた」と報じている。ぼくとしては、こうした現実を若者にも知ってほしいと心から願っている。

メドヴェージェフ大統領時代：わずかな抵抗

2008年5月、メドヴェージェフ大統領、プーチン首相という体制が生まれる。メドヴェージェフは就任直後の大統領令で、連邦マスコミ・通信・文化遺産保護・監督庁を分割して二つの機関（連邦通信・マスコミ監督庁と文化遺産保護法令遵守監督庁）にすることを決めた。前者は通信・マスコミ省の、後者は文化省の下部機関として設立された（通信・マスコミ省は2008年5月、情報技術・通信省から改組された省で、2018年5月にデジタル発展・通信・マスコミ省に改名。文化省は2008年5月、文化・マスコミ省から改組された省である）。同年12月3日付大統領令で、連邦通信・情報技術・マスコミュニケーション監督庁（Roskomnadzor）の設立が定められる。メドヴェージェフはインターネット規制を担う機関たるRoskomnadzorを通信・マスコミ省の管轄下に置くことで、FSBと距離をとろうとしたようにみえる。

人事面でも、大統領就任直後の人事で、パトルシェフFSB長官は更迭された。チェルケソフは軍備などを発注する機関の長官に転出する。プーチンは首相でありながら、FSBなどを事実上、所管していたとの見方もあるが、他方で、メドヴェージェフは内務省に自分の影響力をおよぼせる人物を据えてFSBを牽制したとみられる。その人物はエフゲニー・シュコロフとデニス・スグロボフだ。シュコロフはKGB出身で、2002年から当時、大統領府長官だったアレクサンドル・ヴォロシンの補佐官を務めるなどした後、2006年11月から内務省の経済安全保障部長、翌年、次官に昇進した。2011年6月、メドヴェージェフによって解職されるまで内務省の幹部を務めていた。スグロボフは2011年、メドヴェージェフによる大統領令で内務省内の経済安全保障・腐敗対抗総局長に抜擢された人物である。

スグロボフは「作戦実験」（operative experiment）と呼ばれる、一種の「おとり捜査」を導入して、賄賂で誘って逮捕実績をあげた。現に、複数いる内務省次官の一人に選任される直前までいったという観測があがったほど。ただし、そこには無理があった。「作戦実験」そのものに問題があったからである。これは、麻薬犯罪捜査の手法を贈収賄に適用したもので、2008年末に作戦捜査活動法の改正によって反腐敗のために「作戦実験」なる手法が導入されることになった。この改正は内務省の経済安全保障部門（これが2011年に経済安全保障・腐敗対抗総局に再編される）が主導したとされている。だからこそ、シュコロフを後ろ盾とするスグロボフは「作戦実験」を派手に展開したのだ。しかも、最終的な「屋根」として身を守ってくれる人物として、大統領府に親戚と噂されたコンスタンチン・チュイチェンコ大統領補佐官やメドヴェージェフ大統領がいた。

その結果、資金洗浄などの不法行為にかかわる金融機関であるマスター銀行やマギナ・グループなどの捜査の過程で、それがFSBの縄張りを侵すことにつながり、内務省とFSBとの関係悪化をもたらす。FSBでは、とくに経済安全保障サービス「K」局が金融関連犯罪を担当していたため、この部署との対立が激化する。ところが、2012年にプーチンが大統領に復帰後、2014年2月、FSB内部安全保障局傘下の第六部長イワン・トカチェフの指揮下で、内務省経済安全保障・腐敗対抗総局長スグロボフやボリス・コレスニコフ同副局長が収賄、権力濫用、犯罪グループの組織化の容疑で逮捕される（後にコレスニコフは自殺）。

メドヴェージェフは大統領時代、内務省改革に力を入れ、その過程でFSBに対抗する勢力を築こうとしたようにみえる。2011年2月7日には、ポリツィヤ法が制定され、警察の名称が「ミリツィヤ」から「ポリツィヤ」へ変更されることになる。警察を「近代化」するために、ソ連時代からつづいた「ミリツィヤ」という名称は一時的な武装された部隊というイメージが強く近代的な警察のイメージからほど遠いとして、警察の近代化をねらって「ポリツィヤ」という名称が採用された。しかし、メドヴェージェフの改革は中途半端なものに終わり、プーチンが大統領に返り咲くのである。

第三次・第四次プーチン政権：「共謀ネットワーク」のいま

2012年5月に大統領に就任したプーチンは自らの権力基盤を固める。とくに、2016年4月、大統領令によって彼は「連邦国家警備隊局」という連邦機関を新たに設置することにした。当初の計画では、内務省軍

17 万人のほか、警官の一部 20 万人、特殊部隊や迅速対応部隊の 3 万人の計 40 万人ほどを同機関に移す計画だった。地方管轄下の部隊を中央の管轄に移し、中央集権化をはかることで、テロ・組織犯罪・反政府活動などの取締りを徹底するねらいがあった。このため、国家安全保障省を設立し、FSB や SVR などを統合してソ連時代に存在した国家保安局 (KGB) を事実上、復活させる計画まであると伝えられている。

プーチンの大統領復帰後、再び FSB が力を強化しつつあることは間違いない。たとえば、2016 年 12 月 5 日付大統領令で、プーチンは新しい「情報安全保障ドクトリン」を承認した。ここで注目されるのは、第 29 項の情報安全保障の基本方向として、「インターネット・ネットワークのロシア部分の国家管理システムの発展」をあげている点である。それこそ「国家サイバー攻撃結果探知・防御・排除システム」(GosSOPKA) と呼ばれるものだ。当初、2013 年 1 月 15 日付大統領令「ロシア連邦情報資源に対する GosSOPKA 創設について」が出され、ついで、2014 年 12 月 12 日付で「ロシア連邦情報資源に対する GosSoPKA の概念」が大統領によって承認されていた。GosSOPKA は FSB の権限下で設置されるもので、監視センターが GosSOPKA の支柱となる。監視センターは中央・地方・地区に各センターをもち、同時に省庁別や国営企業別にもセンターが設置される。中央監視センターがすべてを統括するシステムを構築する。2017 年中の稼働開始が計画されている。FSB の職員、エージェント、OB などの FSB 関係者は公的部門だけでなく民間部門を監視するためにテレビ局から大学まで、また銀行から政府の官庁にまで配置されており、彼らの情報を統括することになる

ただし、FSB の権限強化は単線的に進んでいるわけではない。少なくとも情報分野については、内務省、現デジタル発展・通信・マスコミ省なども FSB に唯々諾々としているわけではない。FSB と予審委との関係対立もくすぶっている。2016 年 7 月には、FSB 職員によってモスクワ予審委予審総局副局長デニス・ニカンドロフや予審委内部安全保障総局長ミハイル・マクシメンコらが収賄容疑で拘束された。2017 年 9 月に、FSB はモスクワ予審委総局長アレクサンドル・ドリマノフに対する捜査も行った。加えて、FSB 内部でも対立が起きている。FSB の情報安全保障センターという部門の副所長らが 2016 年末に収賄容疑で逮捕され、2017 年に入って別の副所長のドミトリー・プラヴィコフも収賄の容疑

者となった。この捜査に絡んで、同年1月、カスペルスキー・ラボの経営幹部も逮捕されている。事件の背後には、FSB内の情報安全保障部門をめぐる主導権争いがあるとされる。

おそらくFSBは2017年以降、クレムリンの意向に沿うかたちで「選択的抑圧」によって逮捕・起訴などを行う傾向が強まっているとみるのが妥当であろう。これが意味しているのは、1990年代から2010年代前半までつづいた、FSB職員を企業に高給を支払って招聘することで企業の安全を担保してきた時代が変化し、FSBがかつての「チェーカー」のように、権力を保持するクレムリンの意向を実現するための「選択的抑圧」を行う道具になりつつあることを意味している。こうしてプーチンをトップとするクレムリンはその治安維持機関とマフィアとの連携のもとに全国に「共謀ネットワーク」を構築し、これに歯向かう者を狙い撃ちするかたちで権力体制を維持しようとしているようにみえる。

オリガルヒについて

この節は随分と長くなってしまった。最後に、読者も聞いたことがあるかもしれないオリガルヒ（寡頭資本家）について説明しておきたい。

2022年2月22日、英国政府は2月10日に導入されたばかりの新制裁法に基づいて、ゲンナジ・ティムチェンコ、ボリス・ローテンベルグとイゴーリ・ローテンベルグの資産を凍結し、旅行禁止を科した（2月22日付の英政府リリース［https://www.gov.uk/government/news/uk-hits-russian-oligarchs-and-banks-with-targeted-sanctions-foreign-secretary-statement］参照）。2月28日には、欧州連合（EU）は制裁リスト（2014年3月17日付のウクライナ関連制裁［https://eur-lex.europa.eu/legal-content/EN/TXT/PDF/?uri=CELEX:32014D0145&rid=1］に基づいて財産凍結や入国拒否などを科すリスト）に26人を追加した（2月28日付のEUリリース［https://eur-lex.europa.eu/legal-content/EN/TXT/HTML/?uri=OJ:L:2022:059:FULL&from=EN］を参照）。このなかにも、ティムチェンコの名前がある。ほかに、アリシェル・ウスマノフ、ミハイル・フリードマンなどが追加された。

ホワイトハウスは3月3日になって、ローテンベルグ兄弟のほか、ウスマノフ、セルゲイ・チェメゾフ、イーゴリ・シュワロフなど、19人のオリガルヒとその家族および側近47人にビザ制限を課すほか、「米国と世界中の政府は、ロシアのエリートやその家族がそれぞれの管轄区域に保有する資産（ヨット、高級マンション、金銭、その他の不正な利益）を特定し、凍結することに取り組むだろう」としている。

銀行「ロシア」：ソ連共産党資金の流用

プーチンが権力を強めていく過程で、大きな役割を果たしたのがソ連共産党の資金を使って設立された銀行「ロシア」である（同行については「コラム8」を参照）。この資金を使って、民営化の過程でそれまで国有だった資産を安く買いたたくといった手法で支配下に置くことで、プーチンの経済的基盤を形成したのである。

といっても、彼は自ら経営するのではなく、友人にその経営を任せることで間接的に牛耳るという手法をとった。銀行「ロシア」の場合、ユーリー・コヴァリチュークがその任に就く。彼は2014年3月、クリミア併合に関する米国の制裁リストに収載されており、同年7月には、EUの制裁の対象になった。拙著『プーチン露大統領とその仲間たち』のなかでは、つぎのように書いておいた。

「ユーリー・コヴァリチュークはプーチンの旧友で、1996年、別荘協同組合オーゼロの共同創設者の一人だった。彼はこれまで、ガスプロムの資産を銀行「ロシア」に譲り受け、銀行「ロシア」を中心に巨大な「ビジネス帝国」を構築してきたのである。」

なお、ここでいう別荘協同組合オーゼロこそ、初期のプーチンの仲間たちの集った腐敗の大元であった。1996年に設立されたオーゼロの設立者には、プーチン、ユーリー・コヴァリチューク、弟のミハイル・コヴァリチューク（物理学者だが、2007年にロシア科学アカデミーの副総裁に推挙され、2008年に科学アカデミーによって拒否される事件に発展）、アンドレイ・フルセンコ（2004年3月から2012年5月まで教育科学相）、ウラジーミル・ヤクーニン（2005年6月から2015年8八月までロシア鉄道会社社長）、ウラジーミル・コージン（大統領実務管財人）などがいた（表2-5を参照）。

コラム8

銀行「ロシア」とソ連共産党資金

もともと株式会社形態をとった銀行「ロシア」が設立されたのは1990年6月であった。創設資金はソ連共産党中央委員会から出されたものだ。当時のカネで150万ルーブル、約94万ドルであった。設立後、2800万ドル相当のルーブルが中央委員会の保険資金から預金される一方、当時のレニングラード州の共産党委員会はこの銀行の株式48.4%を保有した。だが、1991年8月のクーデター未遂事件後に、ソ連共産党の崩壊という混乱のなかでこれらの株は凍結されてしまう。残りの株は保険会社ルーシとメディア会社ルースカエ・ヴィデオが保有していたが、それらを所有していたのは共産党関係者だった。うち2人は後にプーチンを支える与党統一ロシアの下院議員となる。混乱期のロシアでなにが起きたかは判然としないが、こうしたなかで、もともとソ連共産党にあった資金をもとに設立された銀行「ロシア」がプーチンの権力形成に大いに役立つことになったのである。

プーチンと銀行「ロシア」とのかかわりはプーチンがサンクトペテルブルク市庁に職を得た最初の1週間にはじまったとされている。1991年7月だ。6月12日の選挙で、恩師であるアナトリー・サプチャークが市長に選出されたため、プーチンはまず対外関係委員会を立ち上げ、その運営を任された。彼は新しい会社の設置のための調整や登録を彼の委員会が行うこととし、その会社に公金をつぎ込みながら、その会社の株の一部を銀行「ロシア」とともに保有するスキームを考え出したのである。対外関係委員会絡みの法律処理にあたったのがドミトリー・メドヴェージェフ（後の首相、大統領）だ。

1991年12月になって、銀行「ロシア」は営業再開を認められる。レニングラード州委員会が保有していた銀行「ロシア」株は、プーチンの金庫番、コージンをトップとするサンクトペテルブルク・ジョイント・ヴェンチャー・アソシエーションによって「請け出されて」しまう。このアソシエーションの五人の構成メンバーこそ、表1にあるアンドレイ・フルセンコ、ユーリー・コヴァリチューク、ウラジーミル・ヤクーニン、ニコライ・シャマロフ（表1参照。次男キリルと2013年にプーチンの次女カテリーナが結婚、その後離婚か）、セルゲイ・フルセンコ（表2-5参照）なのであった。

〔表 2-5〕プーチン大統領をめぐる仲間たち（2014 年段階）

	氏名	プーチン /KGB との関係	00% 所有ないし部分的所有。2014 年の取締役会メンバー	2013 年の推定財産
1	ゲンナジ・ティムチェンコ *	キリシネフチヒムエクスポルト , サンクトペテルブルク	Gunvor（2014 年春まで）*, ヴォルガ・グループ *, アヴィア・グループ Group*, ストロイトランスガス・グループ *, ノヴァテク * など	153 億ドル
2	アルカジ・ローテンベルグ *	サンクトペテルブルク , 子供時代	ストロイガスモンタージュ *, SMP 銀行 *, モストトレストなど	40 億ドルの純資産
3	ボリス・ローテンベルグ *	サンクトペテルブルク , 子供時代	ストロイガスモンタージュ *, SMP 銀行 * など	16 億ドルの純資産
4	ユーリー・コヴァリチューク *	別荘協同組合オーゼロ	銀行「ロシア」（子会社を含む）*, 北西戦略研究センター	14 億ドルの純資産
5	セルゲイ・チェメゾフ *	ドレスデンで KGB として	Rostec, アエロフロート, AvtoVAZ, 統一航空機製造コーポレーションなど	8 億ドルの純資産
6	イーゴリ・セーチン *	サンクトペテルブルク市政府で	ロスネフチ *, 統一造船コーポレーション	2500 万ドルの年収
7	ニコライ・シャマロフ *	別荘協同組合オーゼロ	ヴィボルグ造船所 , 銀行「ロシア」*, ガスプロム銀行 *	5 億ドルの純資産
8	ウラジーミル・ヤクーニン *	別荘協同組合オーゼロ	ロシア鉄道	1500 万ドルの年収
9	ウラジーミル・スミルノフ	別荘協同組合オーゼロ , ペテルブルク燃料会社	テクスナブエクスポルト	不明
10	アレクセイ・ミレル	サンクトペテルブルク市政府で	ガスプロム , ガスプロム銀行 *	2500 万ドルの年収
11	アンドレイ・フルセンコ *	別荘協同組合オーゼロ	北西戦略研究センター	不明
12	セルゲイ・フルセンコ *	別荘協同組合オーゼロ	レントランスガス , ガスプロム・モーター燃料	不明

（備考）* は 2014 年 8 月 1 日現在の米国による制裁対象。
（出所）Dawisha, Karen (2015) *Rutin's Kleptocracy*, paperback, pp. 338-339 を筆者の判断で一部変更。

ティムチェンコ

表 2-5 にも登場するティムチェンコは、1982 年から、ソ連対外貿易省レニングラード代表部に勤務し、そこで二人の同僚と知り合う。1987 年 1 月から、ソ連は 70 の大規模企業が自主的に貿易をできるように制度変更したため、三人は尽力してレニングラード州のキリシ市にある製油所キリシネフチオルグシンチェズをそのリストに入れることに成功

する。この際、輸出企業キリシネフチヒムエクスポルトが設立された。1991年12月、当時のエゴール・ガイダールロシア共和国副首相のお墨付きを得て、同月20日、同社は当時のレニングラード市当局から15万トンの石油製品を輸出できる割当を受け取り、その代わり同市に食糧を渡すことが決定された。これはいわばバーター取引の一つであり、これを組織化した対外関係委員会を主導していたのがプーチンであった。

この取引がいかに「おいしい取引」であったかは、当時の条件をみればすぐわかる。原油価格は1990年当時、国内で統制されており、30ルーブル程度だった。当時の非公式レートで1ドルにすぎない価格である。他方、世界の原油市場価格は100ドル強であったから、ガソリンを精製するためにキリシネフチオルグシンチェズに送られてくる原油をちょろまかしてキリシネフチヒムエクスポルトが輸出すれば、濡れ手で粟の巨利が得られた。加えて、ガソリンを輸出しても、原価が低いから巨利を得られた。その巨利に相当する食料品が輸入されてサンクトペテルブルクの市民に供給されたのであれば、問題にならないかもしれないが、実際には、食料品はサンクトペテルブルクには到着さえしなかったのである。にもかかわらず、プーチンは立件を免れている。

プロジェクト・キンエクスと呼ばれる計画で、ティムチェンコはイーゴリ・セーチン（後にプーチンの側近となり、副首相などを歴任する現石油会社ロスネフチ社長）とも知り合った。このキンエクスのプロジェクトは1993年にレニングラード州バタレイナヤ湾にターミナルを建設し、キリシ製油所と石油パイプライン（PL）で結ぶことを提案したものだ。このキンエクスは後に民営化され、これが銀行「ロシア」との友好関係につながる。

柔道で結ばれる３人

ティムチェンコはサンクトペテルブルグの柔道クラブ「柔ーネヴァ」の創設者の一人であり、プーチンはそのクラブの名誉総裁を務めてきた。クラブの最高経営責任者は後述するローテンベルグ兄弟の兄であった。同クラブ監査委員会の議長は第一副首相を経験したヴィクトル・ズプコフであり、クラブの管理会を主導したのは、ソチ冬季オリンピック開催のために設立された国家コーポレーション・オリンプストロイのトップ、タイムラズ・ボロエフであった。加えて、ティムチェンコは、原油や石油製品の鉄道輸送に関連するロシア鉄道のトップ、ヤクーニンとも親しい（表2-5参照）。幹線石油PLを管理・運営する、国営企業トランスネフチのニコライ・トカレフ社長（EUの追加制裁対象者）とも親密だ。ティムチェンコの交流関係はプーチンの親しい友人と重なる部分が多いことがわかるだろう。

なお、ティムチェンコは本人の希望により、3月21日にノヴァテクの取締役を辞任した。

ローテンベルグ兄弟

プーチンの柔道のスパーリングパートナーとして知られているのが兄のアルカジ・ローテンベルグである。彼は、2001年に突然、銀行北方航路（SMP銀行）を別のパートナーと設立、後に弟ボリスも出資し、SMP銀行の共同保有者になった。2008年3月、国営の総合エネルギー会社、ガスプロムはアルカジの関連組織にガスプロムの建設請負会社や設備製造会社など5社を売却。公開オークション形式で売却されたが、事実上、初期価格の83億ルーブルで売却された。同年5月には、ガスプロムから購入した建設関連資産を統合したアルカジの会社ストロイガスモンタージュ（2007年末に設立）はガスプロムの初の入札を落札したほか、その後、ソチやサハリンでの大規模な受注を4件も受けた。こうして、ストロイガスモンタージュは、ガスプロムとの友好関係をもった有力建設請負業者の一つになった。同年、ストロイガスモンタージュは、ガスプロムとの間で「ソチ－ジュブガ」間のPL敷設請負契約を入札なして締結した。レム・ヴャヒレフ社長時代、ストロイトランスガスが重用されたように、アレクセイ・ミレル社長時代には、ストロイガスモンタージュが重用されるようになっている。つまり、プーチンは表2-5に登場するミレルを世界最大規模の国営エネルギー会社、ガスプロムの社長に据えることで、ガスプロムとの取引から生まれる巨利をアルカジの会社経由で吸い上げようとしたわけである。その後、兄は道路建設でも儲けるようになる。いわば、公共事業を食いものにして、利益を稼ぐようにもなる。

なお、ガスプロムは、ぼくの長年の研究対象である。詳しく知りたい人は拙著『ガスプロムの政治経済学（2013年版）』、『ガスプロムの政治経済学（2016年版）』、『ガスプロムの政治経済学：エネルギー資源外交を斬る（2019年版）』を参照してほしい。

弟ボリス・ローテンベルグはパイプ製造会社を経営することで、ガスプロムのPL敷設に伴うビジネスから利益を得ようとしてきた。2007年、ボリスは「パイプ圧延」と「パイプ工業」を設立、この2社を使ってガスプロムとの取引を行い、大儲けするのだ。

兄弟ともに、ガスプロムに市場価格より高い取引価格を吹っかけて、いわゆるレント（超過利潤）を不正に得ていたのである。

なお、拙著では、つぎのような興味深い話も紹介しておいた。

「2016年4月に入って、アルカジと親しいグリゴリー・バエフスキーなる人物がいて、自分の不動産をプーチンの次女カテリーナ、プーチンの恋人と噂されるアリーナ・カバエワの親戚などに渡していたことが明らかになった。バエフスキーは建設業で利益を得ているが、背後にローテンベルグ兄弟がいる。カテリーナの私的会社の住所がバエフスキーの所有する住居となっていることが確認されている。カバエワの祖母にバエスフキーの土地建物が譲渡されたこともわかっている。このように、まったく不可解な取引がはびこっているのだ。」

そう、プーチンによる腐敗の隠れ蓑として、ローテンベルグ兄弟が利用されているのである。

ウスマノフもガスプロムが出発点

ウスマノフもガスプロムとの関係をもったことが彼の急成長につながった。頭角を現したのは、1998年からガスプロムの100％子会社で、ガスプロムの不良債権を回収するための会社ガスプロム・インベスト・ホールディングの副社長に就任したことだ。当時、ガスプロムの社長だったヴャヒレフの知遇を得て実現した人事で、彼は2000年に同社社長に昇格した。ヴャヒレフが更迭されてからも、ウスマノフは生き残り、同社の社長を続けている。2012年3月には、ガスプロムは彼との契約をさらに3年延長した。2015年3月まで、ウスマノフはガスプロム・インベスト・ホールディング社長の座を継続する。

とくに、2002年、ヴャヒレフやチェルノムイルジン（元首相、元ガスプロム社長）の子供が大株主だったストロイトランスガス社が保有していた、ガスプロム株4.83%を1億9000万ドルほどで買い戻すことに成功したことが語り草になっている。当時の価格の4分の1ほどの値段で手品のような取引を実現させたのだ。

その後、ウスマノフはメタロインベストという冶金会社を設立し、力をつけるようになる。2014年12月になって、ウスマノフが2012年に設立したUSM Holdingsに資産をまとめ、携帯電話サービス会社メガフォン、インターネット・サービス供給会社Mail.ru Group、⑤isney Russia、ムズTVなどのテレビ局を統合したUnited Television Holding Russiaなど、さまざまの会社がUSM Holdingsの傘下に置かれた。

オリガルヒがマスメディアを支配

プーチンは息のかかったオリガルヒにマスメディアを支配させ、自らの権力維持に活用してきた。たとえば、前述したコヴァリチュークは銀行「ロシア」を利用しながら、「マスコミ帝国」を構築する。

銀行「ロシア」は1996年に「サンクトペテルブルク通報」の株式を購入した。2005年10月には、サンクトペテルブルク市はテレビラジオ会社「ペテルブルグ」(5チャンネンル)の支配株の売却を決め、これを銀行「ロシア」の投資会社が250億ルーブルで購入した。2007年11月、当時、大統領だったプーチンは大統領令で同社を「全ロテレビラジオ組織」という地位とすることを決めた。これにより、同社は人口20万人以下の地点での放送普及に国家から財政支援を受ける権利を与えられた。

2006年12月、銀行「ロシア」はセーヴェルスターリ(モルダショフが支配)とスルグートネフチガス(ボグダノフ社長)からREN TV株56%を購入した。2007年7月、コムソモーリスカヤ・プラウダの取締役会議長に、バルト・メディア・グループのトップで銀行「ロシア」の共同保有者、オレグ・ルドノフが就任した。彼はコヴァリチュークのパートナーでもある。

コヴァリチュークは、2008年2月に設立されたナショナル・メディア・グループ(NMG)にメディア資産を統合することにした。NMGの支配株を銀行「ロシア」が保有する。NMGの傘下には、テレビラジオ会社「ペテルブルク」やREN TVが入った。きわめて興味深いのは、NMGの設立後、グループに付属する形でビジネスと社会との間のバランスをとるために社会会議が設置され、その代表にアリーナ・カバエワが選出されたことである。彼女は統一ロシアに属する下院議員だったが、プーチンと親しい関係にあるとの噂が絶えない人物だ。形式的には、当時、下院青少年員会副議長であった彼女に白羽の矢が立ったとされている。

2008年5月、コヴァリチュークの事実上、支配する銀行「ロシア」はイズベスチヤ株の50.2%を買収した。同月、新聞「生活」などを発行するニュースメディアの共同所有者であったボリス・フョードロフは同社株49%を売却することを決めた。コヴァリチュークは7月、これを8000万ドルで購入した。同年4月、NMGはケーブルTVとインターネットのオペレーターである、ナショナル・コミュニケーションを買収する。

2010年末、NMGは第一チャンネル株25%を保有していた、アブラモヴィッチが支配するミルハウス（Millhouse）から同株を1.5億ドルで買収した。25%を保有していたRastrkom-2002という会社の持ち分100%の買収という形で実現したものだ。第一チャンネルは元ロシア公共テレビとして全国にネットワーク網をもっており、コヴァリチュークは大きな影響力を行使できる立場にたったことになる。2011年4月、NMGはアルファグループ（追加対象のフリードマンが支配）からSTSメディア株25%を購入した。同年7月には、コヴァリチュークの構造はラジオ局ロシア・ニュース・サービスを買収する。

このように、プーチンはその仲間にマスメディアを支配させて、自らの政治を批判させないように情報操作する体制を構築してきたのである（これまで紹介していないスレイマン・ケリモフというプーチンの政治的盟友［出身地のダゲスタン代表としてロシア上院議員を務める］についても注目する必要がある［ワシントン・ポスト https://www.washingtonpost.com/world/interactive/2022/russia-oligarchs-sanctions-pandora-papers/ を参照］）。

今回のロシアによるウクライナ侵攻に対して、米国主導でオリガルヒへの制裁が強化されている。こうした政策はプーチンと一部のオリガルヒとの関係を揺さぶることになるだろう。だからといって、プーチンの権力を支えてきた「共謀ネットワーク」は当面、崩壊することはないだろう。それほどまでに盤石な体制をプーチンは構築してきたのだ。

プーチンはディスインフォメーション（意図的で不正確な情報）を流すことで、国内基盤を固めている。ロシア政府は2022年3月25日、戦争による死者数を1351人、負傷者数を3825人と発表したのを最後にその数値を公表していない（4月8日現在）。米国当局は3月、控えめに見積もってもロシアの死者数は7000人以上と発表した。BBCのロシア語放送は4月2日、ロシア全土で地元当局や地元メディアが発表した軍人の死者を1083人と数えたとしている。死者の数が増えるたびに、大粛清を行ってもなお根強い人気をもつスターリン（ヨシフ・ジュガシヴィリ）とプーチンとの違いが気にかかる。

3. プーチンは神になれるか

この章の最後に、「ロシア的人間」の特殊性について説明しておきたい。プーチンを理解するには、ロシア人の精神構造にまで立ち入って考えなければならないからだ。

最初に、井筒俊彦著『ロシア的人間』の興味深い指摘を紹介したい。同書のなかで、井筒はつぎのように記している。

「過去数世紀にあたって、西ヨーロッパの知性的な文化人にとっては、原初的自然からの遊離は何ら自己喪失を意味しなかった。逆にそれは人間の自己確立を意味した。本源的に非合理的な自然の混沌（カオス）を一歩ずつ征服して次第に明るい光と理性の秩序（コスモス）に転じて行くこと、そこにこそ人間の本分が在るのではないか。ロシア人はそれとは違う。彼にとっては原初的自然性からの離脱は自己喪失を意味し、人間失格を意味する。ロシア人はロシアの自然、ロシアの黒土と血のつながりがある。それがなければ、もうロシア人でも何でもないのだ。西欧的文化に対するロシア人の根強い反逆はそこから来る。文化の必要をひと一倍敏感に感じ、文化を切望しながら、しかも同時にそれを憎悪しそれに反逆せずにはいられない、この態度はロシア独特のものである。こういう国では西欧的な文化やヒューマニズムは人々に幸福をもたらすことはできない。」

このロシア人独特の感性は、涙も凍るようなシベリアの極寒に、荒れすさぶ吹雪のただなかでも我を忘れて踊り、歌うロシア人特有の生の歓喜によってもたらされるのであり、それは「悪霊に憑かれた人の猛烈な忘我陶酔を憶わせる」と井筒はいう。ゆえに、ロシア人のこの歓喜は明るいものではなく、異様に暗い。「ロシア的人間の歓喜は大自然の生の歓喜であり、その怒りは大自然そのものの怒り、その憂鬱は大自然そのものの憂鬱なのである」ということになる。

ロシアの悪習

ロシアの悪習についても、指摘しておきたい。それは、「盗み」と「激しい嫉妬」である。ロシア革命後の内戦時、暴力と強奪が白軍の規律をみだし、それが赤軍勝利の遠因になったと言われている。戦利品として住人の家財道具を掠奪することは当たり前であった。それらをもって輸送せざるをえなくなるため、結果的につぎの戦闘に差し支えることにもなる。加えて、嫉妬心から、同じ立場や同じ地位にある者同士の協力が困難という事情がロシアにはあるようだ。戦時においてさえ、将軍同士が協力するためには、上からの強力な命令を必要とした。徹底した上意下達システムが構築されなければ、嫉妬心によって命令の実現が中間層の対立で難しくなってしまうのである。

ウクライナ戦争でも、この悪習が繰り返されている可能性が高い。一刻も早く停戦してほしい理由の一つがこの「盗み」という悪習だ。もう一点、この盗みに関連した問題を書いておきたい。それは、渡辺惣樹著『第二次世界大戦　アメリカの敗北』（文春新書）が教えてくれたことだ。

この本によれば、フランクリン・デラノ・ルーズベルト（FDR）は、単に「隣組」でユダヤ系のヘンリー・モーゲンソー・ジュニアを財務長官に据えた。モーゲンソーは政権第一期から11年間も財務長官を務めた。だが、モーゲンソーは経済･財政政策を知らなかったから、ハリー・デキスター・ホワイトというユダヤ系で、ソ連のスパイを重用することになる。

もちろん、モーゲンソーは意図的にソ連のスパイを財務省で出世させたわけではない。同じユダヤ系で気心が知れたのか、二人は戦後のドイツに復讐計画を立て、それを実践するのである。正確に言えば、ホワイトが具体案を練り、モーゲンソーが承認し、FDRが連合国全体の合意にまで仕立て上げたわけである。つぎの記述は重要だ。

「ホワイトは、ドイツ精神を破壊するには工業を根こそぎにしなくてはならない、そのためには心臓部であるルール地方をドイツから切り離すことが有効だと考えた。同地方を国際管理下に置き、そこから上がる収入を連合国への財賞金支払い（20年間）に充てる。これがホワイトの案であった。」(p. 44)

実際には、ホワイトの提案の一部を修正されたが、「二度とナチスを再興させない」というロジックがそのものは第二回ケベック会談（1944年9月）でFDRとウィンストン・チャーチルとの間で合意される。結局、チャーチルには、対英65億ドルの借款という「お土産」が用意され、ドイツの農業国化構想は容認されたのだった。

この「モーゲンソープラン」はドイツに災厄をもたらした。つぎの指摘も重要である。

「ケベック合意を受けて陸軍省は新しく、JCS1067号（統合参謀本部令）をドワイト・アイゼンハワー将軍に示した（1944年10月17日）。この指令は1945年4月12日に死去したFDRの後に続いたハリー・トルーマン新大統領によって追認された（1945年5月）。ドイツの徹底的な非武装化と農業国化の意図はJCS1067号第30項から33項に明確に示されていた。」(pp. 48-49)

つぎに紹介する記述は、ぼく自身の自戒につながっている。JCS1067号に基づくドイツ占領政策は1945年秋から本格化し、1947年7月までつづく。ただ、「ソビエト占領地域ではあらゆる機械類がソビエトに運ばれていった」(p. 51) ので、ソ連のスパイであるホワイトの起案した計画はソ連に大きな実益をもたらしたというのである。

この指摘はぼくにとって決定的に重要なものであった。ソ連の急速な成長の背後に、強制収容所に集めた労働力があったことは以前から重視していたが、このドイツから運び込んだ機械がソ連の工業化において重要な役割を果たしてきたことにはこれまで注意を払ったことがなかったからである。ぼくはもっともっと勉強しなければならないと強く思ったものだ。

「ロシアでは、革命は黙示録的事件である」

ここで「黙示録」について考えてみよう。ヨハネの黙示録は、1世紀末にローマの迫害に苦しむキリスト教徒を慰藉し励ますために書かれたものである。キリストの再臨、神の国の到来などを象徴的表現で予言している。キリスト教徒は終末に「神の国の到来」を熱望することになる。ロシア人の場合には、十字架を忘れ、神やキリストを必要としなくなっても、なにかを信じずにはいられないというかたちで別の「終末」への情熱となって発現する。だから、「ロシアでは、革命は一種の黙示録的事件である」と井筒は書く。どういうことかというと、「偉大な「終末」に対する燃える情熱と、不気味になまなましい幻影を抱いた黙示録的人間が、もはや神の国の到来を願わず、人間王国の到来を希求しはじめるとき、そこにロシアの革命精神が生起する」ということだ。

ロシア革命はロシア的人間にとってすでに無意識的な宗教であり、「コミュニズムは宗教を否定するところの一つの新しい宗教である」のだ。ロシア的人間にとって大切なのは、旧い秩序の終りであると同時に新しい秩序の誕生を意味する終末への情熱、つまり黙示録的精神であり、新しい永遠の至福がキリストの再臨とともにやってくるかや、階級的差別が消滅してプロレタリア独裁がその任務を果たし終えるかではないのだ。

ロシア的人間のいだく黙示録的精神の背後には、「ロシアこそ来るべきキリスト再臨の場所であり、ロシアは世界を救う」との、皇帝に全面協力したロシア正教会の伝統がある。ロシア革命に際しては、その世界全人類の救い主（メシア）たらんとしたメシア的使命感が共産主義への「信仰」によって、ロシアを中心軸とする人類救済のメシア主義として現れたのである。

「服従による救済」＝「ケノーシス」

ここできわめて重要なのがすでに紹介した、「服従」（隷従）によって「救済」されるという「ケノーシス」という観念である。もっとわかりやすく解説しよう。

正教（Orthodoxy）では、父なる神と子なるキリストと聖霊（三位）が神をなす。聖霊は神と人間を繋ぐ媒体で、聖霊によってイエスは処女マリアの身中に宿ったとされている。その聖霊は正教では「父」から生じるとされているから、三位のうち、父、子、聖霊の位階が明確なのだが、ロシア人は人間のかたちをしたキリストに強い親近感をもつ。人間キリストへの尋常ではない服従は、皇帝や絶対的指導者たるスターリンへの隷従精神に通じるものがある。これこそ、ロシア的人間のもつケノーシス気質と言えるかもしれない。

このとき注目されるのは、ケノーシスの意味する救済が贖罪や悔い改めを媒介せずに可能だということだ（宗近真一郎著『ポエティカ／エコノミカ』）。そう考えると、神からやってくるはずの救済が人間によって簒奪される可能性があることになる。それは、神への服従ではなく、レーニンやスターリンに隷属することで救済につながる可能性を排除しないことにもなる。

これが意味するのは、ロシア人独特の「服従」をテコに地上に踏みとどまろうとする生き方なのである。宗近真一郎はつぎのように記述している（『ポエティカ／エコノミカ』, 2010, p. 209）。

「理不尽な現実をひたすら受動することによって、突き抜けてゆく向こう側には、またもや、苛酷な現実が立ち現れる他はない。しかし、徹底的に受動的であることによって定立された世界は、日常的なアネクドート（ロシアの小話）を可能にする。革命の「法」がキリスト教を仮装したように、イロニーがジョークを仮装するのである。」

このジョークがジョークたりえるのは、そのロシア革命を神とは縁遠いロシア無頼が成し遂げたことに由来している。ロシア無頼というロシアの特殊性がケノーシスというロシア的人間のもつ独特の精神によって「神」の位置にまで到達してしまったことがその後のロシアにも影響をおよぼしつづけているのだ。これは決して大袈裟な話ではない。1924年1月のレーニン死亡の前に、スターリンはレーニン崇拝のため、その亡骸を不朽体として保存することを党中央委員会の決定として決める。「不朽のマルクス主義者たちの神をつくり出したのである」と言えるだろう（ラジンスキー著『赤いツァーリ：スターリン、封印された生涯　上』）。この思想を支えたのは、共産党を教会と同じようにみなす視線である。ゆえに、ラジンスキーは下記のような興味深い指摘をしている。

「彼らの党は、教会のように、その奉仕者が誤りを犯しても、やはり神聖さは失われないのだ。なぜなら党の基礎には、教会の場合にように、党に全体として過誤を犯させない、そして罪深い一部党員たちにその神聖な本質を変えることを許さない、マルクス主義の聖典が据えられているからである。」(『赤いツァーリ：スターリン、封印された生涯　上』)

スターリンも「神」の地位に到達した。1953年3月に死んだスターリンは1961年までの8年間、人形のようなレーニンと並んで、レーニン廟に安置されていたのである。スターリン批判で知られるフルシチョフはスターリンをこの廟から別の墓に埋葬することに成功したが、ソ連を崩壊させたボリス・エリツィンはついにレーニン廟を取り壊すまでには至らなかった。1991年に、レーニンの母などが眠るサンクトペテルブルクにレーニンを埋葬する提案を同市長のアナトリー・サプチャークが提案した。だが、レーニンを神であるかのように崇める共産党の残党などの過激な反対もあり、エリツィンはこれを実現できずにいた。大統領二期目の1999年には、レーニンをサンクトペテルブルク埋葬の明確な計画が準備されるようになる。しかし、この計画も結局のところ、頓挫してしまうのである。

イワンの馬鹿

この節を終わるにあたり、内村剛介が吉本隆明に宛てた1967年2月17日付書簡のなかで、紹介した「イワンの馬鹿」の話を紹介しておこう。内村はつぎのように記している。

「ロシアに「イワンの馬鹿」という民話がある。イワンは三男坊でバカだが、バカゆえにいちずで、結局このバカのひとつおぼえのいちずさ、つまり愚直ぶりで勝ちを制するというはなしである。弱者が弱点たるマイナスをプラスに転化するときその力は倍加するという、しいたげられた民の、ついに実現しそうもない弁証法的悲劇がここにあるといっていい。」(『内村剛介著作集　第5巻　革命とフォークロア』)

この話をこれまでの説明に我田引水的に歪曲すれば、イワンは服従による救済、ケノーシスを求めるロシア的人間に似ている。愚直でいちずに無産をよしとして、全員一致のなかに権力の正当性を認めるブラトノイ（無頼の徒）の生きざまにも似ていないわけではない。だからこそ、ロシア人はこの「イワンの馬鹿」の民話が好きなのだろう。その結果として、ケノーシスという不可思議な心性がロシアという北の地で生まれたのかもしれない。

説教するプーチン

2022年3月18日、クリミアのロシアとの統一8周年を記念したコンサート集会に参加したプーチンは9万人を前に演説した。ロシア紙の「コメルサント」（https://www.kommersant.ru/doc/5269040）によれば、それが「説教」のように聞こえたという。聖書の「友のために自分の命を捨てることより大きな愛はない」という、ヨハネによる福音書を引用したのだ。さらに、つぎのようにつづけた。

「この言葉は、キリスト教の聖典、この宗教を実践する人たちにとって大切なものから引用したものです。しかし、要は、これはロシアのすべての民族、すべての信仰を持つ人々にとって普遍的な価値観であり、私たちの国民にとって、まず私たちの国民にとってということなのです。そして、それを最もよく証明しているのが、この軍事作戦での仲間の戦い方、行動です。肩を並べ、助け合い、支え合い、必要であれば、戦場で銃弾から体を守りながら戦っているのです。こんなに一致団結したのは久しぶりです！」

こんなプーチンはいつか死んだあとに、「神」にまで到達するのだろうか。レーニンと並んで、プーチンの亡骸もレーニン廟に安置される日がくるのだろうか。それはわからない。しかし、その可能性はないとは言い切れない。

第三章　核抑止論という詭弁

1．核兵器が変えた戦争

プーチンによるウクライナ侵攻は、核兵器の使用を伴う戦争が現実に起きるかもしれないというぎりぎりの状況を生み出した。プーチンは2022年2月27日、ロシア軍で核戦力を運用する部隊に対し「任務遂行のための高度な警戒態勢に入る」よう命じたのである。何やら大変なことが起きかねないという不安が浮かんでも、こうした事態が何を意味しているのかを理解するのは難しい。これ以外にも、プーチンはその侵攻を、北大西洋条約機構（NATO）の東方拡大がもたらす核バランスの破壊阻止に求めている。

といっても、読者は核兵器をめぐる世界全体の安全保障問題について考えたこともないかもしれない。そこで、拙著『核なき世界論』での説明をもとに、地政学上の最重要問題である核兵器にかかわる安全保障について解説してみよう。

過剰なほど「危険」に敏感なロシア

まず、わかってほしいことがある。安全保障をロシア語では、“безопастость” と表現する。直訳すれば、「危険のない状態」ということになる。これに対して、安全保障を表す英語の “security” は、ラテン語の “securus”（形容詞）ないし “securitas”（名詞）を語源とし、これらは欠如を意味する “se”（〜がない）という接頭辞と、気遣いを意味する “cura” の合成からなっている（日本語の「安全」については「コラム10」

を参照)。すなわち、「気遣いのない状態」こそ安全ということになる。

ここで重要なことは、「危険のない状態」も「気遣いのない状態」も、危険や気遣いへの想定なしには到達できないことである。これは自由が不自由を意識できるところでしか意識化できないのとよく似ている。危険や気遣いへの理解なしに、「危険のない状態」も「気遣いのない状態」も語れないということになる。それは、不自由を意識できないと、自由の価値を理解できないのとよく似ている。

広大な領土を有するロシアの場合、「危険」と感じることがきわめて広域にわたることがすぐにわかるだろう。そうした意識が過敏なほどの危険意識をつくり出す。こうしたロシア人の特殊性について知っておくことが望ましい。

コラム 9 “security” をめぐって

拙著『官僚の世界史』にも書いたことだが、これらのラテン語は、エピクロスらが人間の到達すべき理想としたギリシャ語の「アクラシア」(合成語で「心が乱されていない状態」を意味する)の訳語・対応語として用いられた(市野川容孝著「安全性の論理と人権」『人権の再問』)。他方、安全という日本語は、かなり古くから、たとえば『平家物語』第三巻の「医師問答」で「願はくは子孫繁栄絶えずして(……)天下の安全を得しめ給へ」という形で用いられており、その意味も今日と同様、危険のないこと、平穏無事なこと、である(『日本国語大辞典』小学館, 第2版)。しかし、この「安全」という言葉は当初、英語の security の訳語としては用いられず、これには「安心」「安穏」などがあてがわれる一方、safety の訳語として用いられた(ヘボン『和英語林集成』, 1867年)。市野川の調べでは、1884年の『明治英和辞典』で初めて(safety と同時に) security の訳語として「安全」が登場する。Safety と security の両方に対応できるドイル語の Sicherheit に対しては、すでに1872年の『和訳独逸辞典』で「安全」という訳語があてられている。

2. 核抑止論とは

核兵器が誕生して以降の安全保障政策について基礎から説明しよう。それは、核抑止論の変遷をたどることでもある。

その出発点は、「絶対的武器」として核兵器が生み出されたことで、軍隊が戦争に勝利することを目的にしていた時代が終わり、「今後、その主たる目的が戦争（核戦争）を避けなければならない」ということになったとされたところにある（Berbrad Brodie, *The Absolute Weapon: Atomic Power and World Order*, 1946）。この目的の転換は、「説得」から「抑止」へと国際政治のあり方そのものを変えた。つまり、「相手の価値剥奪を脅しとして使うことによって、相手にある行動をとるよう説得（persuade）する」ことから、「相手がしようとすることを、相手がそれを行った場合の価値剥奪を事前に予告して思いとどまらせる（dissuade））」ことへと変化したことになる（土山實男 ,『安全保障の国際政治学』有斐閣 , 2004）。

この抑止を成立させるためには三つのCが必要とされている。すなわち、①十分な報復力（Capability）、②相互の意思疎通（Communication）、③合理的行動に対する信頼性（Credibility）という三条件だ。相手の行動に対して、報復できるだけの能力があることはもちろん、その事実を相手に伝達して意思疎通をはかっていることが必要であり、さらに、この二つの条件を理解して、合理的な行動をとると双方が信頼できる関係になければならないというわけだ。

抑止には基本的に二つのタイプがある。一つは、自らの国民や固有の資産を攻撃から抑止するというもので、「中心抑止」（central deterrence）と呼ばれている。もう一つは、同盟関係にある他国や第三者に対する攻撃を抑止する、「拡大抑止」（extended deterrence）というものだ。③の信頼性が中心抑止よりも拡大抑止において、より重大な問題となることは言うまでもない。双方が互いに①から③の条件を満たしてにらみ合う場合、「相互抑止」（mutual deterrence）が働く。たとえば、米ソ対立でにらみ合った両国は、ある時期、敵の先制攻撃を受けても敵を再起不能に陥らせるほどの報復可能な核戦力が生き残ることを前提して敵の先制攻撃を防止する、「相互確証破壊」（Mutual Assured Destruction）にあるという認識のもとで、相互抑止を働かせていたと考えられてきた。

問題点

ここまでの説明は必ずしも正しいというわけではない。実験して試してみるわけにいかない問題である以上、正解があるわけではない。

MAD の問題点には、つぎの二つがある。

最大の問題点は、相手（行為主体）の合理的行動を前提とする抑止論の誤謬である。相手が本当に合理的な他者であれば、その活動を予想しやすくなるから、先制攻撃をかけたほうが勝利につながるのではないか。なぜなら、相手の指導者は合理的思考ができるから、全滅よりは降伏する選択肢を選ぶとみなしうるからである。もし反撃すれば、相手からのさらなる攻撃を受け、全滅につながりかねない。こう考えると、冷戦期に米ソが先制核攻撃を行わなかったのは、むしろ、相手の指導者が合理的な思考をもった人物かどうかわからなかったからではないのかという結論が可能になる。相互確証破壊は他者の不確実性を前提にしていたと言えまいか。

もう一つの問題点は、理論と現実の乖離というものだ。これは、核抑止が実際に機能したかどうかについては、証明できないことに関係している。たしかに米ソの冷戦下において、核兵器の拡大競争が起こり、キューバ危機のような一触即発の危険が迫ったにしても、ともかく核戦争は起きなかった。これは抑止の成功と言えるのか。

実は、そう単純に成功と断言することはできない。米国を中心とする抑止より、むしろ自らの軍事的劣位を知るソ連の自制によるものではなかったのか、とも言えるし、前述したように、そもそも合理的行動への信頼性がなかったのではないかとも考えられる。

核抑止ではなく、戦争の抑止に失敗した例をみると、合理的な行動に裏づけられたものとは言えないケースが多くみられる（今回の「ウクライナ戦争」もその例と呼べるかもしれない）。この場合、合理的行動とは、費用便益計算という功利主義的計算に基づいて、攻撃による利益（報復攻撃によるリスクを含む）が損失（費用）より大きいと、相手が予測しないかぎり、相手は抑止行動をとるというものだ。

だが、実際の戦争（抑止の失敗）の多くは、合理的行動への信頼性に期待する見方そのものを否定する結果になっている。とすれば、核抑止論は現実に適用できないのではないかという疑問がわく。核抑止と、実際の通常戦争の抑止はもちろん、異なるものだが、戦争抑止にあまり有効性をもたない議論が現実の核抑止にどこまで妥当性をもつのだろうか。

二つの核抑止論

核抑止論のなかには、核の先制不使用の立場をとるほうが抑止力を強めるという議論がある。相手が核攻撃に出れば核報復をすることはあっても、核攻撃をしてこなければ先に核攻撃をしないというのが核の先制不使用であり、このために、中国のように通常、弾頭をはずした状態にしておけば、誤認や誤射による核戦争勃発のリスクは低下する、と考えるわけだ。こうすることで、国際関係をより安定的なものにする努力を示して、核抑止に対する信憑性を高めるねらいがある。この主張の背後には、相互不信から、国際紛争が核戦争にエスカレーション（段階的拡大）するのを防ごうとする主張がある。ジョージ・ケナン、ロバート・マクナマラといった人々の見解だが、実際には、通常兵器を使った戦争で敗色が濃くなると、先制核使用の誘惑が強くなるから、この主張は通常兵器で負けないという態勢づくりを前提としているとも言える。ただ、敵対する双方が先制不使用を宣言すれば、その保有する核兵器は報復するためだけの兵器となり、やがて双方の核兵器廃絶を可能にするかもしれない。

一方、「ナッツ」（「変わり者」、「熱狂的信奉者」という意味も）と呼ばれる「核使用論者」（Nuclear-Use Theorists, NUTs）は、核使用を前提とする核抑止の立場から、自国の基地や都市を守ることを重視する。核兵器からの防衛体制を整備すれば、それだけ核報復攻撃の可能性も温存されるから、核抑止につながると信じている。ミサイル防衛（MD）と呼ばれる議論はこのナッツの立場から語られることが多い。すぐにでも核兵器を使用できる態勢を整えておくことも、ナッツにとっては重要になる。先制攻撃を受けるかもしれないという状況においてこそ、核攻撃をしようとすると相手はその核攻撃に伴う被害の甚大さを思い知るようになるから、抑止力が強まるとみなす。

ナッツ優位の米国

米国政府はナッツが優位にある。その証拠には、米国政府はいまでも核の先制不使用という立場をとっていない。それどころか、限定的核攻撃に向けた準備を進めたり、MD を整備したりしてきた。ナッツは抑止失敗後を含めて、核使用そのものを前提としているから、核戦争をどう戦うか、また核戦争への防衛について関心をもってきた。これに対して、核の先制不使用を唱える核抑止論者は核戦争を想定した議論にあまり踏み込もうとしてこなかった。このため、前者が「積極防衛」と呼ばれる、相手の攻撃をどう迎え撃つか、ないし敵を拒否するための限定された攻撃行動および反撃に強い関心を寄せた。後者は攻撃の被害をどう最小限にとどめるかという「消極防衛」を問題にする程度であった。米国政府や NATO は前者の立場から、核ミサイル防衛という積極防衛に傾いていく。

1981 年 10 月、ロナルド・レーガン大統領は国家安全保障決定指令付「核兵器使用政策」(NSDD-13) において、この積極防衛と消極防衛の二つを、「信頼性のある抑止に大いに貢献する」とした。積極防衛を抑止と結びつけることで、着弾する前に戦略弾道ミサイルを迎撃・破壊するという、戦略防衛構想(Strategic Defense Initiative)が 1983 年 3 月に発表されるに至る。これからわかるように、核ミサイル防衛論者は決して核抑止論を否定しているわけではない。核戦争後までを想定した、「現実路線」を邁進しているだけの話だ(だからこそ、ナッツと呼ばれている)。

冷戦後の核抑止論

冷戦後になっても、核抑止論は基本的に優勢である。ただ、核抑止論を踏襲しつつ核使用を前提とするナッツらの核ミサイル防衛論は、レーガン以降、必ずしも優勢ではなかった。米ソの防御態勢を敢えて脆弱なものに保つことにより核攻撃を相互に抑止しようとする、いわゆる「相互確証破壊」(MAD) の考え方の延長線上で締結された、対弾道ミサイルシステム制限 (ABM) 条約が米国によって一方的に破棄されたことに現れている。

ジョージ・H・W・ブッシュ大統領時代に締結された、START II(大陸間弾道ミサイル[ICBM]を単弾頭にする、すなわち、多弾頭 ICBM および重 ICBM (SS-18) を全廃することなどを規定) 条約は ABM 条約とセットになっていた。このため、米国が ABM 条約を抜け、国家ミサイル防衛 (NMD) を構築するのであれば、ロシアとしてはわざわざ MIRV (個別誘導多核弾頭）化重ICBMを完全撤廃する必要はなくなってしまう。ゆえに、ロシアは米国のABM離脱の動きに反対してきた。

こうしたことから、ビル・クリントン大統領はABM条約破棄問題の深刻さに理解を示して、全世界で小規模な弾道ミサイル攻撃を阻止する「限定した攻撃に対する全世界防衛」（G-PALS）計画を破棄し、ABM条約に抵触しない、地上発射型の迎撃ミサイルだけを「戦域ミサイル防衛（TMD）」計画として推進しようとした。

ジョージ・W・ブッシュになって、状況は一変する。2001年9月11日の同時多発テロによって、国家という合理的行動を比較的想定しやすいアクター（行為主体）から、テロリストという合理的行動予測が困難なアクターの登場で、核抑止論の構図が大きく変化したためである。

米のABM条約離脱と新しい核抑止戦略

米国は2002年、米国は一方的にABM条約から離脱する。そこから、ジョージ・W・ブッシュによる新しい核抑止戦略がスタートする。ブッシュ政権は2001年1月に「核態勢見直し」を議会に提出した。①攻撃システム（核と非核）、②防御（アクティブとパッシブ）、③新たに登場した脅威に対して短時間に新しい対抗能力を生み出せる防衛基盤の再生の三要素を基本とする、「ニュー・トライアド」という新しい3本柱が提示される。これは通常兵器と核兵器との間の壁を取り払い、安全保障制度を抜本から見直すことを意味している。これら三要素を高い能力の指揮統制システムと諜報システムに連携させて核兵器への依存度を低下させ、米国への大量破壊兵器攻撃を抑止するというものだ。ここから防衛機能の向上、すなわち弾道ミサイル防衛構想（BMD）が生まれるのである。

ブッシュは2002年9月の国家安全保障戦略において、潜在的攻撃者であるテロリストを抑止できない以上、必要に応じて先制攻撃を発動する必要があると主張した。ここには、「先制防衛」という発想がある。敵が攻めてくることを確実視して攻撃するからこそ、防衛とみなす、虫のいい発想だ。つまり、ミサイル防衛と言いながら、「先制防衛」することも「あり」なのである。言うまでもなく、こうした発想の裏側には、対テロ対策という、これまでになかった事態への対応があるのはたしかだ。ただ、核抑止論が先制攻撃論にまで拡大解釈しているかにもみえる。

すでに指摘したように、相互確証破壊は他者の不確実性を前提にしていたとも考えられる。とすれば、テロの時代の到来は、単に不確実性の増大を意味するにすぎない。それにもかかわらず、先制防衛では、敵が攻撃してくることを確実視してはばからない。不確実性をまったく無視してしまっている。こうした論理展開が大真面目に語られていたのである。

ブッシュは、「核態勢見直し」において、核・非核攻撃能力として、移動式および再配置可能な目標、堅固で地中深く埋められた目標への攻撃、長距離打撃、ミサイル搭載原子力潜水艦（SSGN）、精密打撃（無人戦闘機や精密誘導兵器などによる攻撃）、新打撃システム（SSGN 搭載の新兵器）を要求した。移動式および再配置可能な目標、堅固で地中深く埋められた目標への攻撃は核戦力に関係しており、生物化学兵器を含めた目標への命中精度を高めた撃破能力が必要とされた。とくに、堅固で地中深く埋められた目標については、米国が保有する地中貫通核兵器 B61-11 では不十分だから、より効果的な地中貫通能力をもつ核兵器（強化型地中貫通核兵器、RNEP）や、低出力核兵器の必要性が掲げられた。ただ、RNEP の予算は、2005 年と 2006 年の会計年度の予算計上を議会が許さず、2007 年度については政府が要求自体を断念した。

米国防総省の危険予測評価能力（HPAC）と呼ばれるモデルを使った計算で、中国の ICBM 発射地域への高威力核弾頭攻撃の結果、300 万〜 400 万人が殺害される見込みだが、低出力の核弾頭を使用すると 700 人以下ですむという（Keir A. Lieber & Daryl G. Press, “The Nukes We Need: Preserving the American Deterrent,” *Foreign Affairs*, 2009）。こうなると、先制防衛を名目に、核の先制使用への心理的障害が薄れ、実際にこれを使用する可能性が高まっているのではないかという危惧が現実味を帯びていることになる。

以上から、冷戦後、核抑止論が複雑化し、複合的になっていることがわかる。この「複合抑止」(Complex Deterrence）は、米国が 1990 年代から積極化した「軍事の革命」(Revolution in Military Affairs, RMA）という情報技術などよる大きな変革、グローバリゼーションなどによって形成されたもので、過去の核抑止論はもはや通用しない時代に突入していると言えると考えたほうがよい。

オバマ政権下での核戦略

2010年4月、バラク・オバマ大統領は今後5年から10年程度の核兵器にかかわる核戦略指針である議会への報告書、「核態勢見直し」を明らかにした。ジョージ・W・ブッシュが2002年に打ち出した「核態勢見直し」を8年ぶりに改定するものである。その内容をみると、①核不拡散条約（NPT）を遵守する非核保有国に対して、核兵器を使用したり、核兵器で脅したりしないと宣言して「消極的安全保証（NSA）」を強化する用意がある、②米国が核兵器使用を考えるのは米国およびその同盟国・パートナーの死活的な利益を守る必要がある、極限の状況だけである、③米国は核実験を行わず、包括的核実験禁止条約（CTBT）の批准をめざす、④米国は新しい核弾頭を開発しない —— といった政策が掲げられている。

核兵器の先制不使用を宣言し、核兵器削減をより強固なものにするところまでは至らなかったが、核廃絶に向けたわずかな前進があったと言えそうだ。もちろん、ブッシュ時代の好戦的な戦略に比べれば、核廃絶への大きな一歩と位置づけることもできる。

欧州の安全保障

NATO加盟国への米核兵器（非戦略核兵器）の配備をめぐっては、2010年中にNATOの「戦略概念」の改訂に関連して議論された。米空軍はF-16に代えF-35を配備し、通常兵器も核兵器も運べる体制を堅持する。他方で、海上発射巡航ミサイル（TLAN-N）を退役させる。なお、欧州のミサイル防衛については、2009年9月17日、オバマはポーランドへの迎撃ミサイル、チェコへのレーダー配備を断念する決定を明らかにした。同時に、2011、2015、2018、2020年までの四つの段階に分けて、欧州における防空ミサイル網をイージス艦に配備されたミサイル迎撃ミサイルであるSM-3を海上と地上に配備する計画を公表する。2010年2月に公表された「弾道ミサイル防衛見直し」によると、2011年までの第一フェーズは中短距離弾道ミサイル防衛のための配備で、南欧の防衛に焦点をあてたもので、SM-3（Block IA）を伴ったイージス艦を配備する。2015年までの第二フェーズでは、性能を向上させたSM-3（Block IB）を、南欧の陸上部を含めて配備する。2018年までの第三フェーズでは、防空射程が改善され、中距離弾道ミサイルを迎撃できるSM-3（Block II A）が陸上・海上に配備されるほか、北欧にSM-3が配備される。2020年までの第四フェーズにおいては、中東から米国に向けられた大陸間弾道ミサイルの迎撃が可能となり、そのためのSM-3（Block II B）の配備を予定している。この段階では、戦術ミサイルだけでなく、ICBMや潜水艦発射弾道ミサイル（SLBM）の迎撃も可能となり、それはロシア側にとって戦略上の打撃となる。

新しい米ロ戦略核兵器削減条約

基本的には、こうした変遷の延長線上にいまの核兵器問題がある。もう一つだけ紹介しておくと、2010年4月、オバマ大統領とドミトリー・メドヴェージェフ大統領はチェコのプラハにおいて、新しい戦略核兵器削減条約（新START、ロシア側の名称はSTART3）に署名した。両国は、①戦略核弾頭の上限を1550発とする、②戦略核弾頭を運搬する手段であるICBM、SLBM、重爆撃機の配備総数を700基・機、保有上限を800基・機とする —— ことなどが決められた。条約が批准・発効すれば、7年後までに、合意された水準に達しなければならない。

最初の戦略核兵器削減条約（START Ｉ）では、両国が配備するICBM、SLBMおよび重爆撃機の運搬手段の総数を1600基（機）へ削減するだけであったことを思うと、大きな削減と言えなくもない。2002年のモスクワでの米露首脳会談において、戦略的攻撃（能力）の削減に関する条約（「モスクワ条約」）が署名され、2012年までの10年間で、米ロの戦略核弾頭はそれぞれ1700～2200発に削減するとされていた。これと比べても、若干の前進となる。

2011年2月5日に発効した前述の新STARTの期限が2021年2月に迫ったことから、ジョー・バイデン大統領誕生後の1月26日に初めて行われたプーチンとの電話会談で、同条約の5年間の延長が合意された。

3.「核の同等性」(nuclear parity)

ここまでの議論はいわば、いまの核兵器にかかわる安全保障政策を理解するための基礎である。その前提にたって、「核の同等性」(nuclear parity) という論点について論じたい。この点については、拙著『核なき世界論』では割愛している。そこで、この核の同等性という視点から、ロシアの置かれている状況について考えてみたい。

まず、この議論は核兵器に限った話ではないことが重要な点だ。通常兵器による戦闘で劣勢に立たされた側が核兵器を使用する誘惑にかられるからだ。つまり、核の同等性は核兵器に限定して議論されるべきではない。

そこで問題になるのがミサイル防衛ということになる。米国主導のミサイル防衛体制の整備によって、米ロの技術力の差が露わになり、それがロシア側の懸念や、被害妄想のような精神状態を生み出している可能性がある（冒頭の「危険のない状態」としての安全保障意識を想起してほしい)。

ロシアもミサイル防衛に力点を移せば、お互いにもっと核兵器を減らせるかもしれない。ただし、ロシアにはミサイル防衛を整備するだけの技術力がない。資金もない。だから、ロシアはミサイル防衛自体に基本的に反対の立場を取り続けてきた。ロシアは、ミサイル防衛がロシアから発射されるミサイルに対する防衛にまで適用されるようになることを恐れており、だからこそ米国によるミサイル防衛の質的・量的強化がないという条件でのみ新条約が機能できるという声明を出し、条件が守られなければ、ロシアは新STARTから一方的に離脱する権利を有するという見解を示してきた。

「核の平等性」バランスの崩れ

いずれにしても、ロシアの技術力の劣位、あるいは米国の優位が核の同等性というバランスを崩していることになる。それがロシアのあせりを引き起こし、NATOの東方拡大への警戒感につながっている。

本当は、ロシア側が先制不使用を宣言して、米国の核抑止論に揺さぶりをかける方法がある。だが、通常兵器でもおくれをとっているロシアには、核兵器の先制使用に固執せざるをえないとみなす論者が多い。東西を海洋に挟まれた米国と異なり、アジアからヨーロッパまでに広がるロシアには、周囲に非戦略核兵器（戦術核）を保有する国が多くあり、米国との間では先制不使用を宣言できても、他の国との間では難しいとみなすのだ。ここでも、「危険のない状態」という安全保障意識が災いしている。

いくら防衛のためのミサイル整備といっても、近接する場所にNATOの基地ができれば、かつてソ連がキューバで試みたように、密かに攻撃用の核兵器が持ち込まれるかもしれない。そう考えると、数分でモスクワが核兵器の標的になりかねないという過剰なまでの恐れが生じるのだろう。

これに対して、ロシアは、極超音速巡航ミサイル「ツィルコン」の開発、大陸間弾道ミサイル（ICBM）発射の極超音速滑空体（アバンガルド）やレーザー兵器システム「ペレスベット」の配備、重大陸間弾道ミサイル「サルマット」を完全装備した任務開始など、最新兵器の開発・配備に余念がない。しかし、ロシアはその軍事技術で米国の後塵を拝しており、それが通常兵器を含む「核の平等性」バランスの崩れにつながっている。今回のウクライナ戦争という歴史的な事件の背景には、このバランスの崩れ、あるいはそのはっきりとした予兆があったと考えられる。その意味で、このバランスをどう再構築させるのか、加えて、中国のような戦術核兵器を増やしつづける国とのバランスをどうつくり出していくのかという課題に取り組まなければならない。

ウクライナはいま、核兵器の非保有国の悲哀や、集団安全保障条約への非加盟国の困難を示している。とくに、核兵器をもたないことによる悲哀を強く感じている複数の権威主義国家があるはずだ。その意味で、核不拡散条約（NPT）のいっそうの形骸化も懸念される。今後予想されている核発電所の急増を考慮すると、こうした動きが核兵器開発につながる可能性を強く感じざるをえない。ロシア国営のロスアトムは、ベラルーシ、バングラデシュ、インド、イラク、トルコで核施設を建設中だ（2021年2月公表の「エクスペルト」［https://expert.ru/expert/2021/06/perevesti-palchiki-v-algoritmi/］を参照）。さらに、2025年以降、開始される予定の発電所プロジェクトは、中国とエジプトで各4基、ハンガリー、インド、トルコ、ウズベキスタンで各2基、イランとフィンランドで各1基である。おそらくこうした動きに対する対処方法についても、無関心ではいられない。

バルト海の核バランス

最後に、これまでNATOに加盟してこなかったフィンランドやスウェーデンが早ければ2022年6月29日にスペインで開催予定のNATOサミットまでに加盟申請する情勢となっている（スウェーデンの与党、社会民主労働者党はNATO加盟に反対してきたが、本書執筆時点で再検討の方針を示している)。加盟実現には、加盟全30カ国の同意が必要となるが、ロシア寄りの姿勢を示すハンガリーは拒否権までは行使しないとみられている。加盟にまで至れば、バルト海における核バランスが大きく崩れるのは確実であり、これにロシアが対抗措置を講じるのは必至だ。

その中心地はカリーニングラードである。あのイマヌエル・カントが生涯を過ごしたケーニヒスベルクのことだ。ロシアの飛び地としてあるこの地を核武装するといった話が浮上するのは時間の問題かもしれない。

かつて、前述した2009年9月17日のオバマ大統領によるポーランド、チェコへの長距離ミサイル防衛システム配備の断念を受けて、当時のメドヴェージェフ大統領はカリーニングラードへの移動式ミサイル発射複合体「イスカンデル-M」の配備を撤回し、イランへの追加制裁に反対しない姿勢を明らかにしたことがある。カリーニングラードはバルト海をめぐる核バランス上、きわめて重要な場所なのだ。そうであるとすれば、フィンランドとスウェーデンのNATO加盟は、ロシアがカリーニングラードに核配備をする口実を与えるだろう。

カリーニングラードへの陸路として、「スウォーキ（スワルキ）ギャップ」(Suwalki Gap) と呼ばれる地域がある。ベラルーシからリトアニア・ポーランド国境沿いにカリーニングラードにつながる回廊だ。もしこの回廊が閉鎖されれば、カリーニングラードの孤立を招くから、ウクライナ侵攻の最中にあっても注目されている地域ということになる。リトアニアから鉄道でカリーニングラードへと輸送する貨車はリトアニア政府の「嫌がらせ」にあってすでに遅延している。何が起きてもおかしくない緊迫した地域だ。

〔図3-1〕バルト海沿岸におけるNATOの
「トリップワイヤー」部隊

（出所）https://www.economist.com/europe/2016/07/02/trip-wire-deterrence

NATOは2016年以降、バルト三国とポーランドに多国籍の小規模な「トリップワイヤー」部隊を配備し、ロシアの攻撃が原則だけでなく実質的にNATO全体への攻撃となるようにしてきた（トリップワイヤーとは、触ったり踏みつけたりすることで地雷などを爆発させる仕掛けのワイヤーを意味している）。同年6月、NATOはバルト3国とポーランドに四つの多国籍軍を配備することに合意したのだ。米英などの部隊をロシアやベラルーシとの国境近くに展開することで、侵攻があった場合に備えて時間を稼ぐと同時に、即応性の高いNATO対応部隊の参戦へとつなげるねらいがある（図3-1を参照）。

読者に知ってほしいのは、こうした微妙な核バランスのうえに北欧の平和が保たれてきたという歴史である。その流れを前提にすると、フィンランドとスウェーデンのNATO加盟は核バランスを大きく変えるものであり、ロシアを無視して勝手に行えばいいという単純な話ではない。

第四章　地経学からみた制裁

1. 覇権国の傲慢

最近、「制裁」という言葉をよく耳にするだろう。これは、sanctionsという英語の翻訳だが、sanctionはラテン語の「sanctio」に由来し、「批准する」という意味の「sancire」を語源としている。元々は教会の学位について使われていたようだ。

このサンクションを定義すると、「他の国、個人またはグループによって、1つまたは複数の国を対象とした罰則が適用されること」といった意味になるだろう。制裁にしても経済制裁にしても、それらは国際関係においてもっとも頻繁に用いられる外交政策手段の一つだが、「「制裁」という言葉には、一般的に合意された定義はない」(https://www.europarl.europa.eu/RegData/etudes/STUD/2020/653618/EXPO_STU(2020)653618_EN.pdf)ことを断っておきたい。

実は、この制裁というのは、政治・経済を中心とする分野で支配権を握った覇権国が被支配国に対して、覇権国の秩序を守るように脅す目的で科す道具となっている。ここでは、制裁の話を説明するが、本当は、1991年3月に採択され1998年4月に発効した「植物の新品種の保護に関する国際条約」(UPOV条約)の大幅改訂や、1996年12月成立の世界知的所有権機関(WIPO)の著作権条約などに米国内法を適合するために著作権法改正が行われた結果として制定された1998年のデジタル・ミレニアム著作権法(Digital Millennium Copyright Act, DMCA)こそ、米国の覇権維持のための新たな道具となっている(詳しくは拙稿「サイバー空間とリアル空間における「裂け目」: 知的財産権による秩序変容」[https://eprints.lib.hokudai.ac.jp/dspace/bitstream/2115/78158/1/06.pdf] を参照)。いわゆる「グローバリゼーション」のなかで、米国は知的財産権を通じた世界支配を進めてきたと言える。ここでは、米国政府の横暴については、目を凝らしていく必要があるとだけ指摘しておきたい。

地経学

たとえば、覇権国米国は制裁対象国との貿易を継続する第三国の行為者に対して「二次制裁」を科すという脅しを強めてきたという問題がある。この問題はいわゆる「地経学」(geo-economics) の課題の一つである (船橋洋一著『地経学』を参照)。

パトリック・テリー著「一方的な二次制裁を科すことによって、米国の外交政策を強制する：国際公法における「力」は正しいか？」(https://digitalcommons.law.uw.edu/cgi/viewcontent.cgi?article=1854&context=wilj) によれば、一方的な経済制裁は、世界的にますます一般的な政策手段となってきている。この背景には、①国連憲章第 41 条に基づく国連安全保障理事会による多国間制裁の実施が困難 (5 常任理事国の意見対立のため)、②経済制裁は武力行使よりも望ましい行動であるとする意見が多く、場合によっては経済制裁に代わる唯一の有効な手段とみなされる —— ことなどがある。実際には、主に米国が自国の管轄区域内の対象への「一次的制裁」以外に、対象国との貿易を継続する第三国の行為者に対して二次制裁を科すことが増加している。

欧州に進出した米国企業の子会社に対する米国の経済制裁の適用は、1961 年から 65 年にかけてリンドン・ジョンソン政権がフルーホフ・セイモア・グループのフランス子会社に対中貿易禁止を科そうとしたケースにまでさかのぼることができる。米国の制裁政策が受け入れがたいほど押しつけがましくなったのは、1980 年代に入ってからとされている。1982 年、レーガン大統領は、米国の対ソ制裁を拡大し、米国企業の海外子会社と米国の輸出許可のもとで活動するすべての企業を制裁対象に加えた。1996 年には、キューバ、イラン、リビアへの投資を阻止するために、第三国の企業や個人を対象とした「キューバ自由民主連帯法」(通称「ヘルムズ・バートン法」) と「イラン・リビア制裁法」(通称「ダマート法」) が発効されるに至る。

たとえば最近では、米国は2020年7月に香港自治法を成立させ、香港の自治の侵害に関与した中国・香港関係者を特定し、米国内に所在する資産を凍結し、査証の発給を停止するとした。同法には、金融分野での一連の制裁措置（二次制裁）も含まれている（中谷和弘著「経済制裁の国際法構造」［https://www.jiia.or.jp/pdf/research/R03_Economic_Security/01-03-nakatani.pdf］を参照）。

問題は、二次制裁が域外管轄権の主張が主権平等の国際的な大原則に反している点にある。制裁国は自国の領域内で行われない行為について、第三国の個人や企業に対して二次制裁を科すのは内政への不法な介入と言えまいか。このため、テリーは、「米国は第三国の国民や企業を標的にすることで、第三国の外交・貿易政策を弱体化させようとしている。米国の制裁政策は、このように他国の外交政策を支配しようとする試みである」と批判している。とくに気になるのは、二次制裁に2種類ある点だ。公式な手段による明示的なものと、他国への働きかけによる暗黙的なものだ。前者は立法化されており、真正面から論争対象としうる。しかし、後者の場合、二次制裁を「暗黙の脅し」に使って目的を達成しようとするもので、隠微でずる賢いやり方だ。

ぼくが不思議に思うのは、こうした米国の横暴を認めている欧州諸国や日本の政府の不甲斐なさだ。ましてや、権力批判を使命とするマスメディアであれば、米国による二次制裁を糾弾するのが当然だろう。プーチンが「嘘の帝国」と批判した欧米メディアの「退廃」はたしかに絶望的に進んでいると指摘しなければならない。

2. 制裁の歴史

随分と昔の話をすると、紀元前432年、アテネ帝国がメガラからの貿易を禁止し、ライバル都市であるメガラの経済を停滞させたのが最初の制裁の記録とされているという（資料［https://www.carter-ruck.com/insight/a-brief-history-of-economic-sanctions/］を参照）。ただし、経済制裁が目立つようになったのは、20世紀に入ってからである。

そこで、ここでは米国による制裁の歴史について概観してみよう。

トランプ政権1年目の重要な政治的火種となった、ロシアとトランプ陣営の共謀疑惑は、国際緊急経済力法（IEEPA）という法律のもとで科されたロシア人に対する制裁の多くを緩和したいという願望が少なくとも一因となっている。実は、米国の世界秩序を構築し維持するための世界戦略の一部として制裁制度を構築してきたのだから、この歴史を知ることは地政学上の課題であり、それなくしてはいまの制裁議論を理解することはできない。

米国ではじめて経済制裁のための法律が制定されたのは1917年10月6日である。ウッドロー・ウィルソン大統領によってこの日署名された「敵国取引法」は「最終的に、敵国領土内での経済的利益の発生を阻止することによって、可能であれば敵の国力を弱め、少なくともその地位の低下を防ぐという目的のために使用される経済的武器として登場した」（https://www.jstor.org/stable/pdf/1111955.pdf）という。「最終的に」とあるのは、いわゆる「コモンロー」の判例によって、敵との取引禁止という裁判所の採用が敵地に個人的に居住する者、またはそこに商業的な住居や住所を維持する者、すなわち「商業的敵」からの財産没収へと定着したからである。

これがもった意味合いはきわめて大きかった。というのは、制裁によって米国はドイツが米国にもっていた医薬品や染料などの特許を手中に収めることができたからである。1927年の論文「戦時中および戦後における外国人敵国人財産の米国による取り扱いについて」（https://www.repository.law.indiana.edu/cgi/viewcontent.cgi?article=1957&context=ilj）では、「ドイツでアメリカ人が所有していた財産は比較的少なかったが、一方で、わが国の外国人財産管理人が一時期、約8億ドルもの外国人財産を所有していたことが記録に残っている」としたうえで、「染料製造やその他の化学プロセスに関するドイツ人所有の4700件の特許が接収され、後にアメリカの会社、ケミカル・ファンデーションに22万5000ドルで売却された」と書いている。たとえば、梅毒などの治療薬「サルバルサン」の特許をヘキストから収用したことで、米国政府は大きな利益を得た（なお、「米国人が保有するドイツの財産が、米国人の戦争処理を妨害するため、あるいは敵対的な方法で使用されたという確たる証拠はない」という）。

制裁の政治利用とトランプ

1977年12月28日のカーター大統領の法律署名によって、敵国取引法を戦時中に限定する修正がなされる。もはや平時の緊急事態宣言だけではこれまでの国民経済への緊急権行使ができなくなる。同時に議会は、国際緊急経済力法（IEEPA）という新しい法律を成立させ、旧法の第5節（b）の規定のほとんどを復活させた。大統領は平時には敵国取引法を行使できなくなったが、ほぼ同じ権限をIEEPAに依存できるようになったのである。ただ、議会はいくつかの制約を加えた。IEEPAのもとで、大統領は外国の財産を「凍結するが、押収はしない」ことができるが、純粋な国内取引を対象とすることはできず、新しい緊急事態宣言を出す前に議会と協議しなければならなくなった（実際には、これらの制限はほとんど意味をなさなかった。1980年代の三つの事件で、最高裁はIEEPAによる行政権の制限の多くを無効としたからである）。

2018年公表の論文「敵国取引法の一世紀」（https://www.cambridge.org/core/journals/modern-american-history/article/secret-life-of-statutes-a-century-of-the-trading-with-the-enemy-act/77DD7CF528D3190CFC8CF8FF6DDAACB0）には、「印象的なのは、これまで行政府は「敵国取引法」を最も深刻な状況以外では使いたがらなかったが、大統領は「IEEPA」を大胆に使ってきたことである」と指摘されている。緊急規則制定プログラムが正式化されたことで、議会との調整がうまくできるようになったためだ。「2018年2月現在、28の活発な制裁プログラムがあり、ほぼすべてがIEEPAに従って宣言された国家緊急事態に少なくとも部分的に基づいている」という。

こうしたなかで、冒頭に紹介したように、IEEPAのもとで科されたロシア人に対する制裁を緩和したいというトランプとロシア政府との共謀という疑いが浮上したのである。

対ロ制裁の推移

1974年、通商法にジャクソン＝ヴァニク修正条項が盛り込まれたことで、移民の自由を認めない共産主義国家（たとえばソ連）への最恵国待遇の取り消しや政府による信用供与・信用保証などを禁止した。ソ連崩壊後の後継、ロシアにも適用されつづけており、「1974年以来、ロシアは米国の制裁を受けない日は一日もない」（http://expert.ru/expert/2017/34/pravila-holodnoj-vojnyi-2_0/）のだ。

2014年以降をみると、3月5日、カナダはいち早く「ウクライナ情勢を理由に」ロシアとの軍事協力を終了し、政府間経済委員会の協力も停止したのを受けて、翌日、米国は多くのロシアとウクライナの国民にビザ制裁を開始する。その後、米国はロシアの防衛・商品関連企業や銀行に対して初の「セクター別制裁」を科した。ガスプロムバンク、VEB、ロスネフチ、ノヴァテクの4社が規制の対象となり、90日以上の米国からの借入が禁止された。アルマズ・アンテイ、カラシニコフ、ウラル車輛工場などの防衛関連企業もリストアップされ、米国の銀行で資産が凍結されたのである。

2017年8月2日、トランプは「制裁を通じた米国の敵対国（イラン、ロシア連邦、北朝鮮）への対抗法」（Countering America's Adversaries Though Sanctions Act, CAATSA）（https://home.treasury.gov/system/files/126/caatsa_eo.pdf）に署名する。ロシア政府に対しては、米国または外国のサイバーセキュリティを損ねるさまざまなサイバー関連活動を禁止し、ロシアの防衛または情報部門に関連する人物と重要な取引を行う米国人または外国人に対する制裁を義務づけた。CAATSAは、政府高官、親族、関係者を「不当に利する」形でロシアの国有資産の民営化に貢献する1000万ドル以上の投資を行ったり促進したりする人物に対する制裁も義務づけた（反腐敗の観点からの制裁としては、弁護士で内部告発者であるセルゲイ・マグニツキーが2009年、拘束中に死亡した事件に関連するロシア政府関係者などを制裁するよう米国政府に要求する法律［いわゆるマグニツキー法］が2012年12月に制定され、2016年12月には、同法に基づいて人権侵害に関与していると特定された外国の個人または団体に経済制裁を科したり、入国を拒否したりする権限を与える「グローバル・マグニツキー人権説明責任法」が制定された）。

制裁効果について：「副反応」も

それでは、経済制裁の効果はあったのか。国際通貨基金（IMF）は2015年8月、米国と欧州連合（EU）の制裁とロシアの報復的な農産物輸入禁止により、短期的なモデル推計でロシアのGDPが1%から1.5%減少したと推定する報告（https://www.imf.org/external/pubs/ft/scr/2015/cr15211.pdf）を公表している。制裁が長引けば、中期的には資本蓄積と技術移転の低下により生産性の伸びが弱まり、最大でGDP比9%の生産減につながる可能性があると指摘されている。

2020年に公表されたIMF報告（https://www.imf.org/-/media/Files/

〔図 4-1〕ロシア中央銀行によるロシアの銀行部門と
その他部門の対外債務残高の推移

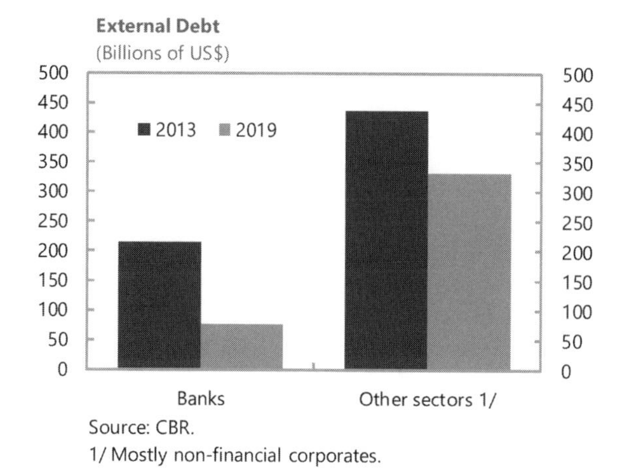

（出所）https://www.imf.org/-/media/Files/Publications/CR/2021/English/1RUSEA2021001.ashx

Publications/CR/2021/English/1RUSEA2021001.ashx）には、ロシア中央銀行のデータに基づいた銀行とその他部門（主に非金融会社）の対外債務を2013年と2019年について10億ドル単位で比較した図が示されている（図4-1参照）。これからわかるように、制裁の影響もあって、いずれの部門も対外債務が減少している。資金を海外から調達しにくくなっていることがわかる。

ほかにも、国務省が公表した2016年12月作成の報告（https://www.state.gov/wp-content/uploads/2018/12/Measuring-Smartness-Understanding-the-Economic-Impact-of-Targeted-Sanctions-1.pdf）では、「制裁を受けなかった企業や制裁を受けた企業と比較して、平均して営業収益の3分の1、資産価値の2分の1以上、従業員の3分の1を失うと推計される」としている。

民間企業の推計をみると、2018年11月、ブルームバーグの公表資料（https://www.bloomberg.com/news/articles/2018-11-16/here-s-one-measure-that-shows-sanctions-on-russia-are-working）によると、懲罰的措置により2014年以降2018年にかけてそのGDPの6%が削減された可能性があるという。これは2000億ドル以上を失ったことを意味している。

ただし、制裁には「副反応」もある。The Economistは2020年1月、「アメリカは自国の通貨と金融システムを武器化している　その制裁利用は長期的にはドルを危険にさらす可能性がある」(https://www.economist.com/briefing/2020/01/18/america-is-weaponising-its-currency-and-financial-system)という興味深い記事を掲載している。

ここで、登場するのが国際銀行間通信協会（SWIFT）による金融監視の話である。「国際的な取引のほとんどは、最終的に米国のコルレス銀行（海外送金を中継する銀行）によってニューヨーク経由でドル建てで決済される」が、その際必要な情報のやり取りをする、銀行が使用する主要なクロスボーダー・メッセージング・システムがSWIFTであり、「米国がしっかりと管理しており、そのメンバーは1日に3千万回も互いにメッセージを送り合っている」という。この活動を監視することで、「地球上の個人や組織は、米国の管轄下に置かれ、処罰の対象になりやすい」と指摘している。

世界中の国々はこうした覇権国米国によるドルを通じた金融監視を知っている。だからこそ、資産の脱ドル化、地域通貨とスワップによる貿易回避、新しい銀行間決済メカニズムやデジタル通貨の利用によるSWIFT回避といった現象が近年、急速に広がっている。米国による金融制裁の強化で、こうした傾向がより強まっているのだ。

The Economistでは、「最近のサミットでは、イラン、マレーシア、トルコ、カタールの首脳が、暗号通貨、自国通貨、金、物々交換を貿易に利用することを提案した」として、米国への反発がこうした提案の背景にあるとしている。

だからこそ、ロシアをSWIFTから追放するといった制裁を科すと、SWIFTへのアレルギーが高まり、中国が進める人民元の国際銀行間決済システム（CIPS）への移行や暗号通貨決済の急拡大につながってしまうかもしれない。ただ、中国政府は中国本土以外の銀行と直接システムをリンクさせていない（例外は英国のスタンダード・チャータード銀行）。外国の銀行が中国の決済銀行を通じて、SWIFTメッセージを使って間接的にのみCIPSにリンクすることを認めているにすぎないから、CIPSの利用拡大は急速には進まないだろう。

3. 今回の対ロ経済制裁

米国を中心に、今回のロシアのウクライナ侵攻に対する厳しい制裁が相次いで科されている。五月雨式に追加制裁が出されているために、それらをここですべてを紹介することはできない。ここでは、米国と欧州諸国についてだけその大枠を説明するにとどめたい。

米国では、上院および下院の合同会議において2022年1月12に提出された「2022年ウクライナ主権保護法案」(https://www.congress.gov/bill/117th-congress/senate-bill/3488/text?q=%7B%22search%22%3A%5B%22senate%22%5D%7D&r=2&s=1）が審議されている。

法案は、①ウクライナに対する安全保障支援の拡充とウクライナの防衛力強化、②クレムリンのウクライナおよび東欧の同盟国に対する侵略に対抗する、③ウクライナに関するロシア連邦の更なる軍事的エスカレーションと侵略に対する抑止策 —— という三つに分かれて構成されている。

①では、ウクライナへの緊急防衛物資の優先納入、ウクライナ支援のための国防総省のリース権限と特別防衛装備金の使用、ウクライナの防衛能力を強化し、安全保障支援の提供を強化するための戦略、外国軍事資金供与などが規定されている。とくに、ロシア政府が、その代理人を通じ、2021年12月1日以前のウクライナにおける、またはウクライナに対する敵対行為または敵対行動の水準と比較して、著しくエスカレートした敵対行為または敵対行動に関与し、または故意にこれを支持していることを大前提として、そのエスカレーションが、ウクライナ政府を弱体化させ、転覆させ、または解体し、ウクライナの領域を占領し、もしくはウクライナの主権または領土の一体性に干渉する目的または効果を有するか否かを大統領が判断し、認められた場合、2022会計年度の国務省向けに、ウクライナの防衛ニーズを満たすための同国対外軍事金融支援向けに5億ドルを計上することが許可されるとされている。

加えて、殺傷性の高い対戦車兵器システム、対艦兵器システム、対空兵器システムなどの供与権限が国務長官に与えられる。

②においては、ロシアによるディスインフォメーション（意図的で不正確な情報）を利用した活動への対策と戦闘のためのプログラムが許可

される。ラジオ・フリー・ヨーロッパへの支援やサイバー防衛能力の強化も規定されている。ウラジーミル・プーチン大統領とその側近の資産公開も定められている。

法案成立から180日以内に、財務長官は国家情報長官および国務長官と連携して、プーチンおよびその側近の個人純資産と資産に関する詳細な報告書の提出が義務づけられている。その内容は、Ⓐプーチンとの親密さによって判断される、ロシアにおける重要な外国の上級政治家およびオリガルヒ（寡頭新興財閥）の識別、ⒷⒶで特定された個人、プーチンおよびその家族（配偶者、子供、両親、兄弟を含む）の推定純資産と既知の収入源（ロシア内外で保有する資産、投資、銀行口座、事業利益、および関連する実質所有権情報など）、Ⓒ 2017年から2021年までのプーチンおよびその家族の年間総収入および個人支出の推定値 —— などである。

さまざまな制裁対象

③前述した大統領の判断で、肯定的な決定がなされた場合、その決定から60日以内に、財産の封鎖、査証・入国または仮出国のための入国を認めないといった制裁措置がとられる。対象となるのは、大統領、首相、外相、国防相、参謀総長などである。

同じく肯定的な決定がなされた場合、大統領はその決定から30日以内に、以下の金融機関（12行）のうち3行以上に対して財産の封鎖措置を発動する。12行のなかには、ロシア最大の銀行、ズベルバンクも含まれている。また、大統領は、本法案の制定日以降に発行されたロシア政府の国家債務（国債を含む）に関わる米国人によるすべての取引が禁止される。

資金決済、証券、財務、貿易に関する金融メッセージの受送信サービスである金融メッセージ・サービスについては、まず、ロシア金融機関への専門金融メッセージング・サービスの提供者リストが作成される。前記の制裁対象金融機関に対して、故意に金融専門メッセージング・サービスを提供したり、故意にメッセージング・サービスへの直接または間接のアクセスを可能にしたり容易にしたりしている場合、大統領は当該プロバイダーに制裁を発動できるとした。なお、同サービスの世界最大の提供者はいわゆる国際銀行間通信協会（SWIFT）である。

バルト海海底に敷設済みの「ノルドストリーム2」と呼ばれるガスパ

イプラインは、「ロシア連邦の悪意ある影響の道具であり、もし稼働すれば、ロシア連邦がウクライナにさらに圧力をかけ、不安定化させることを助長する」と規定され、前述の決定が出された場合、大統領はその決定から30日以内に、ノルドストリーム2の計画・建設・運営のために設立または責任を負う団体またはその継承団体の財産封鎖を行い、その事業体の法人役員にも制裁措置をとる（ノルドストリーム2については、拙稿「ノルドストリーム2の完成を地政学から読み解く」［https://webronza.asahi.com/politics/articles/2021092100001.html］を参照）。

ほかにも、肯定的な決定が出された場合、60日以内に、大統領は（1）石油およびガスの抽出と生産、（2）石炭の抽出・採掘・生産、（3）鉱物の抽出と加工、（4）その他の部門または産業において、米国の国家安全保障のために制裁されるべきだと大統領が判断する外国人を特定し、制裁しなければならないと定められている。

米ホワイトハウスによる制裁

米議会には、2022年4月現在、十数件の制裁関連法案が提出されている。そのうちのいくつかは、議会が復活祭の休会から戻った後の数週間のうちに法律となる可能性がある。これまでは、議会での審議と別に、バイデンが矢継ぎ早に対ロ制裁を打ち出してきた。前述した国際緊急経済力法（IEEPA）や「制裁を通じた米国の敵対国（イラン、ロシア連邦、北朝鮮）への対抗法」（CAATSA）に基づく大統領権限を政治利用しているのである。ゆえに、このバイデンの科す制裁は必ずしも今回審議中の法律に基づいたものではない。しかも、そんな制裁に同調するよう、米国政府は他の欧米諸国などに迫っている。これは、民主主義の冒涜ではないのか、という疑問がわく。

侵攻がはじまった2月24日の夜、アメリカ、カナダ、イギリスからロシアに対する厳しい制裁措置が発表された。同日付の米財務省の追加制裁（https://home.treasury.gov/news/press-releases/jy0608）では、米財務省外国資産管理局（OFAC）が、同盟国やパートナーとの協力の下、ロシア金融システムの中核インフラ（ロシア最大の金融機関すべてと国有・民間企業の資金調達能力を含む）を標的とした広範な経済措置を科し、ロシアを世界の金融システムからさらに締め出すことにした（この措置はロシアの全銀行資産の約80％を対象としており、ロシア経済と金融システムに深くかつ長期的な影響を与えることになるという)。具体的には、OFACは30日以内にすべての米国金融機関に対し、ズベルバンクのコルレス口座などを閉鎖し、ズベルバンクやその外国金融機関子会社が関与する取引を今後一切拒否するよう要請する(いわゆるCAPTAリストに収載)。

財務省は同日、ロシアの大手金融機関に対し、ロシアの2大銀行(ズベルバンクとVTB)と世界中の約90の金融機関子会社への制裁を含む措置を講じることにした。VTBには、フルブロッキング制裁が科され、米国の金融機関に保有されている資産は即座に凍結され、クレムリンにアクセスできなくなる。財務省はまた、ロシアのエリートやその家族にも制裁を加え、ロシアの主要な国営企業や大手民間金融機関の新規債務や株式に関する新たな禁止事項を科す。

2月26日夜、欧州委員会、仏、独、伊、英、カナダ、米の指導者の連名で発表された「さらなる経済的制限措置に関する共同声明」(https://ec.europa.eu/commission/presscorner/detail/en/statement_22_1423)が出される。このなかで、①選択されたロシアの銀行が国際銀行間通信協会(SWIFT)メッセージング・システムから削除されることを確実にすることにコミットする、②ロシア中央銀行が我々の制裁の効果を損なうような方法で外貨準備を展開することを阻止する制限的な措置を講じる、③「ウクライナ戦争」とロシア政府の有害な活動を助長する人々や団体に対処する、④我々の管轄区域内に存在する制裁対象個人および企業の資産を特定し凍結することにより、我々の金融制裁の効果的な実施を確保する、⑤我々はディスインフォメーション(意図的で不正確な情報)やその他の携帯のハイブリッド戦争に対する協調を強化する —— という措置がとられることになった。

3月3日、米国政府は19人のオリガルヒとその親族・関係者47人に対し制裁を科す。3月8日には、バイデンはロシア産の原油、天然ガス、石炭と関連製品の輸入を全面的に禁止すると発表した。同日に大統領令に署名し、即日発効した。まず米国単独で禁輸に踏み切り、英国も年末までにロシアからの原油輸入を停止する。英国に本拠を置く大手シェルとBPは、すでにロシアの石油の購入を拒否し、ガスの購入を段階的に縮小する意向を表明している(シェルは4月11日、ロシアでの事業からの撤退を決めたことで、四半期利益が40億～50億ドル減少すると発表した)。リトアニアは4月からロシアからの天然ガス輸入を停止し、エネルギー需要を他の国からの配送に頼ることができるようになると、同国大統領が4月2日に発表した。

ぼくが注目しているのは、米財務省外国資産管理局（OFAC）が3月24日付で、ロシアの肥料や有機肥料を制裁の可能性から事実上除外する新たな一般許可（https://home.treasury.gov/system/files/126/russia_gl6a.pdf）を発表したことである。一説によると、米国のカリウムの輸入総額の6%、リン酸二アンモニウムの20%、尿素の13%がロシアからの供給である。このため、ロシア排除によって肥料の価格が上昇し、米国農民から反発を恐れが生まれていた。ゆえに、ちゃっかり、米国政府は対ロ制裁を一部緩和したことになる。こうした事実を知れば、制裁が恣意的に政治利用されていることがわかるだろう。

3月25日には、バイデンとウルズラ・フォン・デア・ライエンEU委員長は、欧州がロシアとのエネルギー関係を完全に崩壊させるための共同タスクフォースを立ち上げると発表した。米国は、①2022年中にEU市場に150億㎥のLNGを供給するよう努力する、②2030年までに、米国から年間500億㎥のLNGをEU市場向けに確保する —— などを約束したのである。これは裏を返すと、ロシアのもつこれまでの欧州ガス市場のシェアを米国企業が横取りする話であり、トランプ時代からつづく米国政府の悲願の実現ということになる。リトアニアが前述したようなロシア産ガスの輸入を停止できるのも、リトアニアにLNGを再ガス化する施設が建設されたからにほかならない（しかもロシアからもLNGを輸入している）。

EUと英国の対ロ制裁

EUは2月24日、ロシアの政治、軍事、経済指導部の約400人の代表者に個人的な制裁を科した。2月28日には、26人のロシア人にリストが拡大される。3月10日、英国は制裁を拡大し、ブラックリストに載っているロシア人7人を追加した。2月24日以降3月中旬までに、英国はロシアの220の個人および団体に制裁を科している。

EUが大企業の株主やトップマネジメントに対して科している措置は、入国・通過の禁止、資産の凍結・封鎖、サービスの提供や取引の禁止、経済資源の提供（融資や債権を含む）の禁止などである。制裁は、制裁対象の個人が50%以上所有している資産に適用される。

このため、3月9日、アンドレイ・メリニチェンコはロシア最大の石炭会社SUEKと肥料メーカーEuroChemの受益者と取締役を辞任した(彼は親会社EuroChem Group AGの90%を支配していた)。肥料、リン酸塩、飼料リン酸塩などのメーカー、フォサグロのCEOであるアンドレイ・グリエフ・ジュニアも退任する。他方で、3月2日、製鉄メーカーのセーヴェルスターリ株の過半数(77%出資)のアレクセイ・モルダショフは旅行会社TUI(34%出資)の監査役会を辞任したが、セヴェルスタール社長を辞めなかった。それどころか、同社はEUへの製品供給を停止すると発表した。

EUは3月2日、ロシアへの追加の経済制裁として同国2位のVTBバンクなど大手7行を国際的な資金決済網「国際銀行間通信協会(SWIFT)」から排除すると決めたと発表した。ただし、最大の国営銀行、ズベルバンクはドイツの反対で排除を免れた。

ここで、注意喚起しておきたいのは、EUの経済制裁が2016年7月以降、一度に6カ月間連続して延長されるという形式をとっている点だ。延長の決定は、ミンスク協定の実施状況の評価を受けて、その都度行われてきた。経済制裁は2022年7月31日まで延長されているという(「ウクライナをめぐるEUの対ロ制限措置(2014年以降)」[https://www.consilium.europa.eu/en/policies/sanctions/restrictive-measures-against-russia-over-ukraine/]を参照)。

3月15日、EUの欧州委員会はロシアに対する制限的措置の第四次パッケージを採択する。その内容は、①ロシアの軍産複合体である、さまざまな分野の特定のロシア国有企業との取引を全面的に禁止、② EUのセーフガード措置の対象となっている鉄鋼製品のEUによる輸入禁止、③民間の原子力エネルギーと特定のエネルギー製品のEUへの輸送を限定的に除き、ロシアのエネルギー分野への新規投資を全面的に禁止、④ロシアのエリートに直接打撃を与えるため、EUによる高級品(高級車、宝飾品など)の輸出禁止、⑤制裁対象個人・団体のリストを拡大、ディスインフォメーション(意図的で不正確な情報)に積極的な行為者を新たにリストアップ、⑥ EUの格付機関によるロシアおよびロシア企業の格付けと、ロシアの顧客に対する格付けサービスの提供を禁止 —— というものだ。さらに、EUは他の世界貿易機関(WTO)加盟国と共同で、EU市場におけるロシアの製品およびサービスの最恵国待遇を拒否することに合意した。

EU は 4 月 5 日、第五次パッケージとして、①ロシアからの石炭の輸入禁止（2022 年 8 月から、年間 80 億ユーロ相当）を科す、②ロシア第二の銀行である VTB を含むロシアの主要 4 銀行に対する全面的な取引禁止、③ロシアの船舶およびロシアが運営する船舶の EU 港湾への入港禁止（農産物、食料、人道的、エネルギー貨物については例外とする）、④量子コンピュータや先端半導体などのロシアが脆弱である分野において、100 億ユーロに相当する輸出禁止をさらなる目標とする（4 月 5 日の段階で、EU はロシアへのハイテク半導体の輸出を禁止。ロシアへの LNG 設備の供給が禁止される［納入禁止は、すでに契約済みかどうか、前払いの有無にかかわらず、あらゆる機器に適用される］ことで Arctic LNG-2 に打撃）、⑤木材からセメント、海産物から酒類に至るまで、ロシアとそのオリガルヒの金の流れを断つために 55 億ユーロ相当の新たな輸入禁止を行う（印刷インキ、非塗工紙、コート紙、段ボールなどの禁輸で、本や雑誌、新聞の価格が大幅上昇へ）、⑥ EU 加盟国における公共調達へのロシア企業の参加を EU 全体で禁止する —— という措置を発表した（資料［https://ec.europa.eu/commission/presscorner/api/files/document/print/en/statement_22_2281/STATEMENT_22_2281_EN.pdf］を参照）。同月 8 日、RU 理事会はこれを採択する。なお、EU はすでに第六次パッケージとして、ロシアの銀行部門、とくにズベルバンクとエネルギー部門に新たな制限を課す可能性について検討している。

2022 年 3 月 8 日以降、バイデン大統領の宣言により、米国はロシアの石油・ガスなどのエネルギー資源の輸入を停止した。米国財務省は 4 月 22 日までに、ロシアからの石油、石油製品、石炭の輸入に関する現行の取引を終了させる必要があるとしている。英国は 2022 年末までにロシアからの石油購入を停止する。こうした動きのうち、天然ガス輸入を急に止めることは難しいが、石油については EU も追随すべきだとの主張がリトアニアなどから強まっているのである。ポーランドは 3 月 29 日、EU の一般禁輸を待たずにロシアの石炭を 4 月ないし 5 月から拒否すると発表した（なお、欧州各国で石炭発電が段階的に廃止されているにもかかわらず、ロシアは 2021 年の欧州向け輸出を 10.3％増の 5040 万トンに増やした。2021 年には、キプロス［2120 万トン］、トルコ［1470 万トン］、英国［1230 万トン］を輸出したほか、ポーランドには 700 万〜 780 万トンを輸出していた)。年内に石油輸入も停止する。

欧州は中国と並ぶロシアの石油の最大消費国であり、EUへの供給はロシアの石油輸出の約半分、生産量の約2割を占めている。一説によると、ロシアは2021年に2億3000万トンの石油と1億4400万トンの石油製品を輸出し、総収入は1800億ドルに達する。2021年の石油とコンデンセートの欧州への出荷は合計1億500万トンで、ロシアの生産量の約20%にほぼ相当する。また、ロシアは欧州へのディーゼルの主要供給国であり、欧州の輸入量の約70%、約4000万トンを占めている。欧州は昨年末、ロシアの原油を約300万b/d、石油製品を約150万b/d輸入していた。つまり、もしロシアからの原油の全面的な輸入禁止になれば、ロシアにとって大きな打撃になる。アジアなどに輸出先を変更しようとしても、短期間での対応は困難であり、2割ほどの減産を強いられるとの見方もある。国際エネルギー機関(IEA)の2022年4月の報告(https://www.iea.org/reports/oil-market-report-april-2022)によると、ロシアの石油生産は、4月に入ってから約70万b/d停止しており、製油所が減産を延長し、貯蔵所が満杯になるにつれて、この減産幅は月平均150万b/dに拡大すると想定されるという。5月以降は、国際的な制裁措置や顧客主導の禁輸措置の拡大が本格化するため、ロシアの生産量は300万b/d近く停止する可能性があるとしている。なお、いまのところ、中国向けの数量が増加する兆しはない。中国では、最近のCOVID-19の急増と新たな規制により、精製業者が石油需要を減退させており、稼働を減らしている。

いずれにしても、ロシアからの原油輸入削減というEUの方針は原油価格相場を押し上げ、それがロシアの財政を短期的に間接的に支える効果をもつ(ロシアの2022年予算は、為替レートを1ドル=72ルーブル、ウラル原油価格を1バレル=62ドル前後と予測して策定されたが、侵攻後、ウラル価格は1バレル=90ドル台をつけており、予算上、これが支えになっている)。半面、EUは相対的に高い原油価格を余儀なくされ、すでにディーゼルなどの石油製品価格も高騰している。

とりあえず、3月8日、「より安価で安全、かつ持続可能なエネルギーのための欧州共同行動」として、2030年よりかなり前に欧州をロシアの化石燃料から独立させる計画の概要において、ガスを手始めすることが提案された。①欧州委員会は、毎年10月1日までにEU全域の地下ガス貯蔵所を容量の少なくとも90%まで満たすことを義務づける立法案を4月までに提示する予定である、②液化天然ガス（LNG）とパイプラインによるロシア以外の供給者からの輸入を増やし、バイオメタンと再生可能水素の製造と輸入を増やすことによって、ガス供給を多様化することと、エネルギー効率を高め、再生可能エネルギーと電化を増やし、インフラのボトルネックに対処することによって、家庭、建物、産業、電力系統における化石燃料の使用をより速く削減することで、2030年までにロシアのガスへの依存を解消する――などが提案されている。

4月6日、米国政府はズベルバンクと、民間銀行、アルファ銀行に対して、米国の金融システムとの関係は事実上凍結する制裁を明らかにした。この2行の証券会社の顧客数百万人は他社への移行を余儀なくされている。

制裁の法的根拠に疑問

ここで指摘したいのは、制裁の期間や解除の条件を明示する必要性だ（たとえば、すでに紹介したように、EUの制裁は原則6カ月で、その再延長というかたちをとって長く継続されている）。とにかく停戦すれば制裁も停止するのか、それともロシア軍のウクライナからの完全撤退を解除条件とすることで、制裁長期化もやむなしとするのかをはっきりと示さなければ、ロシアへの「効果」にかかわるだけでなく、制裁そのものの政治的決断への国内での議論すらできない。

英国とポーランドは3月末に、ロシアが完全に撤退するまで制裁の解除に反対する方針を明らかにしている。他方で、2022年4月7日にイェンス・ストルテンベルグNATO事務総長は講演で、ウクライナでの戦闘は、「数週間、数カ月、場合によっては数年続く」可能性があると話した。

戦争が長引けば、ロシア経済が悪化するのは確実だから、ロシアも早期停戦を望んでいないわけではないだろう。そうであるならば、ロシアの停戦を促す制裁緩和条件でなければなるまい（もちろん、すべての制裁を解除せよという話ではない）。同時に、厳しい制裁を長期間つづける是非については、各国ごとの議論があって当然だと考えられる。制裁に伴って制裁国が受ける「副反応」は国によって違うのだから。

一般には、経済制裁は国際法上、①国家の単独の決定に基づく（国連安保理決議に基づかない）経済制裁、②国連安保理決議に基づく経済

制裁 —— に大別される（詳しくは中谷和弘著「経済制裁：国際法の観点から」[https://www.jiia.or.jp/research-report/post-40.html] を参照)。①においては、国際法上合法であるか否かが最大の問題であり、②においては、措置をとれるかという国際法上の合法性は問題にはならず、各国にとって措置をとることが義務的かどうかが最大の問題とされている。ロシアが常任理事国である場合、国連安保理決議による対ロ制裁を科すことは事実上不可能だから、①が対ロ制裁においては課題となる。

中谷によれば、国際法違反国に対する輸出入禁止は、通常、GATT/WTO などの諸規定（特に数量制限の禁止、最恵国待遇）に一旦は抵触するように思われるが、国際法違反に対する対抗措置（countermeasure）として均衡性その他の一定の要件を満たす場合には、合法になる（違法性が阻却される）らしい。ここで紹介した制裁措置の原因行為につき責任を有する者（個人、企業・団体）が制裁国内に有している金融資産の凍結（および入国拒否と査証の発給停止）については、「国際法違反に対する対抗措置として容認されうる」と中谷は書いている。ただし、後述する押収や没収、さらに返還についてはどう考えるのか。あるいは、第四章第一節で紹介した「二次制裁」への対応についても不透明な点が多い。

対ロ制裁では、米国とその同盟国は、債権者であるロシアがその債権を売却する権利を行使することを事実上禁止している。その債権を使ったオペレーションを禁止することで、ロシアがその債権を売却する権利を行使することを禁止し、支払い手段であるドルやユーロの保証を放棄している。結局、国債を売っても、受け取ったハードカレンシーは、またしても資金凍結のため処分できない状況にロシアは追い込まれているのだ。その結果、欧米諸国は自国の法人や個人に対して制裁を科すのと同じことになっている。訴訟を通じて、こうした主権国家の「横暴」を糺すのは当然だと思われる。

4. 制裁は「もろ刃の剣」

このようにみてくると、制裁は、科す側にも科される側にも功罪があることがわかる。いわば、制裁は「もろ刃の剣」なのである。制裁国は、被制裁国に打撃をあたえてその国の政策変更を促すことにつながるかもしれないし、自国での被制裁国資産の没収・収容による利益も見込める。被制裁国による逆制裁によって同国への輸出が減少したり、輸入ができなくなるかもしれない。逆制裁が軽微でも、制裁国の被制裁国への輸出企業は確実に被害を受ける。

一方、被制裁国は制裁による直接的な打撃を受けるというデメリットがある。一方、輸入代替によってこれまで輸入に頼ってきた商品・サービスを国内で供給できるようにすることで、国内産業の振興につなげることができるという面もある。

これまで覇権国であった米国がこうした性格をもつ制裁を「武器」にして、他国を従えてきたという面はたしかにある。ただし、制裁の長い歴史のなかで、米大統領のいわば「伝家の宝刀」としての制裁発動ももはやその力が弱まっているようにみえる。とくに、ドルのもつ影響力は今後、ますます脆弱化するだろう。デジタル通貨や暗号通貨といって新しい金融サービスの広がりを米国だけで食い止めることはできない。

凍結、押収および没収

ここでは、制裁の一環として行われているオリガルヒの財産凍結がもろ刃の剣となっていることについて説明したいと思う。

オリガルヒについては、すでに第二章第二節「プーチンの権力構造」において解説した。そこからわかるように、こうしたオリガルヒの財産が凍結されれば、彼らの打撃は相当なものとなるだろう。

実は、2003年10月に採択された「国連腐敗防止条約」（United Nations Convention against Corruption, UNCAC）の第三十一条には、「凍結、押収および没収の手続き」が定められている。その対象となるのが「不正利得」（illicit enrichment）だ。この概念は三つの国連の条約（convention）に関連している。第一は国連・麻薬及び向精神薬の不正取引防止条約で、その第五条の没収規定が関係している。第二は国連腐敗防止条約の第二十条にかかわる。不正蓄財（自己の合法的な収入との関係において合理的に説明することのできない公務員の財産の著しい増加）が故意に行われることを犯罪とするため、必要な立法その他の措置をとるよう求めている。第三は越境組織犯罪防止条約の第十二条第七項で、これも没収に関連している。

資産の凍結・没収・返還への道

2006年に、盗まれた資産の回復のための国際的な司法支援機関として、非営利のシンクタンク、Basel Instituteの傘下に「国際資産回復センター」が設立される。さらに、2007年9月には、世界銀行グループと国連薬物・犯罪事務所（UNODC）のパートナーシップとして、「盗まれた資産の回復イニシアチブ」(Stolen Asset Recovery Initiative, StAR)がスタートする。

それ以降、たとえば2010年10月、スイスの議会は「不法な手段で獲得された政治的にむき出しの人々（Politically Exposed Person。いわば「専門用語」で、「重要な公的地位を有する者」すなわち、上級公務員・政治家のような人物を指す：引用者註）の資産の返還に関する連邦法」（いわゆる不正資産返還法）を制定した。そのねらいは、資産の源泉となった国がスイス国際相互支援法の要求に適合する手続きを行うことができない状況にあるとき、腐敗によって得た利益の返還を促すことである。そのために、連邦裁判所の決定に基づいてスイス国内にある資産の凍結・没収・返還が行われる。

StARに促される形で、2010年6月、トロントでのG20で反腐敗ワーキンググループ（Anti-Corruption Working Group, ACWG）が設置された。同年の11月に韓国・ソウルで開催されたG20で採択された「反腐敗行動計画」の第六項にはすでに、すべてのG20加盟国は国際協力を通じた資産の追跡・凍結・没収の資産回復メカニズムなどの措置をとる方針が明記されている。2011年に釜山で開催されたハイレベル・フォーラムでは、「釜山効率的発展協力パートナーシップ」（Busan Partnership for Effective Development Co-operation）が採択され、33項で不正な金融上の流れと闘うために反資金洗浄措置を強化し、脱税に注意を払い、不正資産の追跡・凍結・回復のための国内・国際政策、法的枠組み、制度措置を強化することになった。

2011年のフランス・ドーヴィルでのG8で、「移行におけるアラブ諸国とのドーヴィル・パートナーシップ」の採択によって、「資産回復行動計画」を通じた「盗まれた資産」の回復を促すことになる。2012年9月には、世界銀行グループとUNODCのパートナーシップ、StARとともにG8とドーヴィル・パートナーシップのメンバーが資産回復アラブフォーラムを開催することも決められた。

米国でも2007年はじめに、ジョージ・W・ブッシュ大統領が「クレプトクラシーに対する努力を国際化するための国家戦略」をスタートさせた（「クレプトクラシー」については、拙稿「「クレプトクラート＝泥棒政治家」と安倍首相」[https://webronza.asahi.com/politics/articles/2019120600007.html] を参照）。不正蓄財のためのタックヘイブンを否定し「盗まれた資産」の被害にあった人々に返還するグローバルな能力を高めることで腐敗防止につなげることをねらいとしていた。ついで、2010年になると、「クレプトクラシー資産回復イニシアチブ」が創出される。世界中の高いレベルの公的立場にいる人物による腐敗を減らすために司法省の検察官、連邦調査局（FBI）職員、その他執行機関職員が協力して外国の公務員などの腐敗利益を没収する使命をになうことになる。

「クレプトクラシー資産回復イニシアチブ」に基づいて、2016年7月には財務省傘下の金融犯罪捜査ネットワーク（FinCEN）が、ニューヨーク、マイアミなど6都市での高級住宅不動産を全額現金で購入して匿名性を維持しようとするペーパーカンパニーなどに対して、その背後にいる自然人の身元確認をするよう権原保険（不動産の所有者または抵当権者を、その権原の瑕疵から生じる訴訟やクレームから保護する保険）の会社に義務づけることを決めた。

こうした延長線上で、2022年3月16日、米国の司法省と財務省は多国間ロシア・オリガルヒ・タスクフォースを発足させたと発表した。米国の場合、司法長官が3月2日に設立した司法省の新タスクフォース「KleptoCapture」がこの国際的な取り組みを支援することになる。ただし、今回の制裁はあくまで政治的な行政手続きとして行われるから、ここで紹介したような不正蓄財の追跡・凍結・没収・返還までの法的メカニズムとは別ルートで執行されるものと思われる。その場合、凍結された資産が没収・返還にまで至るのかどうかは判然としない。

英国の動き

英国では、3月1日、経済犯罪法案（https://assets.publishing.service.gov.uk/government/uploads/system/uploads/attachment_data/file/1057822/DRAFT_Economic_Crime_Transparency_and_Enforcement_Bill.pdf）が議会に提出された。この法案は2016年から提出が約束されていたが、ロシアマネーによる英国への不動産投資が莫大であったために法案提出が遅れに遅れていたいわくつきのものである。

法案では、英国の不動産を所有するすべての外国人は、犯罪者が秘密のペーパーカンパニーの背後に隠れることができないように、本当の身元を登録しなければならなくなる。加えて、財務省が制裁違反者に罰金を科すことを容易にすることも目的としている。

英国では、2017年犯罪財政法によって、Unexplained Wealth Order（UWO）という英国の裁判所が発行する裁判所の命令の一種で、対象者に原因不明の富の出所を明らかにするよう強制する制度が生まれた。これは、購入の背後にある富の正当な出所が明らかでない場合、国家犯罪捜査局（NCA）が裁判所に行き、不動産を差し押さえることができる法的手段となっている。だが、そのためには、裁判で争わなければならず、政府の財政負担が大きかった。今回の法案が成立すれば、不動産を登録する人が受益者を特定できない場合、その不動産は事実上凍結され、所有者は賃貸、売却、住宅ローンの調達ができなくなる。加えて、たとえ実際の受益者でなくても、複雑なオフショアの取り決めの中で不動産を管理している人たちを捜査対象にすることを許可することになっている。

この登録は、過去20年間、あるいはスコットランドで2014年以降に購入されたすべての不動産に適用される予定である。つまり、法案が成立すれば、ロシアのオリガルヒに大打撃を与える可能性が高い。

英国政府は3月下旬になって、ロシア鉄道や軍事請負業者のワグナーグループを含む銀行やビジネスエリートを対象とした65の新たな制裁（https://www.gov.uk/government/news/foreign-secretary-announces-65-new-russian-sanctions-to-cut-off-vital-industries-fuelling-putins-war-machine）を発表した。侵攻が始まって以来、英国は1000人以上の個人と企業に制裁を加えていることになる。興味深いのは、リズ・トラス外相がロシアがウクライナでの「侵略」をやめれば、ロシアの企業や個人に対する徹底した経済制裁を解除する可能性があることを示唆したことだ。テレグラフとのインタビューで、「完全な停戦と撤退、そしてさらなる侵略がないことを約束すれば、解除されるかもしれない」とのべたのである。

これまでのところ、多くの国において不正蓄財の追跡・凍結・没収・返還までのメカニズム自体の構築が遅れている。日本も例外ではない。なぜかと言えば、こうしたメカニズムが構築されると、損をするエスタブリッシュメントと呼ばれる政治家や法律家などが多数存在するからなのだ。

オリガルヒの資産凍結の話を報道しても、その後の「没収」や「返還」をどうするかまで踏み込もうとしないマスメディアや政治家らに、ぼくは不信感をいだいている。これを機に、「不正蓄財の追跡・凍結・没収・返還までのメカニズム」の構築を急ぐのは当然だろう。

5.「キャンセル文化」の浅はかさ

制裁に絡んで、最後に論じたいのは、覇権国米国が科す制裁への同調圧力に屈する是非についてである。これを論じるには、政府レベルでの政治的判断と民間企業レベルでの経営判断という二つに分けた議論が必要になる。

まず、政治的判断にかかわる視点について、ぼくがどう考えているかについて説明したい。ここで強調したいのは、「キャンセル文化」への抵抗の必要性である。

ここでいうキャンセル文化とは、「個人や組織、思想などのある一側面や一要素だけを取り上げて問題視し、その存在すべてを否定するかのように非難すること」(https://makitani.net/shimauma/cancel-culture) といった意味をもつ。同じ解説には、「ソーシャルメディアの普及に伴い、2010 年代半ばから多く見られるようになった。大勢の前で相手のどんな誤りやミスも徹底的に糾弾する行為「コールアウトカルチャー (call-out culture)」のひとつ」という指摘もある。

広がる「キャンセル文化」

典型的な例としては、① 2021 年 3 月、Teen Vogue 誌の編集者として採用されたアレクシー・マカモンドが、10 年前の 17 歳のときに送った攻撃的なツイートに対する反発を受けて辞職した、②同年 1 月には、ウィル・ウィルキンソンが、マイク・ペンスを絞首刑にしようとする共和党員を風刺するツイートをしたことで、中道右派団体「ニスカネン・センター」の研究担当副センター長の職を失った —— といったものだ（「ニューヨークタイムズ」［https://www.nytimes.com/2021/03/24/opinion/the-argument-cancel-culture-media.html?showTranscript=1］を参照）。

まさに、SNS を通じた攻撃により、仕事や生活を失うなどの「キャンセル」（取り消し）が生じるのである。

米国で 2021 年春に話題になった出来事に、有名な絵本作家、ドクター・スース（本名：セオドア・スース・ガイゼル）の著書のうち、黒人やアジア人を不快な方法で風刺した画像や文章を含む 6 冊の本の印刷を中止するという決定が Dr. Seuss Enterprises によってなされた件がある。これを機に、保守派好みのフォックスニュースは、ドクター・スースの本が禁止されていないにもかかわらず、ドクター・スースがキャンセル文化の犠牲者になっていると 3 週間にわたって報じた（「なぜ「キャンセル文化」という言葉を取り消すべきなのか」［https://www.washingtonpost.com/opinions/2021/03/16/why-we-should-cancel-phrase-cancel-culture/］を参照）。

フォックスや共和党の議員の間では、これは「目覚めた」左派が自分たちの政策課題（アジェンダ）に合わない作家を検閲した例だという話になっていく。共和党の議員たちは、新たに脅かされた言論の自由への強固な支持を示す方法として、議論の余地のない他のスースの本を読むパフォーマンスを披露したという。

この問題はくすぶりつづけている。「ワシントン・ポスト」（https://www.washingtonpost.com/politics/2021/10/27/book-censorship-debate-distress-change/）によると、10 月 27 日の朝、全国的な話題に新たな展開として、テキサス州議会議員のマット・クラウス（共和党）が、同州の学校カリキュラムの調査を開始し、さらなる調査が必要と思われる数多くの書籍を特定したという出来事があった。要するに、共和党の議員や活動家たちはキャンセル文化を非難するかたちをとって、学校で人種問題について教えることを制限しようとしているようにみえる。11月には、米カンザス州のある学区で、29の著作の図書館での貸し出しが停止された。同月、米バージニア州の教育委員会は州内の学校図書館に対し「露骨な性的表現を含む」本を撤去、つまりキャンセルするよう命じた。

米国では、右派も左派も「woke」（社会問題などへの意識が高いこと）という言葉をかざしていがみ合うなかで、結局、社会全体が委縮する方向に向かっているようにみえる。

左翼もキャンセル文化に無関係ではない

明確にしなければならないことがある。それは、キャンセル文化を左翼が支えているという面が否定できない点だ。「言論を取り締まり、辱めを武器にする文化的な力をもっていたのは、圧倒的に左派だったのだ」と、The Constitution of Knowledge（『知識の憲法』）の著者ジョナサン・ラウフはその著書のなかで指摘している。そうした左翼によるキャンセル文化支援は「アカデミア」と呼ばれるような世界ではっきりと起きている。

彼はつぎのようにのべている。

「2015年、コールアウトの文化は国中にもっと急速に広まった。ある程度、それはどこにでもあると言ってもいいだろう。学生たちはより防御的になり、支配的な見解に反対することをより恐れるようになっている。挑発的になったり、支配的な人々や考えに挑戦したりできる、自由に議論できる場所としての大学の性質は、ほんの4、5年前に比べて弱くなっている。

通常であれば、特定の視点に従わせる強制的な圧力は学界からの抵抗を受けると期待するかもしれないし、実際にそうなることもあった。しかし、心配だったのは、学術界の人物がキャンセルキャンペーンを主導したり、正当化したりすることが、少なくとも同じくらい頻繁にあったことだ。」

米国の大学の多くは民主党の牙城であり、左派が支配しているといっても過言ではないだろう。そうした場所において、もはや自由な議論ができなくなっているという。興味深いのは、つぎの指摘である。

「学生たちは、スピーチコード（学内の言論規則）よりも、教授ではなく仲間からの社会的プレッシャーを心配していると言った。世論調査や会話の中で、学生たちは、一つの間違ったコメントが仲間内やソーシャルメディア上で非難の嵐を引き起こすのではないかと心配していると答えている。」

どうやら右翼も左翼も利用しているキャンセル文化の隆盛で、「物言えば唇寒し」という状況が常態化し、自己検閲を多くの学生が強いられているようなのだ。

キャンセル文化への批判

最後に、キャンセル文化について、批判的に論じてみたい。「キャンセル文化の数理」（https://www.wired.com/story/the-mathematics-of-cancel-culture/）という論稿が参考になる。キャンセル文化の本質は、数学流に言うと、「誰か（または何か）を排除することで、いわば、作用する要因の数を減らし、方程式を単純化し、解決に要する時間を短縮することができる」という原理に基づいている。経済学でよく使われる「効率化」はこの原理と同じであり、結果として利益が増加すれば、それでいいとみなす。

紹介した論稿では、つぎのように指摘されている。

「厄介な問題を解決するには忍耐が必要だが、最近ではだれもそれを持ち合わせていない。剪定したり、切り取ったり、捨てたりしたほうが早いのだ。困ったことがある。結びついた問題とは、定義上、非常に複雑に絡み合ったものであり、1本の糸を切断すると、予想以上に混乱した状態になってしまうのだ。」

この厄介な問題は人工知能（AI）の利用によってキャンセル文化を広げている。「AIが開発した採用ソフトウェアは、求職者をキャンセルし、大学の入学者リストから応募者を消し、結婚相手を探し、クレジットや保険、仮釈放を禁止する」のだ。「さらには、医師が薬を処方する際の選択肢までもが制限される」。にもかかわらず、これらのアルゴリズムが何を「考慮」して判断しているのかは、ソフトウェアが独自に開発されているため、だれも正確には知らない。事態は深刻なのである。

おそらく、いま世界中の人々はSNSを通じた情報交換や、AIに基づくキャンセルがもたらす差別や排除がキャンセルされることへの恐怖を呼び覚まし、そうした外圧が個々人の内面深くに、つまり、無意識の世界にキャンセルされてしまうことへの自己防衛という精神作用を生み出しているように思えてくる。

キャンセル自体への抵抗

この自己防衛はキャンセル文化にさらされる強度が強いほど、各人に強く作動することになるだろう。そう考えると、キャンセル文化が吹き荒れる空間から抜け出し、別の価値観をもつ仲間を見出すことが必要になる。キャンセル文化に立ち向かうという方法も考えられる。そこで求められるのは、キャンセル自体への毅然とした拒否の姿勢だろう。筆者は「キャンセル文化の数理」のつぎの記述にラインマーカーを引いた。

「古い考え方を捨てて新しい考え方を取り入れれば、科学は進歩しない。科学者は、間違って捨てられたアイデアであっても、完全に捨ててしまうことはほとんどない。むしろ、構成要素は残るが、新しい知識、より完全な理論、より明確な説明の発見によって、新たな意味と文脈を持つようになる。科学は本質的に付加的なものなのだ。」

ゆえに、修復、リフレーム、再検討、再形成、抑制、リダイレクト、再目的化、再構築、リワーク、リツール、削減、再検討、再フォーカス、レトロフィット、リブート、再考、改革が重要になる。報復や復讐ではなく、修復や更生を重視するという社会システムの構築が求められているのである。

こう考えてくると、今回のウクライナ侵攻を理由に、プーチンやロシアという国をキャンセルするかのような制裁に大きな疑問符がつく。もちろん、一刻も早く和平を実現するために、ロシアによる攻撃の即時停止を促す目的で、あらゆる制裁を積極的に科すべきだという議論も成り立つし、これを支持したい。

それでも、政府レベルでの政治的判断においては、相手の全否定を前提とするキャンセル文化はなじまない。報復や復讐ではなく、修復や更生を重視するという政治的判断が肝要だと考える。なぜなら、すでに説明してきたように、今回の戦争は決してプーチンだけに責めを負わせるべきではないからだ。悪人はプーチンのほかにも大勢いるのだ。

400 社を超える企業がロシアからの撤退を表明

民間企業レベルでの経営判断という面ではどうか。議論の前に、現状について説明しておこう。2022 年 3 月 20 日に公表された、イェール大学のジェフリー・ソネンフェルドの集計（https://som.yale.edu/story/2022/over-400-companies-have-withdrawn-russia-some-remain）によると、ウクライナ侵攻以来、400 社を超える企業がロシアからの撤退を表明している。

ロシアに進出してきた欧米などの企業の対応はつぎの五つカテゴリーに分類できる。①撤退（ロシアとのかかわりを完全に絶ち、ロシアから撤退する企業）、②一時停止（復帰の選択肢を残しながら、一時的に事業を縮小する企業）、③活動の縮小（一部の事業を縮小し、他の事業を継続する）、④新規投資・開発を控える（将来予定されている投資・開発・マーケティングを延期し、実質的な事業を継続する企業）、⑤拒否（撤退や活動縮小を要求されても、それに応じない企業）—— というのがそれである。

たとえば、1992 年からロシアに進出しているシティグループは 3 月 14 日、撤退の「範囲を拡大」し、新規事業や顧客の開拓をやめると発表した。すでにロシア内のマクドナルドは、3 月 14 日から 850 店舗あるレストランの営業を正式に停止した（フランチャイジーである会社が運営するシベリアのマクドナルドチェーンは、ノボシビルスク、トムスク、ケメロヴォ州、アルタイ共和国、アルタイ地方、クラスノヤルスク地方の 25 店舗は閉店しないとしている）。ファーストフード・チェーンのバーガーキングは、親会社のレストラン・ブランズ・インターナショナルがロシア侵攻を遺憾としながらも、ロシアで 800 店がフランチャイズ方式で営業を続けている。米国チェーンのケンタッキー・フライド・チキン（KFC）も同じような状況にある。

この問題を考えるときにもっとも大きな問題となるのは、ロシアに残される資産の取り扱いだろう。ロシア検察庁は、欧米企業、とくにマクドナルドや IBM に対して、国外に出たり当局を批判したりすると経営陣の逮捕や財産の没収をすると脅迫している。3 月 7 日には、与党、統一ロシア党がウクライナ戦争を理由にロシアでの事業閉鎖を発表した企業の資産を国有化することを提案したことが明らかになった。その後、経済発展省が「組織運営のための外部管理に関する法律案」を策定、ロシア中央銀行などが同法案に基本的に合意するなど、政府部内での調整がつづけられた。4月12日の情報（https://www.vedomosti.ru/politics/articles/2022/04/12/917720-o-vneshnem-upravlenii）によると、こうした政府部内を調整を経て、複数の議員がロシア市場からの撤退や国内での活動停止を表明した外国企業の外部管理に関する法案を12日に下院に提出した。

同案には、まず、外部管理対象になる条件として、①敵対国の出身者が株式の25％を支配している、②ロシア経済の安定を確保するために「重要」でなければならない（国が管理する価格を含む必需品の生産、地元市場で大きなシェアなど）―― という条件が規定されている。

こうした条件を前提に、①2月24日以降、権限を移譲することなく経営から離れ、「明白な経済的根拠がない場合」に活動の終了を宣言した、②スタッフを3分の1以上減らした、③3カ月間の売上高を昨年同四半期と比較して減らした、③その行為や不作為によって脅威を与えたり、消費者のコストを増加させたりする恐れがある ―― といった場合、ロシアの法人に外部管理が導入されるという仕組みになっている。

外部経営の導入は、経済発展省管轄の省庁間委員会（IMC）で決定され、各省庁や知事からの働きかけも可能である。だが、地域の司法機関はこのような経営の導入を決定することはできない。IMCの決定に基づいて訴訟を起こすことができるのは連邦税務局とモスクワの仲裁裁判所だけであり、裁判所は同時に撤退を阻止するために会社の資産を封鎖することができる。

外部管理を行うのは、国営企業VEB.RF、または、組織が金融機関の場合は国営企業預金保険公社だ。IMCは他のロシア企業を任命することもできる。外部管理には二つの方法がある。第一は、外国企業の管理を外部管理者に18カ月間委託し（18カ月間延長可能）、その後は通常の会社法に基づいて会社（ロシア法人）を管理するものだ。第二（第一の選択肢から移行可能）では、外部管理者が同期間内に外部管理会社の総責任者の職務を遂行する。同時に、オーナー（株式の50％以上）は、いつでもIMCに操業再開と株式売却を申請することができる。外部経営の第2バージョンからはじめて、会社の清算や倒産に進むことが可能になる。

この法案がそのまま立法化されるかどうかはわからない。実際の執行がどうなるかも現段階では未知数だ。もちろん、こうした手段は国際法上、大いに問題だ。資産接収は、たとえば、日ロが相互の企業や投資財産を保護するために締結している「投資協定」に違反する可能性が高い。同協定の5条は投資家（企業）の財産に関し「補償を伴う場合を除き収用もしくは国有化の対象としてはならない」などと定めているという（資料［https://www.nikkei.com/article/DGXZQOCD0952Y0Z00C22A3000000/］を参照）。

ほかにも、外部管理の導入により、ロシアとの間で損失補償をめぐる多くの法的紛争が発生する公算が大きい。だが、この法律案では、裁判上の紛争はモスクワの仲裁裁判所で審議されることを前提としているため、外国企業が勝つチャンスは実質的にないとみられる。

注意喚起しておきたいのは、欧米に進出したロシア企業の資産をどうするかという逆のケースも問題化している点だ。ドイツ政府は、ガスプロムの子会社のようなエネルギー企業を信託管理下に置き、とくに悲惨な財政状況であれば国有化もありうるような法案を準備している。あるいは、EUは4月8日、EU制裁を受けたロシア人が2022年10月9日までにEU登録企業の所有権を売却することができるとした。ただ、このような取引による収益は凍結されなければならない。

こうしたリスク以外にも、外国系企業はロシアでのサプライチェーンや銀行取引に困難を感じている。各外国政府の圧力もあるかもしれない。こうした背景から、株主の多くが撤退を望めば、民間企業はすべて撤退することになるのだろうか。たとえば、2022年3月28日、ハイネケンとカールスバーグの両ビール会社は、ロシアにある工場の買い手を探していると発表した。ハイネケンは3月初めに7工場の停止を発表したが、当面は「雇用を維持し、顧客と消費者にサービスを提供するために」買い手を探しながら事業を継続するという。八つの醸造所を持つカールスバーグも、従業員を支援するために「独立した事業として」事業を継続する予定だが、同社自体は撤退する。

2021年のハイネケンのロシアでの売上は約4億ユーロ、カールスバーグは9億6000万ドルだった。割安であっても、これらの資産を売却するには、強固なカウンターパーティが必要だ。しかし、ロシア国内に有力な買い手を見出すのは簡単ではなさそうだ。

いずれにしても、一律に多くの民間企業が撤退するといった事態が進むとすれば、それには強い違和感を覚える。キャンセル文化には抵抗すべきなのだ。たとえば、医薬品メーカーを想起すれば、わかりやすい。3月7日に公開されたロシア語雑誌『エクスペルト』(https://expert.ru/expert/2022/10/defitsitom-ozabotilis-zaraneye/)によると、「販売される輸入薬の65%までがロシアでローカライズされているため、いまのところ、米国やEUからの供給が極端に不足することはなく、メーカーや流通業者は2〜6カ月分の医薬品やその製造原料の在庫を持っている」という。さらに、国際製薬工業協会(AIPM)のウラジミール・シプコフ理事は、「ロシアで医薬品を生産する外国製薬会社60社すべてと外国のサプライヤーは、ロシアへの医薬品の生産・供給を停止するつもりはない」と断言したと書かれている。それでも、政治的圧力がこうした企業にもおよび、サプライチェーンが切断されてしまう可能性は残されている。

3月21日付のロシアの報道(https://www.vedomosti.ru/business/articles/2022/03/21/914526-vrachi-nedostatke-lekarstv)によれば、ロシアの医師が80種類以上の薬剤の不足に直面していることが、3月14日から21日にかけて医師3317人を対象に実施した調査で明らかになったという。こうした現実に人間としてどう向き合うべきなのか。よく考えてほしい。

企業経営者への疑問

The Economistは「自由貿易にキャンセル文化は来るか?　ロシアがもたらすリスクはグローバル化にもおよぶ」(https://www.economist.com/business/2022/04/02/is-cancel-culture-coming-to-free-trade)という記事のなかで、ここで紹介したソネンフェルドの企業に倫理観を求める「ウクライナの道徳テスト」のようなやり方が自由貿易そのものにも適用されて、経済安全保障や、民主主義国と非民主主義国の峻別などを通じた自由貿易のキャンセルへとつながることに警戒感を示している。

記事によれば、多くの企業がロシアからの撤退を表明したといっても、それは、戦争に憤慨している顧客やスタッフを喜ばせ、ロシアはほとんどの企業の世界的な収益のごく一部であるため、投資家の観点からは重要でないという現実的な理由からなされた決断にすぎない。それだけではない。ウクライナのドミトロ・クレバ外相は、会社にとって「深刻な影響」があるとして、ロシアからの撤退を拒んでいるチョコレート菓子メーカー、リッタースポーツに対して、「戦争犯罪のスポンサーをやめるんだ。あなたのブランドの名前と利益を守れ」（https://twitter.com/DmytroKuleba/status/1509264235804737543?ref_src=twsrc%5Etfw）とツイートしている。これに対して、同社はロシアでの広告や投資を中止し、ロシアでの販売による利益をすべて慈善団体に寄付するとしている。主権国家の指導者がこうした脅迫めいた行為をすること自体に違和感をもつのはぼくだけだろうか。

もう少しうがった見方をすれば、ロシアからの撤退は、①プーチン政権を支持することに何のためらいもない現地の競合他社に市場を明け渡すことになる、②自国の政府に反対する可能性のあるロシア人従業員を見捨てることになる、③熱しやすく冷めやすい顧客らを喜ばせることで、会社が責任を負う有害な外部要因である、事業のカーボンフットプリントから注意をそらすのに役立つかもしれない —— といった面をもつ。

こうした複雑な事情があるにもかかわらず、企業経営者が自由貿易に対してまで倫理を持ち出して、サプライチェーンを国内だけに限定したり、一部の友好国だけに絞ったりするようになると、多くの新興国にマイナスの影響をあたえることになりかねない。もちろん、株主たる投資家にも打撃をもたらしかねない。

制裁問題は、政府だけの問題ではなく、企業にとっても、あるいは個人にとっても、熟慮を必要としているのだ。だからこそ、一刀両断に決めつける「キャンセル文化」は否定されなければならないのである。

第五章　経済はごまかせない

1. カネの行方

欧米諸国などによる対ロ経済制裁によってロシア経済は厳しい試練にさらされている。ウラジーミル・プーチン大統領がいくら「特別軍事作戦」なる言葉を使って、今回のウクライナ侵攻を糊塗しても、経済の混乱をごまかすことはできない。深く浸透した市場経済は世界中とつながっており、制裁による打撃を部分的な微調整でカバーすることは不可能だ。そこで、ロシア経済に何が起きているのか、ロシア政府はどう対応しようとしているかについて、いくつかの論点に分けて丁寧に論じてみたい。

基礎知識

最初に、この問題を論じる視角について解説しておきたい。経済は「企て」を基本に置いている。ゆえに、短期・中期・長期に分けて、経済がどこに向かおうとしているかについて考える必要がある。そのうえで、経済を支えているヒト・モノ・カネの動きに注目することが求められる。このとき重要なのは、それらの「流動性」だ。カネは短期間に移動しやすい。モノは輸送を伴うから時間がかかる。ヒトの移動にも、住居や労働場所といった問題が付随しているから、そう短期間に移転するといった行動ができるわけではない。

つまり、流動性に注目したうえで、短・中・長期の対応策を論じることが必要なのだ。流動性の高いカネこそ、短期的な対策の対象となるべきものということになる。モノとヒトについては、いずれも中・長期の視点から考えるのがいい。モノの流動性については、貿易の縮減に伴うサプライチェーンの再構築が課題となる。国防製品向けやIT（情報技術）関連製品のサプライチェーン構築が重要なテーマとなるはずだ。同じく、医薬品の確保も優先されるだろう。ヒトの流動性では、ロシア国内にいる数百万人の外国人労働者の帰趨や、国内のIT関連ビジネスマンの海外脱出といった問題が課題となるに違いない。

ここでは最初にカネに焦点をあて、ロシア政府の対応について検討してみたい。

カネ：ルーブルの価値の保持

ロシア政府が最初に取り組んだのは「ルーブルの価値の保持」という政策だ。これは、国内通貨ルーブルの価値の喪失、すなわちインフレーションをいかに抑止するかという政策が最優先課題とされたということを意味している。

(1) 輸出代金の80%強制売却

現地通貨とドルやユーロのような流動性の高い主要交換可能通貨とが二重、三重に使われているような国の場合、現地通貨のインフレに備える目的で、現地通貨を売ってドルやユーロを買う動きが広がり、それが現地通貨のさらなる価値下落を招くことになる。

このため、プーチンは2月28日の大統領令「アメリカ合衆国とそれに加わる外国および国際機関による非友好的行為に関連した、特別経済措置の適用について」（http://kremlin.ru/events/president/news/67881）で、ルーブルを売ってドルやユーロなどの主要外貨を買う動きを停止しようとした。

具体的には、対外経済活動に参加する居住者は、2022年1月1日から認可銀行の口座に入金された外貨の80%に相当する外貨の強制売却を2月28日から3営業日以内に行う必要がある。これは、強制的な外貨売り、ルーブル買いを促す措置である。ただし、3月2日になって、居住者が非居住者に対して行った貸付契約に基づく債務を非居住者が履行する際に受け取る外貨の運用（非居住者による貸付金の返済、当該貸付金に基づく利息および［または］違約金の非居住者による支払を含む）が制限されないことが明確になった（なお、中央銀行と財務省が対外貿易取引の前払いの許可を導入する権利を得たことで、ロシアへの輸入を前払いに移行することによって国内への物流の流れを回復する試みもはじまった)。

3月23日になって、プーチンはいわゆる「非友好国」(敵対国)に対して、とりあえず天然ガスの輸入代金をルーブルで支払うように求め、ロシアのガス購入者が国内市場でルーブルを購入する手続きを1週間以内に決定するよう政府と中央銀行に指示し、ガスプロムは同期間内にそれに従ってガス契約を修正するよう指示された。今後、このルールが石油や鉱物などの代金をルーブルで請求し、敵国の通貨ではなく自国の通貨を強化するという動きにつながる可能性がある。すでに、3月下旬になって、宇宙活動に関する国家コーポレーション・ロスコスモスは、他国との契約をルーブル建てに切り替えると発表している。

一説(https://novayagazeta.ru/articles/2022/03/24/gaz-i-rubl)によると、ロシアの欧州向けガス販売の58%はユーロで支払われ、39%はドル、最大3%がポンドで支払われている。2022年2月24日から3月24日までの1カ月間だけで、欧州の買い手はロシアの売り手に約110億691万ユーロを支払ったという。ロシアのガスPLによる欧州輸出分は、EUのガス総消費量の約40%を占めており、2021年にガスプロムはEUに約1450億㎥を供給した。さらに100億㎥を独立系ガス会社ノヴァテクがLNGで供給したが、LNGはこの規制から除外されている。また、ロシアに対して制裁を科していない国、トルコ、セルビア、グルジア、ユーラシア経済連合(EAEU)諸国には適用されない。

3月31日付のロシア大統領令「外国の買い手がロシアの天然ガス供給業者に対する義務を履行するための特別な手続き」(http://kremlin.ru/acts/news/68094)によると、4月1日から新しい制度がスタートすることになった。まず、ガスプロム銀行は外国の買い手の申請に基づいて供給される天然ガスの決済のために、K型特別ルーブル口座とK型特別外貨口座を開設しなければならない。そのうえで、外国の買い手は、天然ガス供給契約に示された外国通貨で、特別外貨口座「K」に資金を送金しなければならず、ガスプロム銀行は、買い手の指示に基づいて、外国の買い手からその口座に受け取った外国通貨を、モスクワ取引所(MICEX-RTS)が開催する取引で売る。換金後、ルーブル資金は特別ルーブル口座「K」に振り込まれ、ロシアのガス供給会社の口座に引き落とされる。

この制度は、輸入代金の100%をルーブルに換えるよう強制する場合と何が違うのだろうか。決定的な違いは、外国の銀行にエスクロー口座（信頼の置ける第三者を仲介させて取引の安全を担保する第三者預託口座）を設けて輸入代金を入金してもらう従来の方法では、敵対国がその外貨口座を封鎖する制裁を課す可能性が十分にある点だ。これに対して、ガスプロム銀行の口座を使えば、同行が米国のブロック制裁を受けることになっても、ユーロでの取引は妨げられない。同じく同行がSWIFTから切り離されても、金融メッセージング・システムを使ってロシア人居住者と国内でルーブルや外国為替を取引することは妨げられない。ただ、ガスプロム銀行にルーブルの口座を開設し、維持するためのわずかなコストが発生し、その口座に換算手数料が請求される。

従来、ドルやユーロからルーブルへの変換はガスプロム自身が行っていたが、今後はガスプロム銀行がガス購入者に代わって変換し、ガスプロムの口座にルーブルが到着して初めて支払い義務が果たされたとみなされる。そこで、中央銀行がガスプロム銀行にルーブルを貸し出し、同行はガス購入者から入ってくる通貨を「K」口座で直接ルーブルに交換し、友好国銀行の口座で外貨ポジションを増やすというスキームが考えられる（輸入のために外貨を必要とする需要急減で、外貨売り・ルーブル買いという取引が細っているなかでは、この方法は有効だ）。実際には、中央銀行が保有する口座ではなく、公認銀行が保有する口座に外貨準備が蓄積されるだけで、同じように外貨準備が蓄積されることになる。

これに対して、EUはロシア中銀へのエスクロー（第三者寄託）口座を使ってEUからのガス（場合によってはすべての）輸入代金を支払うことを提案している。同口座を利用すると、前術したように、ロシアに直接資金が行くことはなく、原油輸出先からの特定の非制裁品購入にのみ使用できることになる。

新しい決済スキームは、実際には4月後半から5月に機能し始める見通しだ。ハンガリーのオルバン首相は4月6日、通貨ルーブルでガス輸入代金を支払う用意があると表明した。ブルガリア、モルドバもルーブルでのガス代支払いを準備している。他方で、オランダ当局は、この新しいスキームでガス代を支払うことを自社に禁じていると公式に発表している。ドイツは4月17日までの時点では、どう対処するかは判然としない。FT、Bloomberg、Reutersなどは4月14日、欧州委員会の法的見解によれば、ロシアが提案したスキームはEUがロシアの金融システムに課している制裁に違反するものであると報じている。
重要なのは、前述した3月31日付の大統領令によると、ロシアの連邦税関はルーブルでのガスの支払いを監視する責任を負うことになっており、新しいルールに従って支払いが行われない場合、配達を停止しなければならないのは、ガスプロムではなく彼らとなっている点だ。そうなれば、政府の決定によって供給義務を果たせなくなるため、ガスプロムは契約上の不可抗力を宣言することができる。ロシアがこうした要求の仕方を選択したことで、ガスプロムの顧客が、数量、引取額、またその期間を減らすなど、契約の修正をガスプロム側に求めることが難しくなっているとみられる。こうした状況から、EUのガス購入企業は厳しい選択を迫られていることになる。

ほかにも、3月1日から、貸付契約に基づき、居住者が非居住者のために外貨を提供することを伴う外貨建取引や、ロシア連邦の領域外にある銀行やその他の金融市場組織に開設された口座（預金）への居住者による外貨のクレジット、および外国の支払サービス・プロバイダーが提供する電子支払手段を使用して銀行口座を開設せずに資金を移動させることが禁止される。これにより、ルーブル売り、外貨買いの動きを止めようとしている。
取得した株式の加重平均価格が、2021年1月1日から開始する3カ月間の加重平均価格と比較して、2022年2月1日から開始する3カ月間で20%以上下落したといった条件下で、2022年12月31日までの間、公開株式会社がその発行済株式を取得することが認められた。自社株買いにより、株式相場の回復をはかろうとした措置と言える。
加えて、ロシア中銀は、為替取引に30%の仲介手数料を導入すると措置も導入した。これらの措置によって、たしかに急速なルーブル安をある程度食い止めることができた。
実際の為替レートをみてみよう。ロシア中銀は外貨準備の封鎖に先立つ2月24日に約10億ドル、25日に少額の通貨介入を行い、24日は1ドル＝85.25ルーブル、25日は1ドル＝83ルーブルで取引が終了する。2月28日（月）、ロシア中銀は介入の停止を発表、1ドル＝94.6ルーブルで引けた。

ロシア中銀が3月3日からブローカーと銀行に通貨取引所でのドルとユーロの購入に30%の手数料を課すことを義務づけたにもかかわらず、1ドル＝116ルーブルまでルーブル安が進む。80%の強制売却や30%の手数料の効果が大きかったわけではないかもしれないが、ともかく猛烈なルーブル安にはならなかったのである（なお、人民元とルーブルの交換レートに注目すると、2月中旬に1人民元＝12ルーブル程度であったが、3月上旬には19ルーブルほどになった）。3月4日からは、ロシア中銀は個人がブローカーを通じて外貨を購入する際の手数料を30%から12%に引き下げるなどの微調整を行い、4月11日から、ブローカーを通じた外貨購入時の12%の手数料が不要になった模様だ。

3月下旬になって、ルーブルはドルに対して82.5～83.0ルーブルの範囲で落ち着いていた。4月8日には、1ドル＝70ルーブル台で推移したが、本書執筆の最終時点（4月18日）以降の見通しは不透明なままだ。

(2) 短期預金金利の引き上げ

ルーブル価値の保持には、預金引き出しによる取り付け騒ぎといった通貨不安を払しょくする必要がある。このため、ロシア中銀理事会は2月28日、基軸となる政策金利を年9.5%から年20%に引き上げることを決定した（https://cbr.ru/press/pr/?file=28022022_094500Key.htm）。金融と物価の安定を維持し、国民の貯蓄を減価から守る措置である。これを受けて、市中銀行は3カ月物の預金にのみ適用される優遇措置として、相次いで3カ月間の短期預金金利を大幅に引き上げた。ロシア全体の銀行資産の約3分の1を保有する最大の銀行、ズベルバンクの場合、数日の間に何度も預金金利を引き上げ、3月2日より、SberVklad Primeルーブル預金の最大金利は1～3カ月の期間で年21%、同期間のSberVkladは年20%で預けることができるようになった。ドル建て預金では、1000ドルから4%、1万ドルから5%、10万ドルから6%の金利が提供される（表5-1参照）。なお、4月8日、ロシア中銀理事会は政策金利を4月11日から年17%に引き下げることを決定した。

ロシアの有力誌『エクスペルト』によると、2022年の初め、個人は38兆3000億ルーブルを銀行に保有しており、そのうち外貨は6兆8000億ルーブルであったが、2月28日から3月4日までの1週間に、2兆3600億ルーブルが銀行から引き出されたという。2日間で20万口座、

〔表 5-1〕大規模銀行上位 10 傑における預金金利
（2022 年 3 月 3 日付データに基づく）

	3 カ月間のルーブル建て預金金利（%）	1 年間のルーブル建て預金金利（%）	3 カ月間のドル建て預金金利（%）
ズベルバンク	21	13	6
VTB	21.93*	10	8
ガスプロム銀行	21	12.2	8
アルファ銀行	20.34	10.47	8
ロシア農業銀行	21	12	8
MKB	20	12	10
銀行「アトクルィチエ」	22	17	8
ソヴコム銀行	23	11	8
ライファイゼン銀行	20	12	-
ロスバンク	18	9.5	-

（注）* 預金は 6 カ月間開設される。
（出所）https://expert.ru/expert/2022/10/na-vysokikh-stavkakh/

総額 2500 億ルーブル以上の預金がアルファ銀行で開設され、5 億 5000 万ドル以上が外貨建て口座に預けられた一方、ズベルバンクの顧客は 3 月 1 日から 2 日にかけて 1 兆ルーブル以上を預け入れ、VTB の顧客は同じ 2 日間に 9000 億ルーブルを預け入れたとされる。つまり、混乱は起きたが、短期預金金利を大幅に引き上げたことで、最悪の事態は少なくとも 3 カ月間は避けられた模様だ。

ただし、この短期預金金利の大幅引き上げは今後、ローン金利に跳ね返る可能性が高い。自動車ローンや住宅ローン金利の動向が今後のロシア経済を揺さぶることになるだろう。このため、3 月 12 日付の政府決定、「借り手が 2022 年 3 月 1 日以前に締結された貸付契約（ローン契約）の条件変更を貸し手に要求することができる貸付金（クレジット）の最高額の設定について」（https://rg.ru/2022/03/17/kredit-dok.html）が出された。たとえば、個人の場合、最大 30 万ルーブル、個人事業主の場合は最大 35 万ルーブルの消費者（無担保）ローンについて、返済猶予が可能となる。9 月 30 日まで、銀行への返済猶予の申し込みができる。2021 年の平均所得と比較して、所得が 30％減少した場合（書類で確認可能）、申請することが可能だ。認められれば、ローンの支払いは 1 カ月から 6 カ月の間、停止される。

3月23日、プーチンは7月1日まで300万ルーブルまでの融資を7%の金利で受けられる住宅ローン優遇制度を元の状態である年12%に引き上げることを明らかにした。その代わり、地域によっては融資限度額の上限が引き上げられる。

3月9日になって、ロシア中銀（https://www.cbr.ru/press/event/?id=12738）は2022年3月9日から9月9日まで、国民の外貨預金または口座からの資金引き出しについて、外貨建ての口座や預金にある顧客資金はすべて預金通貨で保管・会計処理され、顧客は1万ドルまでは現金通貨で、残りは引き出し日の市場レートによりルーブルで引き出すことができるとした。ロシアの銀行では、外貨建て口座の約9割が1万ドルを超えないため、外貨建て預金・口座の保有者の9割が外貨建て現金で資金を全額受け取れることになるという。実際の状況をみると、銀行の顧客からは「古い」口座や預金からの外貨の払い出しが拒否されるという苦情が続いているとの報道（https://www.kommersant.ru/doc/5270981）が3月23日になされている。

下院は、2021年から2022年にかけて大口預金の利息に対する個人所得税（個人所得税）を廃止する法案の第一読会を通過させた。2021年からロシアでは、ロシア連邦内にある銀行への100万ルーブルを超える預金の利子所得に対して13%の税金が導入された。ロシア政府が提出した法案は、2022年と2023年にそれぞれ支払わなければならないはずの銀行への預金利息収入に対する個人所得税の支払いを、2021年と2022年に免除するものだ。2021年12月1日現在、ロシアには100万ルーブル以上の銀行を少なくとも一つもっている人が680万人いる（ただし、このなかには明らかに貯金ではなく、アパートを買うための資金などがある）。とはいえ、大口預金者の個人所得税の廃止は、こうした金持ちの預金を留め置かせるためのインセンティブになることをねらっている。

(3) 外貨準備と金

ロシア政府は、インフレヘッジの手段として金投資を促そうとしている点も注目に値する。3月9日、プーチンはロシア連邦税法第2部の改正に関する連邦法第47-FZ号（http://publication.pravo.gov.ru/Document/View/0001202203090001?index=3&rangeSize=1）に署名した。これにより、個人向けの投資用金にかかる付加価値税（税率20%）が3月1日にさかのぼって廃止されることになった。

これまでは、保管庫から引き出された地金の貴金属を個人に販売する銀行業務は付加価値税（VAT）の対象だったが、このVATが免除されるようになったわけだ。以前は、個人による貴金属の購入は、コインを除いて20％の税率で付加価値税の対象であり、この規則は銀行保管庫からの地金引き出しにも適用されてきた。また、2023年1月1日以降、宝飾品業界において、金属購入時および宝飾品販売時の特別税制（簡易課税制度および特許税制）の適用が禁止されることになった。

専門家の推定によれば、ロシア人の貴金属地金の潜在需要は年間50トンまでで、これは生産量の15%に相当する。今回の措置により、個人による貴金属投資を促し、それをドルやユーロなどの外貨投資の代替とすることで、通貨ルーブルへの売り圧力を回避しようというわけである。他方で、金投資の増加は金鉱業への追加投資を呼び込み、為替リスクのない代替貯蓄手段の個人への提供も可能になる。

こうした政策をとった背景には、国際通貨準備高（外貨準備）の多くが凍結されてもなお、未凍結の準備としてロシア領内の中央銀行の金庫に保管されている金があったことが関係している（外貨準部とは本来、たとえばロシアの輸出企業が通貨を受け取り、ドル口座に預けると、ロシア中銀は通貨口座の所有者が資金を蓄積する通貨で「外貨準備高を創出」し、ロシアの輸出業者がルピーやペソ、ナイラ、あるいは人民元ではなく、ドルやユーロを受け取って製品を購入することを希望することに備えるものだ。外貨準備はどこかの書庫に「ドル紙幣の山」が眠っているということではなく、ロシア中銀の「約束手形」たるルーブルが一定額以内であればドルに交換できることを先進国の金融当局が認めている状態を意味している）。

一説によると、2月18日にロシアが積み上げた6430億ドルの外貨準備のうち、半分強の約55%が凍結され、45%が利用可能な状態になっており、未凍結の準備金はロシア領内の中央銀行の金庫に保管されている金と、中国人民元建ての金融商品で構成されている。さらにIMFの特別決済通貨である170億SDRと、少量の現金通貨があるという。

金地金の場合、最近まで、貴金属の国際取引の中心である取引所の近くに保管されることが多かったが、ベネズエラの金準備金の話（イングランド銀行が返却を拒否した）があって、こうした保管方式ではなく、各国の中央銀行に保管されるケースが増えていた。それが、ロシア国

〔図 5-1〕LBMA の推移

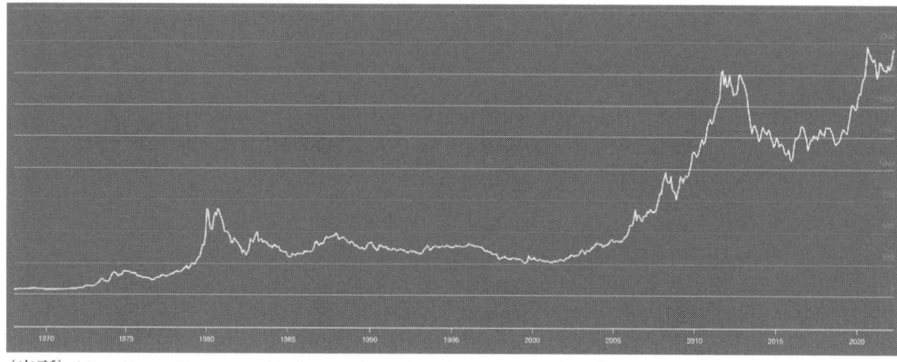

（出所）https://www.lbma.org.uk/prices-and-data/precious-metal-prices#/

内に金を保有する結果をもたらしたことになる。一説（https://expert.ru/expert/2022/10/srazheniye-za-rubl/）には、ロシアの金（評価額 1273 億ドル、金準備高の 21.7%）は、全額ロシアで保有されているという。

ロシア国内の金価格の指標はロンドン地金市場指数（LBMA）である。同指数は 3 月上旬にかけての数週間で、7 ～ 8%程度上昇している。ルーブル建てでは、為替レートが弱含みで推移しているため、上昇率は高くなっている。つまり、3 月 10 日付の情報（https://expert.ru/2022/03/10/v-rossii-nastupayet-zolotoy-vek/）では、1 オンス（28.35g）の金は約 2000 ドル（約 24 万ルーブル）の価値があるという。

こうしたなかで、トルコのレジェップ・タイイップ・エルドアン大統領は、トルコとロシアの貿易をルーブルか金で行うよう提案し、プーチン氏に経済的な救いの手を差し伸べている。プーチンの友人でオリガルヒの一人、ロマン・アブラモビッチ（表2-4参照）が所有する 2 隻の豪華ヨットがトルコに停泊しているのもこの延長線での出来事だ。

（4）カード決済

前述した「さらなる経済的制限措置に関する共同声明」にしたがって、3 月 12 日から、VTB、銀行「アトクルィチエ」、ノヴィコム銀行、プロムスヴャジ銀行、銀行ロシア。ソヴコム銀行、VEB の 7 行が SWIFT から排除された。これにより、これらの銀行はドル決済ができなくなる。ほかにも、米財務省は 2 月 24 日の対ロ制裁（https://home.treasury.gov/

news/press-releases/jy0608）により、米財務省外国資産管理局（OFAC）は、30日以内にすべての米国金融機関に対し、ズベルバンクのコルレス口座やペイ・スルー口座を閉鎖し、ズベルバンクやその外国金融機関子会社が関与する取引を今後一切拒否するよう命令を出した。ズベルバンクが顧客のために米ドルで処理しようとする支払いは、支払いが米国の金融機関に到達した時点で中断され、拒否されることになる。米国の金融機関は、ズベルバンクおよびその関連企業が50％以上を所有するすべての外国金融機関向けに維持しているコルレス口座や支払口座のすべてを閉鎖しなければならなくなる。

銀行資産の20％近くを保有するロシア第2位の金融機関、VTBに対しは、フルブロッキング制裁が科された。VTBはロシア政府が過半数を所有しており、ロシアの金融システムの重要な動脈だが、米国の金融機関に保有されている資産は即座に凍結され、クレムリンにアクセスできなくなる。

こうした制裁から、これらの銀行の顧客は海外でのカード利用ができなくなった。ApplePayやGooglePayとの連携も不可能になる。3月10日、VisaとMastercardがロシアのカードのサービスを停止したことで、ロシア人はこれらのカードを海外で使用したり、国境を越えた送金を行ったり、海外のウェブサイトで買い物をしたりすることができなくなっている。ロシアでの取引はすべて国家支払カードシステム（NPCS）で処理されるため、カードは引き続き使用可能だ。現在、ロシアではVISAやマスターカードの新規発行はできないが、多くの銀行がすでに発行したカードは自動的に無期限となることを発表している。日本の決済システムであるJCBのロシアカードも同様だ。海外にいるとき、ロシア（ベラルーシも含む）からの送金をWestern Unionで受け取ることがもはやできない。

いまのところ、ロシア人がキャッシュレス決済をするには、「ミール（Mir）カード」と呼ばれるものを利用するか、中国の銀聯カードの使用くらいしかない。ロシア人が海外で支払いをする場合、銀聯カード以外に選択肢はないという（https://www.vedomosti.ru/finance/articles/2022/03/10/912994-visa-mastercard-bespolezni）。

Mirカードは、トルコ、ベトナム、アルメニア、カザフスタン、アブハジア、南オセチア、タジキスタン、ウズベキスタン、キルギスタン、ベラルーシの10カ国で利用できる。

中国の銀聯決済システムは3月現在、世界の2,500以上の金融機関と提携し、ロシア、シンガポール、マレーシア、タイ、オーストラリア、ニュージーランド、アメリカ、ドイツ、イギリス、スイスなど180の国と地域で、商品、サービス、現金引き出しにカードを使用する機会を提供している。ただ、決済システムのウェブサイトによると、銀聯ネットワークへの接続は段階的であり、すべての小売店やATMでカードが使えるようになるわけではない。海外での銀聯カード取引も現地通貨で行われる。決済システムは、取引額を取引日に設定された為替レートで口座の通貨に換算する。

ロシアの銀行で、銀聯カードや「Mir-UnionPay」提携カード（二つの決済システムが統合されたもの）を顧客に提供しているところは、比較的少数である。ロシア農業銀行、ガスプロム銀行、サンクトペテルブルク銀行、プロムスヴャジ銀行などが発行している。ガスプロム銀行の場合、3月9日、約4000枚のデジタルカードと1000枚の銀聯カードを発行したという。

こうしたカードではなく、ロシアの電子マネー事業者が発行する電子マネーや電子ウォレットを利用できる。これらのウォレットが外貨での取引に利用できれば、商品の支払いにも利用できるようになるだろう。近い将来、Qiwiなどのウォレットも利用できるようになるかもしれない。

前述したNSPCによると、2月初め、ロシアの銀行は1億1400万枚のMirデビットカードを発行した。その後、2月24日以降の2週間に、その需要が倍増している。この2週間で、VTBの顧客は6万5000枚のデジタルカードを含む27万枚以上のMirデビットカード口座を開設した。3月第1週は、2月14日～20日に比べて応募者数が4倍に増えたという。アルファ銀行ではこの2週間で10万枚以上のデビットカードを発行した。

このように、少なくとも国内におけるカード決済については何とか対応が軌道に乗りつつあるようだ。

(5) 株式市場

他方で、株式市場は混乱をきわめている。欧米の機関投資家はロシアのウクライナ侵攻がはじまった2月24日以降、ロシア企業の有価証券の売却を急いでいる。モスクワ証券取引所は24日も株式取引が行われたが、前場で同指数は33.28%下落し、後場に入って、40～45%まで下がり、その後相場はやや上昇した。25日の株式市場およびデリバティブ市場の前場取引は中止された。モスクワ証券取引所の株式市場は2月28日に取引が停止され、その後も取引停止がつづいている。3月14日～18日についても、株式も債券も取引は行われない。3月21日、国債の取引は再開されたが、株式取引は閉鎖されたままだった。1998年8月の金融危機では、同取引所はわずか4日間しか取引を停止しなかったから、事態の深刻さがわかるだろう。

3月24日、モスクワ証券取引所で約1カ月ぶりに一部の株式（33銘柄）が取引される。外国人投資家の売買が禁止され、ロシア人投資家の空売りが禁止されたかたちでの再開であった。ピーク時には11.8%上昇した株式指数（モスビジ指数）は、取引終了時には4.37%上昇する。ドル建てで算出されるRTS指数はマイナス9%で引けた。

個別銘柄をみると、最も取引量が多かったのは、ズベルバンク（227億ルーブル）とガスプロム（225億ルーブル）の普通株だった。価格では、フォスアグロが26.6%、タトネフチが20%、ノヴァテクが18.4%、スルグートネフチガズが17.7%、ロスネフチが17%、ガスプロムが13.3%上昇した。ロシア政府はすでに国家の予備資金を蓄えている国民福祉基金（NWF）のうち1兆ルーブルを株式や債券の買い支えにあてる方針を明らかにしており、この日の取引において一部が使われたとみられている。

なお、ロシア中銀はブローカーに対し、2月28日から命令が解除されるまで、非居住者のロシア証券売却注文の執行を停止するよう命じた（https://static.consultant.ru/obj/file/doc/bank_280222-mscbirja.pdf）。もはや非居住者の保有する株や債券の流動性は失われてしまった状態にある。

3月28日になって、ようやくモスクワ取引所のすべての上場株式（数百銘柄）と社債が4時間にわたって取引できるようになった。ただし、外国人による株の売却は引き続き不可能であり、空売りも禁止されたままだ。同取引所の株式指標、MOEXロシア指数は2430.7ポイント（初日比2.15%減）、RTS指数は823.04ポイント（マイナス0.79%）で引けた。MOEXは戦争前日から20%下落し、年初から30%以上下落している。

これに対して、ロシア企業の預託証券を売買しているロンドン証券取引所では、3月2日だけでロシアの証券相場が20〜98%も下落した。ズベルバンクの預託証券価格は史上初めて0.01ドルまで下落したという。この背後には、国際的な格付機関によるロシアのルーブルおよび外貨建て債務の格付の大幅引き下げがある。もはや機関投資家にとってロシアの株式や債券は投資適格ではなくなり、処分すべき対象となったのである。

売却できないだけでなく、外国人はもはやロシア企業から収入を得ることができなくなっている。中央銀行は、ロシアの株式や債券の配当や利息の非居住者への支払いを凍結したのだ。同行は、外国人投資家への証券代金の支払いを停止するよう、預託機関および登録機関に指示を出したのである。

このため、株式や預託証券を保有する非居住者は配当を失うことになる。『エクスペルト』(2022年No. 10)(https://expert.ru/expert/2022/10/srazheniye-za-rubl/)によると、たとえば、ズベルバンクの株式資本の44.4%を外国人が所有しているが、ズベルバンクの2021年の純利益は1兆2460億ルーブルで、その50%を配当に回す方針だから、配当は約6200億ルーブルに達する見込みだった。したがって、非居住者は約2720億ルーブルの配当金を奪われることになったわけである。ロシア中銀によると、2021年7月1日現在、非居住者が保有する株式高(預託証券を含む)は19.7兆ルーブルに達し、ロシア株式市場の時価総額の約1/3に相当する(https://www.finanz.ru/novosti/fondy/rossiyane-rekordno-vlozhilis-v-akcii-na-fone-obvala-rynka-1031026691)。こうした投資が失われる打撃の大きさは計り知れない。もう一つの気がかりは、ベラルーシやカザフスタンなど友好国の外国人投資家で、ロシアの税務上の居住者で、国内に居住許可(レジデンス)を持っている人も、ロシアの株式市場から遮断され、口座は封鎖され、信用取引ポジションは強制的に閉鎖されると、「ヴェードモスチ」(https://www.vedomosti.ru/finance/articles/2022/03/31/916135-investorov-belorussii-kazahstana)が伝えている点だ。

預託証券(ADRとGDR)については、ロシアの国内法案が制定されれば、まもなく外国取引所における預託証券の取引を停止しなければならなくなる(その詳細は現時点では未定)。この法律が対象とするロシアの発行体は27社で、総額は1000億ドル以上に達する可能性があるという(「エクスペルト」[https://expert.ru/expert/2022/16/russkiye-ukhodyat/]を参照)。

ロシアで流通している株式の資本金は約30兆ルーブル（約3800億ドル）だから、その影響は大きい。海外預託証券の上場廃止によって、ロシア国外で取引される主要な国内企業の証券の相場が不当に下落するのを防ぐことができるというのが法案のねらいだ。

なお、ロシア中銀は非居住者が2021年にロシアから受け取った利子と配当は1108億ドルと推定している。また、2022年3月から2022年末にかけて、ロシアの対外債務支払いは元本分が約500億ドル、利息が約100億ドルと推定されている（ロシアの対外債務は2022年初めに4780億ドルだった）。

（6）債券市場

国債の利払いも凍結されることになっている。ロシアの主要国債であるロシア連邦債（OFZ）の総発行額に占める非居住者の投資割合は2022年1月28日までに18.8％に低下していたとみられている（https://www.vedomosti.ru/finance/news/2022/01/31/907162-dolya-nerezidentov-upala）。2021年12月1日現在では、国債への投資総額は15兆7100億ルーブル、うち非居住者のOFZへの投資総額は3兆2200億ルーブルで、非居住者の投資比率は20.5％だった。

2021年4月、米国政府が新規ロシア国債への米国企業の入札参加を禁止する制裁を発動して以来、OFZの非居住者による保有が急減していた。

2022年2月22日、米財務省は、ルーブル建てまたは非ルーブル建ての国債発行市場への米企業の参加を禁止したほか、同じく、2022年3月以降のルーブル建てまたは非ルーブル建ての国債などの流通市場への参加も禁止する。

こうしたなかで、3月16日には、2023年および2043年に満期を迎えるロシアのドル建て国債（ユーロ債）の利息支払いが行われるかどうかが注目された。2銘柄の利払い総額は1億1720万ドルだったが、結局、支払いは行われた。欧米の格付け会社が予想したテクニカル・デフォルト（債券の発行主体が資金面的には支払い能力があるにもかかわらず、債務不履行[デフォルト]状態となること）は起こらなかったことになる。デフォルトに陥ると、その発行体の国際金融機関からの借り入れが難しくなり、借入コストが劇的に上昇しかねない。

ロシア財務省はまず、中銀が外貨での支払いを行うために支払い命令を発行し、ドルまたはユーロの凍結口座からの支払いを認めるよう米国などにすでに求めてた。米財務省は、3月1日以前に発行された国債の元利支払いに対する制裁の免除を5月25日まで有効としているため、ドルでの支払いが認められ、その資金がシティバンクのロンドン支店経由で支払われたのである。この措置は、2022年3月1日以前に発行された旧債務にのみ適用されたもので、5月25日以降に何が起こるかはまだわからない。4月4日、米財務省はロシアが債務を支払うためにアメリカの銀行に預けている資金を引き出すことを禁止した。

財務省によると、すでに送金されたお金に加え、ロシアは2022年にさらに約26億6000万ドルを支払わなければならない。このうち25億4000万ドルは、外貨建ての国債にかかる支払額だ。ほかに、ロシアは各国政府や外国企業に対して1億3200万ドルの借金を抱えている。

国内債（OFZ）

実は、3月初め、ロシアはOFZの利払いを行った。ロシアの国家決済機関（National Settlement Depository）はその資金を受け取ったが、外国への支払いは禁止されていたため、外国の債券保有者には支払われなかった。これがデフォルトにあたるかどうかが議論されるきっかけとなっている。

3月5日、プーチンは大統領令「特定の外国債権者に対する債務免除のための暫定的な取り決めについて」（http://kremlin.ru/acts/news/67912）に署名した。投資家がロシアを制裁している国に拠点を置いているかどうかによって債務支払いを設定する、外国債権者のための新しい規則を導入し、債券保有者を2つのカテゴリーに分けたのである。ロシアとロシア企業は「敵対的活動を行う国」の債権者に対して、他の通貨建ての証券であってもルーブルで支払うことを認めるとしたのだ。この場合、このカテゴリーの債権者へのルーブル支払いは、外国人債権者名義のルーブル建て特別口座（S型口座）で決済されることになる。他方で、制裁を科していない国の債権者は、特別な許可を得て、外貨で支払いを受けることができるかもしれないとしている。

いずれにしても、ロシアの国債をめぐるデフォルト問題が浮上するのは間違いない。その場合でも、すでに市場はこうした事態を織り込み済みであり、大混乱が起きるとは思われない。

3月18日、ロシア中銀は既発のOFZの買戻しに着手、すなわち、事実上の量的緩和（QE）プログラムの開始を発表した。3月21日からOFZの購入をはじめるために、約4週間も閉鎖されていた流通市場が再開された。その規模は明らかにされていないが、最大1兆ルーブルにのぼる可能性がある（23日にはこの買いオペを終了）。中銀は買い取ったOFZをその後、市場をみながら売却するというオペレーションに活用する。今回の措置で、OFZを大量に保有しているロシア国内の銀行への流動性を確保しようとしている。

3月21日、空売りを禁止した限定モードで、モスクワ取引所は3週間ぶりにルーブル建て国債の証券市場での取引を再開した（23日には標準取引規則が復活し、空売りの禁止が解除された）。最初は個別オークション方式で、次に通常オークション方式で行われた。「非居住者（OFZ全体の19.1%、3兆ルーブルを保有）は債券を売却することができず、負債の圧縮やレポ取引（買戻義務付きの有価証券に対して金銭を受け取ること）、先物取引であるデリバティブ、ショートポジション解消のための証券購入のみが許可された」と、「ヴェードモスチ」（https://www.vedomosti.ru/finance/articles/2022/03/21/914521-bank-rossii-spas）が伝えている。ほとんどのショートOFZ（償還期間3年以下）の利回りは19～20%で、中銀の基準金利（年20%）を下回った。空売りの制限、非居住者の証券売却の禁止、ロシアの銀行のポートフォリオにおける証券会計の緩和により、売り圧力を弱める一方、後述する国民福祉基金（NWF）資金（合計1兆ルーブルを注入する計画）で買い支えた結果であったとみられる。

企業債

企業債については、外国の銀行が企業債の利払いや償還を妨げているとの認識がロシア国内に広がっている（「エクスペルト」［https://expert.ru/expert/2022/14/rossiyskiye-kompanii-popali-v-lovushku/］を参照）。たとえば、ロシア最大の石炭会社であるSUEKや肥料メーカーのEuroChemは3月15日に期限を迎えた利払い資金をコルレス銀行が債券保有者に配分しなかった。ロシア鉄道、鉄鋼メーカーのセーヴェルスターリ、チェリャビンスク鋼管圧延工場（ChTPZ）も利払いができなかった。シティバンクのような銀行が米国政府による制裁を恐れて、利払いを行わなかったのである。
他方で、ユーロ債の利払いに成功したところもある。ロマン・アブラモヴィッチ（表2-4参照）が所有する鉄鋼会社エブラズ（Evraz）がそれである。彼は、一時、英米の制裁下に置かれたが、ウクライナ側の要請で、両国ともに彼をその下から除外したのである。その結果、アブラモヴィッチの会社もユーロ債のクーポンを支払うのに何の問題もなかった。最初はまだ仲介銀行によって支払いがブロックされていたのだが、3月22日、総額は7億400万ドルが支払われたのである。このような恣意的な差別があることは記憶にとどめておいたほうがいいかもしれない（他方で、タックスヘイブンのジャージー島の王立裁判所は4月、アブラモヴィッチの70億ドル以上の資産を凍結した）。
2022年4月に発表された連邦統計局にデータ（https://rosstat.gov.ru/storage/mediabank/58_08-04-2022.html）によると、同年3月の消費者物価上昇率は前年同月比16.69％と急騰した。前月比では、7.61%となった。とくに、食料品価格は34.83%も上昇した。砂糖の価格が加速度的に上昇したことが響いている。ほかにも、トイレットペーパーと生理用ナプキンも急騰している。　本書執筆段階（4月18日）で言えるのは、インフレは進み、インフレ下の失業率の上昇というスタグフレーションに悩まされるのは確実だということだろう。この問題については第六節で取り上げる。

2. 反危機措置パッケージ

つぎに、海外からの相次ぐ厳しい追加制裁、貿易取引の禁止などによって大きな打撃を受けている国内経済を、ロシア政府が全体としてどのように立て直そうとしているのかを説明したい。

制裁の受け止め方

その前に、ロシア側が今回の相次ぐ対ロ制裁をどうみているかについてのべたい。ロシアの権威あるシンクタンク、マクロ経済分析・短期予測センター（CMASF）は2022年3月22日、「制裁下の発展可能性について：いくつかの予備的考察」という報告書（http://www.forecast.ru/_ARCHIVE/

Analitics/DB/2022-03sanks.pdf）を公表した。そのなかで、制裁には三つの段階があるとの見方が示されている。

最初は、危機がエスカレートする時期（おそらく1～2カ月以内）である。①発動国からの制裁圧力の増加、②協力体制が崩れ、以前からあった製品在庫が利用可能になることで補われる、③不確実性による意思決定の先送り、個別市場の駆け込み需要、高インフレの影響などの要因が重なって混乱につながる。それへの対策として、Ⓐ金融・経済・社会の安定化、Ⓑ最も痛みを伴うカウンターサンクションを発動国に適用し、「非同盟」国やEAEU諸国がロシアの市場資源に最大限アクセスしやすくする、Ⓒ反インフレ政策の強化、Ⓓ重要な生産輸入品（自動車産業用電子部品、染料部品など）を特定し、特別支援措置（外部管理から保護された原材料と部品の直接交換を含む）を適用するか、優先的に国内生産を組織化する、Ⓔ需要ショック、原材料の供給途絶を考慮した工場の雇用維持のための奨励プログラム（Coavid-19の大流行時に成功したものをモデルにしている）の開始、外国企業の「撤退」による失業者への追加支援パッケージの実施 —— などの対策が想定されている。

第二段階は、急性期終了後の1年間とされ、一次安定化の時期と記されている。「経済戦争」の論理から「ショック後の発展」の論理への移行が課題となるという。主要課題としては、経済と将来の発展にとって最も敏感な分野（科学技術、ICTなど）の両方における再生産を持続的に安定させることが指摘されている。Ⓐ労働需要が拡大できる分野（貿易、サービスなど）では、できるだけ自営業を刺激し、中小企業の負担を軽減するための追加措置をとる、Ⓑロシアの輸出品と必要な輸入品の優先的なパートナーである国との間で、通貨を最大限に節約する「相殺」メカニズムを構築する（輸出入の債権債務の相互相殺システム構築）、Ⓒ貨物輸送の構造変化に対応するため、東部と南部で輸送と物流のインフラの近代化をはじめる、Ⓓ ICTや科学技術複合体、ハイテク部門全体の機能にとって重要な輸入品を確保する —— などの対策が挙げられている。

第三段階は、前段階終了後、次の2～3年が想定されている。パートナー国の（主に分野別の）海外市場への展開を伴う、新しい環境での発展への移行の時期であるという。Ⓐ科学的な組織、ICT企業と企業の協力、セクターや企業の科学のサポート、科学的な組織の技術的な近代化のプログラムの実装などを行う、Ⓑ ICT・ハイテク・中堅産業における輸入代替に取り組む企業を支援するファンドの創設 —— といった施策が求められている。

いずれにしても、長期戦覚悟の対策をこの三つの対策がいまのロシアには求められていることになる。

第一弾としての「反危機措置パッケージ」

2022年3月4日、上・下院はともに制裁に直面して経済状況を安定させるための六つからなる「反危機措置パッケージ」を採択し、ロシア経済を立て直すための立法化の第一弾とした。そのなかには、①企業に対する検査の一時停止（小規模事業者に対する査察を一時停止し、政府の裁量で免許を自動更新できるようにする）、②社会面では、年金のスライド化や最低賃金の引き上げを、年明けに関係なく速やかに実施できるようにする、③企業関連では、株式資本を今年削減し、以前許容されていなかった純資産の減少に際しては清算しないために株式会社の権利を提供し、公開企業はまた、独自の株式を購入する手順を簡素化する、また、ロシア企業撤退による外国人参加者の交代を含め、取締役候補者提案の提出期限を延長する、④税金関連では、政府が何らかの理由で納税の期限を2022年末まで延長する権利（納税猶予権）を与えることや、2022年3月14日から2023年2月28日まで海外に保有する資本の第4段階のアムネスティ（恩赦）に関するもので、ロシアに資産を移転した場合、税金や通貨違反の責任を免除する（現金も対象となる）、個人および中小企業に対するクレジット・ホリデー（銀行への一時的な支払い停止を認める）の規定もある。借り手は、9月30日までに住宅ローンや消費者金融の条件変更を申し出ることができる、⑤医薬品調達手続きの簡素化、⑥国民福祉基金（NWF）の貯蓄を国債購入に充てること（NWFは一定額以上の石油販売による予算収入がこの基金に入り、流動資産として保管されるという仕組み。当初の基準となる石油価格は、2017年は1バレルあたり40ドルに設定され、以後毎年修正されている。原油価格がこの基準価格より下がれば、NFWからの資金を充当し、収入の不足を補う）—— などが含まれていた。

第二弾は3月11日に下院を通過し、すでに立法化されている。その内容は、①政府は100万ルーブルを超える銀行預金の利息（2021年から2022年にかけての預金に係る所得）に対する国民の所得税の支払いを免除するほか、2022-2023年に勤務先からの融資を利用した場合の利子貯蓄について、国民に所得税を免除する、②高価な車に対する輸送税の増税を調整する（今後は、以前のように300万ルーブルではなく、1000万ルーブル以上の車に課される）、③2021-2022年には、100万ルーブルを超える銀行預金の利子に対する個人所得税（13％）を免除する、④IT企業への減税、⑤政府はホテル事業を支援するため5年間付加価値税を免除（ホテルのオーナーだけでなく、観光施設［ホテルやその他の宿泊施設］の建設、リース、管理を行う投資家にも適用）する一方、2022年に医薬品が不足した場合、閣議において外国医薬品のロシア市場への参入手続きの簡略化を決定することができるようになる、⑥欧米諸国から制裁圧力を受けている民間航空、海上輸送、内陸水運、鉄道・道路輸送を支援する、⑦建設業界向けに、都市計画文書の簡素化、土地区画の優遇賃貸などの支援を行う、⑧特別行政区域（ウラジオストクのルースキー島とカリーニングラードのオクチャブリスキー島に設置）における外国企業の登録手続きを簡素化する —— などである。

政府は第三弾となる「反危機措置パッケージ」を3月30日に承認した。①新築時の住宅ローン優遇の限度額を新たに年率12％に引き上げる、②農家への乳製品表示の延期、③国家契約の前払い金の割合を最大30％から50～90％に引き上げる —— などが含まれている。また、政府は並行輸入の合法化に関する決定を承認した（並行輸入については第五章第四節を参照）。政府は4月5日、燃料・エネルギー複合体の基幹組織を支援するための特別な信用プログラムを承認し、燃料・エネルギー企業への優遇金利融資（年利11％以下、期間12カ月）を1社あたり最大100億ルーブル、グループで最大300億ルーブル受けられるようにした。

マクロ経済予測

「経済はごまかせない」以上、逆に、ある程度の予測が可能となる。先に紹介したCMASFは「中期的な展望のためのいくつかのパラメータについて：制裁環境への適応」という報告書（http://www.forecast.ru/_Archive/analitics/DB/foreparam2022.pdf）を2022年3月17日に公表した。

そのなかにある興味深い記述をいくつか紹介しよう。まず、「適応」シナリオの条件として、⑴輸出入の制限、⑵ロシアの輸出品に対するディスカウント、⑶金融政策、⑷新予算の設計 —— という諸問題が分析されている。

(1) については、最大の損失が生じるのは機械・設備の輸出で、制裁対象国の市場で 50 〜 80%、その他の国（ユーラシア経済連合［EAEU］外）の市場で 15 〜 20%、EAEU 諸国の市場で 10%の縮減が予測されている。燃料市場では、量的減少は機械・設備よりは少ない。燃料別損失をみると、石炭については、制裁対象国市場で 30 〜 40%、その他の市場（E A EU 外）で 10 〜 15%、石油および石油製品については、制裁対象国市場で 30 〜 40%、その他の市場（E A EU 外）で 10 〜 15%。ガスについては、制裁対象国の市場に対して 5 〜 10%の損失となる。鉄鋼、非鉄金属、肥料市場でも程度の差こそあれ同様の影響が予想され、レアメタルと穀物市場ではより少ない程度（市場損失の割合の単位）であると思われる。

(2) については、嫌われるロシアからの輸出先が見当たらなくなり、割引価格を適用しないと売れない事態が予想されている。石油については、ウラルのブレントに対する年平均のディスカウントは、2022 年は 20 ドル / バレル程度、2023-2024 年は 10 〜 12 ドル / バレル程度と、国の輸出構造の変化に応じて変化する可能性があるという。すでに、3 月 22 日、トタルエナジーズ（TotalEnergies）は、石油のスポット購入を中止し、ロシアからの石油と石油製品の契約を年内にすべて終了させる意向を表明した。すでに多くのバイヤーや船主はロシアからの原料に「毒性」があると感じており、それが割引価格でなければ買い手が見つからない状況を生み出している。

2022 年 3 月 28 日付の「ヴェードモスチ」は「ロシアのインド向け石油輸出が割引とともに増加」という興味深い記事（https://www.vedomosti.ru/economics/articles/2022/03/28/915599-eksport-rossiiskoi-nefti）を掲載している。3 月に入ってから、すでに 5 回、合計 600 万バレル（約 81 万 8000 トン）のロシア産ウラル原油がインドに運ばれている。この量は、2021 年通年のロシアの同国向け石油輸出量の約半分に相当する。これまでインドは、カスピ海パイプラインコンソーシアム（CPC）を通じて輸出されるカザフ原油とロシア原油の混合原油を主に購入していた。現在、ノヴォロッシースクの輸出ターミナルのメンテナンス作業のために、そのパイプラインは出荷量を大幅に減らしており、インドはウラル原油の輸入量を増やすとみられている。別の情報（https://www.kommersant.ru/doc/5292307）では、インドは 3 月にロシアからの特別オファーで 1300

万バレルのロシアの石油を値下げして購入したという。

価格をみると、ロシアがドネツク人民共和国（DNR）とルガンスク人民共和国（LNR）の独立を承認した2月22日には、4.32ドル／バレルの割引となった。ウクライナでの軍事作戦が始まった2月24日には、6.51ドルにまで割引幅が広がり、3月2日には、1バレルあたり18.6ドルまで割引が増加したという。さらに、3月24日には30ドルを超え、3月28日には31.01ドル付近までディスカウントされた。割引は28日に30ドルを超え、31.01ドル前後となった。注目されるのは、デニス・アリポフ駐インド・ロシア大使がテレビ局「ロシア24」で、ロシアとインドの石油供給に関する協力は拡大し、インド当局はルピーとルーブルで原料を売買する仕組みを作るつもりだと述べた点である。これは、インドのルピー立ての支払いをロシア側に認めさせることで、ロシア産原油を為替リスクなしに大量に購入しようという意志の表れだろう。ルピーをもらっても、ロシアはインドから購入したいモノがあるわけではないが、買い手が見当たらなければ、こうした条件であっても受け入れるかもしれない（ロシアがイランと同じような石油禁輸の制裁を受けたらどうなるかを知るために、イランの状況を「コラム11」で紹介）。

ガスについては、（契約の長期化、欧州から南・東方への輸送構造の一部変更を考慮すると）、ロシアの輸出価格に対するディスカウントは2022～2023年に約10％、2024年に5％と、むしろ緩やかになる可能性もあるとみている。一方、市場競争の激しい鉄・非鉄金属や化学品の割引率はもっと高くなる可能性がある。

(1)と(2)に絡む、制裁措置による国境を越えた資本移動の制限とロシアの対応については、外国債権者に対する負債をロシアの銀行の「S型」口座に支払うことを決定したことが対外債務返済を通じた純外貨流出の大幅な減少につながるとみている。他方で、製品の海外供給者の前払いへの大規模な移行や、ロシアの輸出に対する外部融資の困難さにより、海外貿易取引への融資や立替に関連した海外流出が増加する。さらに、居住者による外貨貸付、ロシア国外口座への外貨預金、口座開設を伴わない送金は禁止される。このような状況下、最悪の場合、2022年の海外への純資本流出は約2000億ドルに達するだろうとしている。主に、対外貿易活動のサービス条件の悪化、外国銀行での資金の「凍結」、

コラム 10　制裁下のイラン

ここでは、The Economist（https://www.economist.com/finance-and-economics/what-can-russia-do-to-sell-its-unwanted-oil/21808447）に基づいて、イランの事情を紹介したい。

イランは石油販売ができないわけはない。許可されているが制限されている販売方法がある。米国は制裁措置の際、輸入国 8 カ国に限定的な免除を与えている。しかし、この販売には大きな制約がある。購入者の通貨で販売し、現地の銀行のエスクロー口座に保管するか、現地で生産された商品のリストからモノで支払いを受けなければならない。イランにとって、これは非常に不満だ。2021 年 12 月には、2 億 5100 万ドル相当の石油負債の支払いとして、スリランカから紅茶を受け取ることを余儀なくされた。

イランはこうした規制を回避するために、大量の石油を密輸している。イランのタンカーは、米国の敵であるベネズエラなどへ応答機を切った状態で航行している。また、出所を隠すために塗装を変えている船もある。公海上で、しばしば夜間に、別の船籍で航行する船に貨物を移すこともある。

密輸組織による陸上での石油の移動も行われている。石油は中国、トルコ、アラブ首長国連邦（UAE）と金、農薬、さらにはテヘランの住宅プロジェクトと交換される。イラン人 50 万人が住むドバイのトレーダーは、他の類似したグレードの原油をブレンドし、クウェート産の原油として再ブランド化しているという。

ついでにロシアの状況を説明しよう。ぼくの信頼するロシア人記者の一人、ユーリー・バルスコフ（https://www.kommersant.ru/doc/5304690）によれば、シェルがディーゼル燃料について、ロシアで生産された貨物や、ロシアで生産された原料が内容量の 50%以上を占める貨物を、ロシア原産とみなしていることに注意を向けるべきだと指摘している。バケツ一杯の「ちゃんとした」ディーゼルに、どんどん「臭いロシア産」ディーゼルを混ぜれば、ロシアからディーゼルを購入できるのだ。あるいは、原油積載タンカーが夜間にロシアの港を出発し、海上でカザフスタン（あるいはノルウェーやサウジアラビア）の石油を運ぶとされる中立の船に積荷を移すという方法もある。そのような行為をした疑いのあるタンカーとそのオーナーは制裁を受け、代わりに新しい船と人がやってきて、操業にかかる費用はロシアの石油の世界価格へのディスカウントで賄われることになるという。

海外への「影の」資金引き出し、現金通貨の購入、一部のロシア企業による「第三国」の管轄区域への本社移転が原因であるという。

(3) の金融政策については、ロシア中銀の金利政策は、従来からのインフレ抑制とルーブル安の課題に対応したものとなる。(4) の新予算については、2022年に既に決定した予算ルールの停止（2023-2024年も継続）が実施される見込みであり、予算制度の追加支出額（実質10%増）により財政赤字が見込まれるが、主に国民福祉基金（NWF）と国内借入で賄う予定とされている。政府は4月になって、2022年のNWFの補充に関する予算ルールを停止することを決め、石油・ガス収入はNWFに蓄積せず、当面の予算需要（債務返済など）にあてる。財務省によると、3月1日現在、NWFは12.9兆ルーブルに達している。基金は外貨準備の一部であり、人民元以外の通貨分も制裁凍結の対象になっている。この資金は中央銀行のSWF口座に保管されているが、非現金通貨は常に外国の銀行とのコルレス口座に反映されるため、凍結される可能性がある。3月1日現在、386億ユーロ、42億ユーロ、6003億ユーロ、2268億人民元を保有している。その他の資金は、VEB.RF、VTB、ガスプロム銀行への預金、インフラプロジェクトへの投資、国営銀行の優先株、ズベルバンクとアエロフロートの株式、問題のあるウクライナのユーロ債に投入されているという。

なお、予備的資金として蓄積されてきた国民福祉基金は2022年2月1日現在、13.6兆ルーブルある（これは、財務省によると、2022年に予測される国内総生産［GDP］の約10.2%に相当する。ただ、「打ち出の小づち」ではないから、すでに政府は、モスクワからサンクトペテルブルクまでの高速鉄道プロジェクトについて、NWFからの融資約5000億ルーブルを断念する方針だ)。前述した「反危機措置パッケージ」の第一弾として、NWFの資金をOFZのような政府証券やロシア企業の株式で運用することが認められ、同資金が国債や株式の買い支えに使われることになっている。

報告書では、「輸入ショックが輸出ショックより大きい」とみている。このため、輸入の大幅減から、最初の3年間は貿易収支がプラスになる(2022年：＋2900～3000億ドル、2023年：＋1900～2000億ドル、2024年：＋1200～1400億ドル)。資本移動規制と金融引き締め政策を考慮すると、インフレショック（2022年：消費者物価の伸び率年20～23%）後は、インフレ率は2023年に7.7～8.0%、2024年に5.5～6%と、むしろ急速に鈍化すると予想している。

このような背景から、「ロシア経済にとって決定的なのは、インフレではなく、(失業率の上昇や生活水準の低下などのデメリットを伴う）景気後退であろう」という。同時に、2022年の景気後退（6.3～6.6%）は、主に需要ショックによって決まる（したがって、投資の落ち込みは25～30%、商品販売高は7.0～7.5%、サービス業は8.5～9.0%)。この景気後退は、製造業にとって重要な中間財の輸入が不足するリスクが顕在化したことと関係がある。ゆえに、「サプライサイド・エコノミー」をどう立て直すかが重要な課題となっているのだ（第四節「供給不足という脅威」を参照)。ロシアの生産で埋められない需要スペースは、非制裁国（主にアジア太平洋地域とEAEU）からの消費財・投資財の完成品の輸入で埋められる。

重要な製造業の輸入問題（自動車産業用電子部品、染料部品など）の解決には、こうしたもっとも重要な部品を特定し、優先的に輸入するか、優先的に国内生産を組織して充足することを最大限に確保する政策が求められることになる。

懸念されるのは、「新しい貧困」という社会問題がはっきりと予測できることである。ショックに直面した企業は、信用供与の問題から運転資金が不足し、雇用を維持できなくなる。2022年の失業率は、2021年の労働人口の4.8%から2022年には7.0～7.3%、2023年には7.8～8.2%、2024年には7.7～8.0%と予測されている。その結果、新たな社会的格差が生じることが予想される。政府はすでにこうした最悪の事態に備えて、2022年4月1日から、政府は債権者の申請に基づく破産手続きの開始について10月1日まで半年間のモラトリアムを導入することを決めている。

CMASFの専門家は、制裁措置により、ロシアの銀行は2022年から2023年にかけて政府や所有者から3兆5000億ルーブルの支援が必要になる可能性があるとの計算結果を3月下旬に公表した。

彼らは、マクロ経済予測に基づき、GDPが2022年に6.4%、2023年に2.2%減少し、インフレ率は2022年12月に年率20%、2023年に8%に達するとしたうえで、銀行の金融ストレスレベルは計測したのである。その際、①経済混乱から、2023年末までに問題債権・不良債権の割合が28.5%に上昇、②中央銀行のデータによると、2月1日現在、銀行の融資ポートフォリオに占める問題債権・不良債権の割合は7.1%（5兆3000億ルーブル）、③銀行パニックが発生し、口座や預金からの資金流出が1四半期で最大16%に達した、④インターバンク貸出市場が急激に縮小した ―― というパラメータを設定した。

その結果、システム上重要な銀行13行のうち、9行については、銀行の必要資本水準とされる自己資本比率（H1.0）である11.5%（最低8%＋バーゼル基準で定められた自己資本維持率の2.5%＋CMASFが想定するギャップ1%）を上回った。VTB（10.1%）、ガスプロムバンク（11.1%）、ソフコムバンク（12.2%）の3行だ。

問題は、ズベルバンク以外の銀行システムの資産の68%を占める合計129行が、3.5兆ルーブルの資本を補充する必要があることだという。うち71行（ズベルバンク以外の銀行システムの資産の半分を占める）には2.4兆ルーブルの「特別」な資本支援が必要となり、そのうち2.2兆ルーブルは国から調達することになる。

政府系のシンクタンク予測だから、ここで紹介した予測は、これでも楽観的と映るかもしれない。だが、この報告書のGDP予測では、2022年が-6.3～-6.6%、2023年が-2.0～-2.3、2024年が-0.3～-0.5%であり、海外の予測に比べて楽観的というわけではない。研究機関のFocus Economicsは、アリアンス（Allianz）からスタンダード・チャータード（Standard Chartered）まで、主にヨーロッパの投資機関の分析に基づくコンセンサス予測で、ロシアのGDPは2022年に5.7%、2023年に1%減少し、2022年の平均インフレ率は18.2%と予測している（紹介した報告書では、20～23%）。

いずれにしても、「経済はごまかせない」から、プーチンの権力基盤は景気後退と失業者の増加によって揺さぶられることになるだろう。

3. 暗号通貨の限界

つぎに、対ロ制裁でドルやユーロなどを使った外貨決済が難しくなったロシアが暗号通貨を利用して抜け道としようとしている問題について説明したい。

ちょうど、「ニューヨークタイムズ」は2022年2月23日付で、「ロシアは暗号通貨を利用して米国の制裁の力を鈍らせる可能性がある」という記事（https://www.nytimes.com/2022/02/23/business/russia-sanctions-cryptocurrency.html）を刊行している。それによると、「アメリカ政府関係者は、暗号通貨が制裁の影響を軽減する可能性に気づき、デジタル資産の監視を強めている」という。

こんな警戒感もあって、バイデン大統領は3月9日に、「デジタル資産の責任ある開発を確保するための大統領令」（https://www.whitehouse.gov/briefing-room/presidential-actions/2022/03/09/executive-order-on-ensuring-responsible-development-of-digital-assets/）を発出した。「2021年11月、国家が発行していないデジタル資産の時価総額は、2016年11月上旬の約140億ドルから3兆ドルに達した」と指摘したうえで、急拡大するデジタル資産が消費者、投資家、企業保護、金融安定性と金融システムの完全性、犯罪と不正資金への対処と防止、国家安全保障、人権行使能力、金融包摂と公正、気候変動と公害にもたらす可能性があるリスクを軽減するため、米国政府が「強力な措置を講じる必要がある」と表明している。

暗号通貨とは？

この大統領令は、ロシアによる暗号通貨利用で対ロ制裁が骨抜きになることを予防することをねらいの一つにしている。こうした事情を理解するためには、まず、暗号通貨について説明しなければならないだろう。ここでは、同じ「ニューヨークタイムズ」の記事（https://www.nytimes.com/interactive/2022/03/18/technology/cryptocurrency-crypto-guide.html）などを参考にしながら、わかりやすく解説してみよう（なお、cryptocurrencyを暗号通貨と翻訳せず、暗号資産と無理やり訳している日本のマスメディアは、主権国家の圧力に屈している情けないマスメディアの実態を象徴している［詳しくは拙稿「暗号通貨をめぐる翻訳の混乱」https://webronza.asahi.com/politics/

articles/2020092300004.html をぜひ読んでほしい])。

まず、「暗号」(crypt) とは、「ビットコイン」(Bitcoin) のようなデジタル通貨を動かす分散型台帳システム、すなわち、「ブロックチェーン」にかかわる技術全般を指すのが一般的だ。ブロックチェーンとは、暗号化された安全な方法で情報を保存・検証する共有データベースのことである。

ブロックチェーンは非中央集権的である。すべての作業は、ネットワーク上のコンピュータがコンセンサス・メカニズムと呼ばれるものを使って行う。基本的には、複雑なアルゴリズムによって、中立的な審判を必要とせずにデータベースの内容に合意することができるため、ブロックチェーンは従来の記録管理システムよりも安全だ。なぜなら、一個人や一企業がブロックチェーンを破壊したり、その内容を変更したりすることはできず、台帳の記録をハッキングしたり変更しようとする者は、同時に多くのコンピュータに侵入しなければならないからである。

ブロックチェーンの二つ目の特徴は、一般的に公開・オープンソースであることだ。つまり、だれでも公開ブロックチェーンのコードを閲覧し、あらゆる取引の記録を見ることができる(プライベート・ブロックチェーンもあるが、パブリック・ブロックチェーンに比べれば重要度は低い)。三番目の特徴は、ブロックチェーンは通常、追加のみ可能で、ブロックチェーンに追加されたデータは通常、後から削除したり変更したりすることができないことである。

暗号通貨取引

通貨であるためには、二重使用されないことが絶対条件だから、これを前記の三つの特徴をもつブロックチェーンのアルゴリズムが保証していることになる。ブロックチェーンが実際に存在したのは、2009 年にサトシ・ナカモトという偽名のプログラマーが、史上初の暗号通貨であるビットコインの技術文書を公開したときだった。

ブロックチェーンは、これまでに行われたすべての取引を含む大きなファイルで、ダウンロードするのに数日かかることもある。暗号通貨の価値は通常、ドルで表され、取引所が行う公開取引によって決定される。暗号通貨の価値を維持するためには、利用可能な暗号通貨の量を厳密にコントロールしなければならない(稀少性という特性を利用するわけだ)。

暗号通貨を生成するアルゴリズムは、GitHub（ソフトウェア開発のプラットフォーム）などの開発者向けウェブサイトでダウンロード可能であり、理論的にはだれもが新しい暗号通貨を作るために使用することができる。ただし、実際に流通させることができる暗号通貨の量は限られているため、このプロセスは非常に競争が激しい。この制限は、暗号通貨によって異なり、コードを作成した人が設定する。

新しい通貨を作るには、暗号通貨の単位を生成するための複雑な数学的方程式を解くために、膨大なコンピュータが必要だ。一定期間ごとに、すべての取引記録を取引台帳に追記する必要があるためである。この作業を鉱山にたとえて「マイニング」と呼び、この追記作業の手伝いをしてくれた人、追記作業のために膨大な計算処理をし、結果として追記処理を成功させた人には、その見返りとしてビットコインのような暗号通貨が支払われる。

暗号通貨を使い始める最も手っ取り早い方法は、Coinbaseのような暗号取引所に口座を開設することだ。この取引所は、顧客の銀行口座にリンクして、米ドル（またはその他の政府発行通貨）を暗号通貨に変換することができる。

多くの暗号ユーザーは、自分の「ウォレット」（デジタル資産のロックを解除するための暗号鍵を保管する安全な場所）を設定することを好む。ウォレットには二つのタイプがある。オンラインサービスとして存在する「ホット」（Coinbase、Electrum、Matbi）と、暗号が一種のファイルとしてデバイスに保存される「コールド」だ。このファイルは、クラウド、フラッシュドライブ、ハードディスク、さらには暗証番号付きの特殊なキーホルダーなどの物理的な媒体に保存することができる。

暗号通貨で海外送金を行うには、まず暗号通貨を購入する必要がある。そのために、オンライン両替所を利用したり、物理的な両替所に足を運んだりすることが可能だ。暗号通貨は、選択したシステムのウォレットに到着し、そこから別のウォレットに送金することができる。暗号通貨は、仲間同士の取引を意味するP2P（ピアツーピア）取引でフィアット（政府が発行する通貨）に変換することができる。取引所自体や交換業者で交換する場合は、P2Pではない。顧客は取引所や交換業者に自分の条件を指示することができる。一方、P2Pは販売者に直接連絡するサービスだ。

暗号通貨に匿名性はあるか？

当初、暗号通貨は、自分の名前や銀行口座を持たずに売買できるため、初期の暗号は、従来の金融システムを避ける理由がある人たちに自然に受け入れられていた。そのなかには、犯罪者や脱税者、違法な商品を売買する人たちが含まれていた。政治的な反体制派や過激派も含まれていたことは確実だ。

他方で、ウォレットを設定する暗号取引所は顧客が自分自身を識別することを要求する。最近、連邦捜査局（FBI）がコロニアル・パイプライン・ランサムウェアのハッキングの一部である200万ドル相当のビットコインを押収したことは、一般に認識されているよりも多くの暗号通貨について知ることができることを示唆している。2021年6月9日付の「ニューヨークタイムズ電子版」に掲載された「パイプラインの調査は、ビットコインが追跡不可能であるという考えを覆した」という興味深い記事（https://www.nytimes.com/2021/06/09/technology/bitcoin-untraceable-pipeline-ransomware.html）によれば、司法省はコロニアル・パイプラインがハッカーに支払った75ビットコインのうち63.7ビットコイン（430万ドルのうち約230万ドル）を追跡し、押収にまでこぎつけたのだという。ハッキング集団のダークサイドが所有する少なくとも23の異なる電子アカウントを経由してあるアカウントにアクセスするところまで追跡できたというから、ビットコインの匿名性もかなりあやしくなっていると言えるかもしれない。

すでに、経済協力開発機構（OECD）は、暗号通貨とその派生物を含む暗号資産の流通に関する情報をG20の税務情報の自動交換に含めることを議論している。金融資産開示規則の改正案では、暗号取引所や仲介業者は、金融取引データと同様に、当該資産の所有者や取引参加者に関するデータを収集し、税務当局に提供することが義務づけられることになるだろう。OECDは2022年10月までにOECDとしての合意文書をG20サミットに提示する予定だ。

暗号通貨の利用にたけたロシア人ハッカー

ロシア人ハッカー集団は、前述のランサムウェア（身代金要求型の悪意あるソフトウェア）によるサイバー攻撃で暗号通貨による身代金を要求し、荒稼ぎしているとみられている。コロニアル・パイプラインの場合、「あなたのコンピュータとサーバは暗号化されており、バックアップは削除されている」、「我々から特別なプログラムを購入すれば、すべてを復元できる」といった内容の身代金要求型のメッセージが同社に届いた。ハッカーは同社の機密データも盗んでおり、会社が暗号解読のためにお金を払わなければ、データは「自動的にオンラインで公開される」と脅したのである。結局、同社は、コンピュータシステムの制御権を回復し、東海岸への燃料供給を再開するために、ハッカーに75ビットコインの身代金を支払ったのだ。

アメリカの連邦捜査局（FBI）の捜査によると、ランサムウェア攻撃の背後に「ダークサイド」（DarkSide）と呼ばれるロシアのハッカー集団の存在は有名だ。彼らは「新しいロビン・フッド」を標榜し、「病院や老人ホーム、教育機関、政府施設などは攻撃しない」と主張する一方、収益の一部を慈善団体に寄付しているらしい。ただし、この集団は、ランサムウェア事業のパートナーに向けて2021年5月13日に送ったメッセージのなかで、「米国からの圧力により」シャットダウンすると述べていたという（「ワシントン・ポスト」［https://www.washingtonpost.com/business/2021/05/19/colonial-pipeline-ransom-joseph-blunt/］を参照）。

それでも、前記の2022年3月18日付NYTは、「ロシアは拡大するランサムウェア産業の中心である」と書いている。ブロックチェーン追跡会社Chainalysisの2月14日のレポートによると、昨年、世界のランサムウェアの収益の約74%、つまり4億ドル以上の暗号通貨が、おそらく何らかの形でロシアと提携している事業体に流れたとされている。

こうした背景があるからこそ、暗号通貨を使って制裁をかわそうとする動きがロシアに広がるのではないかと警戒しているわけだ（2021年10月に公表された暗号資産の普及率ランキング［https://www.coindesk.com/markets/2022/02/28/ruble-denominated-bitcoin-volumes-surges-to-9-month-highs/］で、ロシアは第18位だった）。

しかし、事態はそう単純ではない。第一に、大規模な取引所などのインフラがロシアには実際には存在しないという問題がある。したがって、外国にある暗号取引所を利用せざるをえず、そうした取引所やその他のプラットフォームは、銀行と同じように、顧客の身元確認を含む「顧客の身元確認」規則を遵守しなければならない。そうなると、匿名性がリスクにさらされることになる。

第二に、暗号通貨ではほとんどの日用品や金融資産を購入できないことだ。このため、取引所で暗号通貨を不換紙幣に交換して、モノやサービスの購入につなげる必要がでてきてしまう。そうなると、身元が露見しやすくなってしまうのである。たとえば、最大手のバイナンス(Binance)は2021年にマネーロンダリング防止対策「know your customer」(kyc)というポリシーを導入し、利用者が会社に身元を確認することを義務づけた。それだけはない。暗号取引所が積極的に怪しい取引の遮断に動いている。たとえば、暗号取引所Coinbaseは3月7日、対ロシア制裁に準拠するため、不正行為に関連していると思われる2万5000以上のロシア関連アドレスをブロックした。ほかにも、暗号取引所BTC-Alphaはロシア人およびロシアからの口座の運用を停止した。CEX IOはロシア、ウクライナ、ベラルーシからの新規ユーザー登録を停止し、ルーブルは取引不可、つまりルーブルでビットコインを購入することはできなくなった。取引所Qmallがロシアとベラルーシの住民の口座を封鎖し、取引プラットフォーム上の資産を凍結した。

第三に、すでに指摘したように、暗号通貨による資金移動の匿名性への疑問がある。ブロックチェーンの取引は公開されているため、一度特定されれば、資金の履歴をたどることは容易という点もある。

パリに拠点を置く暗号通貨調査会社Kaikoによると、ロシア・ルーブルとビットコインの取引量が9カ月ぶりの高水準に増加した。ただし、取引は前記の取引所バイナンスに集中しており、ここでの取引の匿名性には疑問が残る。

ロシア国内での暗号通貨の位置づけ

ロシアでは、2021年に国内での暗号通貨の位置づけについてロシア中央銀行や財務省が中心になって検討を進めてきた。2022年1月20日には、中銀が「暗号通貨：リスク、傾向、対策」(https://www.cbr.ru/Content/Document/File/132241/Consultation_Paper_20012022.pdf)と題する報告書を発表し、そのなかでロシアにおける暗号通貨の発行・採掘・流通を禁止することを提案した。これに対して、1月27日、財務省は暗号通貨を禁止するのではなく、「財政管理の追加手段とする」という構想を政府に送った。

結局、2月になって、政府は財務省の暗号通貨開発のコンセプトを承認した。暗号通貨を完全に禁止しようとしたロシア銀行の立場とは異なり、当局はこの業界の厳しい規制を導入することで暗号通貨取引自体は認めることで合意したことになる。この時点での専門家の推計によると、個人が開設した暗号通貨のウォレットは1200万個を超え、そこには約2兆ルーブル（当時のルーブル換算）が保管されているという。2021年11月、中央銀行は、ロシア人が毎年総額50億ドル（約3500億ルーブル）の暗号通貨取引を実施していると発表した。別の情報（https://expert.ru/expert/2022/14/kriptovalyuta-otkroyet-granitsy/）では、シティバンクの情報として、2022年3月現在、ロシア人の約11％が暗号通貨を所有し、彼らの1日のビットコイン取引額は約900万ドルにのぼる。

これまでは、法的規制がなかったが、政府の構想では、暗号通貨の合法的な市場が形成され、暗号通貨取引の流通や参加者のルール、要件が確立されることを想定している。このコンセプトによると、暗号投資家は適格投資家と非適格投資家に分けられる。これは株式市場における同様の投資家の分け方と同様だ。非適格投資家に対する取引制限を設ける。暗号通貨の売買を希望する者は、いずれにせよ本人確認が必要となる。したがって、交換形態における暗号通貨の主な特徴の一つである匿名性はこのコンセプトには含まれない。つまり、ロシアで暗号通貨交換業者が合法化されれば、間違いなく匿名ではなく、本人確認を受けなければならなくなる。

ウクライナで拡大する暗号通貨

ウクライナにおいても暗号通貨の利用が注目されている。紛争地帯に資金を届け、現地が必要とする物資の調達につなげるのは困難だ。このため、ウォレット間を簡単かつ迅速に移動できる暗号通貨を利用して、物資購入を円滑化させようとする動きが広がっているのだ。2022年2月26日、ウクライナの公式ツイッター・アカウントは、ビットコインやエーテルなどのトークンを受け入れるデジタルウォレットのアドレスを公開した。すぐに寄付が殺到したと、The Economist（https://www.economist.com/finance-and-economics/why-crypto-is-unlikely-to-be-useful-for-sanctions-dodgers/21808188）は伝えている。

3月14日付の「ワシントン・ポスト」（https://www.washingtonpost.com/

opinions/2022/03/14/big-moment-for-crypto-in-ukraine/）は、デジタル・トランスフォーメーション担当の副大臣の話として、「ここ数週間で約1億ドルのデジタル資金がウクライナの財源に注ぎ込まれた」と伝えている。ウクライナは暗号通貨を使って、燃料や食料、防弾チョッキや暗視スコープなどの「非殺傷」物資を、暗号通貨を受け入れる軍の供給業者から購入しているという。他方で、暗号取引所が暗号を不換紙幣に変換する際に政府を支援している。

海外送金問題

この節の最後に、暗号通貨がその海外送金手数料の安さから、注目されている点について注意喚起しておきたい。紙幅の関係から、この問題は割愛するが、拙稿「エルサルバドルのビットコイン法定通貨化が教えてくれる世界の送金事情：中低所得国の移民が本国の家族に送金するコストの削減は長年の課題」（https://webronza.asahi.com/politics/articles/2021091400004.html）は必読である。関心のある読者はぜひとも熟読玩味してほしい。

4. 供給不足という脅威

すでに第5章第2節で説明したように、製造業にとって重要な中間財の輸入が不足する事態に直面しており、それがロシアの景気後退懸念を深刻化させている。ロシアの投資機関ロコインベスト（https://www.lockoinvest.ru/analytics/q-a-sanktcii-ekonomika-i-rynki/）によると、2021年のロシアの輸出の56%、同輸入の54%をいわゆる「非友好国」が占めており、こうした国との貿易が先細りになれば、ロシア経済に大打撃をあたえるのは確実だ。2021年のロシアへの外国直接投資の75%はこうした非友好国によってもたらされたものであり、対ロ制裁の影響でこうした投資が激減することも、ロシア経済を苦しめることになるだろう。

ここでは、さまざまな部品などの中間財のサプライチェーンの寸断による生産停止の脅威について、自動車産業とエレクトロニクス産業にしぼって解説したい。中国の支援などによってロシアのレジリエンス（回復力）を期待する声もあるが、実際にはきわめて困難な試練に直面していると考えられる。

自動車産業

2022年2月のオートシュタットが発表した、2021年のロシアにおける新車販売高は前年比22%増の3兆500億ルーブルだった。過去最高だ。産業・商業省が2022年1月に発表した、2021年のロシア自動車販売台数は180万台に達した。ロシアの自動車生産台数は、前年に比べて10%増の150万台となった。

オートシュタットによると、2021年にロシアの住民がロシア連邦以外で製造された新車を27万1000台購入しており、これは自動車市場の総量の18%に相当する。専門家は、2021年の輸入車販売台数が23%増加したことに注目しているという。海外からの輸入車では、ロシア人が最も好むのは中国車であった。2021年の1年間で、中国で組み立てられた新型乗用車は、ロシアで5万8200台購入されており、これは2020年の2.4倍にあたる。ロシアで購入される新車の乗用車の82%が現地生産で、量的には120万台強となっているという。

2021年と2020年の新車の乗用車の販売台数を示したのが表5-2である。これからわかるように、第一位はロシアのアフトヴァズ（AvtoVAZ）である。35万714台を販売した。第二位は韓国の起亜（Kia）の20万5801台であった。

自動車業界は2021年ころからすでにコンピュータチップ不足やサプライチェーンの混乱、加えてコンテナ不足といった事態の悪影響を受けていた。それに、今回の対ロ制裁が加わり、ロシアの自動車産業に致命的な打撃を与えようとしている。

2022年3月下旬現在、フォルクスワーゲン・グループ・ルス（カルーガとニジニノヴゴロドに工場）、ルノー（モスクワ市）、メルセデス（モスクワ州）、BMW（カリーニングラード）、現代、トヨタ、日産（3ブランドともサンクトペテルブルクで製造）、ソラーズ・フォード（イェラブガ）がロシアでの自動車生産を停止している。アウディ、ポルシェ、ゼネラルモーターズ（シボレーとキャデラック）、ジャガー・ランドローバー、レクサス、ボルボ、ホンダなど、自動車の輸入を停止している輸入業者もある。

〔表 5-2〕 ロシアにおける新しい乗用車の販売台数の推移

	会社名	2021	2020	増減率（%）
1	Avtovaz(Lada)	350,714	343,512	2
2	Kia	205,801	201,727	2
3	Hyundai	167,331	163,244	3
4	Renault	131,552	128,408	2
5	Toyota	97,941	91,598	7
6	Škoda	90,443	94,632	-4
7	VW	86,108	100,171	-14
8	ГАЗ ком. авт.	56,468	51,169	10
9	Nissan	51,338	56,352	-9
10	BMW	46,802	42,721	10
11	Mercedes-Benz	43,011	38,815	11
12	Haval	39,126	17,381	125
13	Chery	37,118	11,452	224
14	УАЗ	32,420	36,487	-11
15	Mazda	29,177	26,362	11
16	Mitsubishi	27,699	28,153	-2
17	Geely	24,587	15,475	59
18	Ford ком. авт.	20,840	14,038	48
19	Lexus	19,362	20,586	-6
20	Audi	16,404	15,247	8

（出所）https://www.tadviser.ru/index.php/%D0%A1%D1%82%D0%B0%D1%82%D1%8C%D1%8F:%D0%90%D0%B2%D1%82%D0%BE%D0%BC%D0%BE%D0%B1%D0%B8%D0%BB%D1%8C%D0%BD%D1%8B%D0%B9_%D1%80%D1%8B%D0%BD%D0%BE%D0%BA_%D0%A0%D0%BE%D1%81%D1%81%D0%B8%D0%B8

3 月第 3 週末時点で、2021 年にロシアで稼働している乗用車と小型商用車の生産能力は 44％に過ぎない、と「ヴェードモスチ」(https://www.vedomosti.ru/auto/articles/2022/03/20/914332-avtomobili-podorozhali) は推定しているという。これらは、フランスのステランティスと三菱連合の PSMA Rus、カリーニングラードの Avtotor（Kia と Hyundai の組み立て用)、ハヴァル（Haval)、GAZ グループ、Avtovaz（トリアッチ)、UAZ（УАЗ)、Mazda Sollers といすゞの工場である。これらの工場を合わせると、昨年は約 60 万 7000 台の自動車と小型商用車が生産された。

部品をみると、台湾の台湾積体電路製造（TSMC, チップ)、スウェーデンの SKF（ベアリング)、ドイツのボッシュ（自動車電子・電装品）と、それぞれの業界で絶対的な世界トップ企業が、ロシアへの納入を禁じられた。日本のブリヂストン、フランスのミシュラン、ドイツのコンチネンタルは、ゴム製品（ホース、ベルト）などをロシア国内で生産していたが、ロシアでのタイヤ生産を終了し、米国のフェデラル･モーグル（ピストン、リング）も閉鎖した。オートデスク（設計ソフト）も撤退した。

BMW、Audi、Mercedes-Benz など多くのグローバル自動車会社がロシアへの一部車種の供給停止を発表し、Bentley や Porsche など一部の自動車会社は全車種の供給を拒否している。

外国系の自動車メーカーは今後、ロシアから撤退するかどうかについては 4 月上旬時点では不透明だ。フォルクスワーゲン・グループ・ルスのように、部品供給問題が解決されれば、2022 年 6 ～ 7 月に操業を再開するかもしれないという動きがあることは注目に値する（「ヴェードモスチ」［https://www.vedomosti.ru/auto/articles/2022/04/03/916407-volkswagen-rossii］を参照)。他方で、ルノーとダイムラーは撤退をすでに表明している。ダイムラーは 2 月 28 日、ロシアのトラックメーカー、KamAZ の株式 15％と合弁会社の Daimler KamAZ Rus の株式 50％を手放す用意があると発表済みだ。ダイムラーは合弁会社の組立ラインをすでに停止し、KamAZ トラック用にも設計された新世代のキャビンの現場の溶接ラインを停止させた。ルノーは、ロシアの資産価値を 24 億ドルと見積もっており、より慎重に行動している。3 月 24 日になって、フランス人はモスクワのルノー・ロシアの操業を停止し、自分たちが大株主（約 68％）であるアフトヴァズ（AvtoVAZ）からの撤退の選択肢を検討していると発表した。ただし、ルノーが保有するアフトヴァズ株式の売却については懐疑的な見方もあり、本書執筆時点では、その先行きは不透明だ。

撤退をめぐっては、4 月 11 日になってニュースが飛び込んできた。フランスの銀行ソシエテ・ジェネラル（SG）が同社のロシア部門の「ロスバンク」を、ニッケル・パラジウム大手ノリリスク・ニッケルの筆頭株主ウラジーミル・ポターニンの関連会社インターロス・キャピタルに売却することにより、ロシアを離れ、30 億ユーロ（33 億ドル）の利益を受けると発表したのだ。オリガルヒでありながら、なぜかカナダ政府からしか制裁対象となっていないポターニンに、SG 保有のロスバンク株を売却して、SG はロシアから撤退する。ポターニンが有利な条件で買収に成功したとみられるが、今後、自動車部門でも同じような撤退がみられるかどうかが注目されている。

（1）ベアリング

ここでは、個別部品の状況を2022年3月20日に公表された「エクスペルト」の記事（https://expert.ru/expert/2022/12/krash-test/）を参考にしながら紹介したい。

最初はベアリングである。ベアリング業界で1年間に必要とされている数億個のうち、ロシアで生産されるのは約5000万個にすぎない。ソ連時代には、約10億個のベアリングが生産され、そのうちの60％以上が自動車産業に供給されたというのだが、いまのロシアにとっては国内生産だけでベアリング需要を賄うのは不可能だろう。中国製の品質はロシアよりも低いとの評価があり、期待薄だ。こうなると、じり貧ということか。

ベアリングは自動車向けだけでなく、鉄道車輛の台車部品としても使われている。カセットベアリングの呼ばれるものだ。ロシアのサプライヤー3社は、いずれもアメリカやスウェーデンの企業の輸入依存型パートナーシップや子会社だ。2022年3月から出荷の遅れが始まり、在庫が少なくなっている。

（2）ゴムやプラスチック

タイヤだけでなく、オイルシール、ガスケット、ベルトなどは、添加剤とハイテク機器の両方が必要だ。たとえば、オイルが漏れ出るのを封じるという役目を果たす製品であるオイルシールは、回転軸に接触して摺動する運動シール（パッキン）の一種で、オイルシールの接触摺動面では、シール対象物の外部漏洩を防止する機能（シール性）と、リップ部・軸表面間の相対すべりを確保する機能（潤滑性）という、二つの性能の両立が要求される。

このオイルシールに用いられる材質は「合成ゴム」である。素材名で言えば、「ニトリルゴム」が有名だが、最近のオイルシールの多くは機械加工されたテフロンコーティングのシーリングリップを備えている。そんなものがロシアだけで生産できるのだろうか。タイヤにしても、最近のタイヤは路面をよく捉え、より広い温度範囲をもつが、ロシア企業がそんなハイグレードのタイヤを生産できるとは思えない。

プラスチックに目を転じると、ベース（ポリプロピレン）は製造できても、可塑剤や抑制剤などの添加剤はこれまで輸入品が中心だった。色をつけるためのプラスチック用の顔料も輸入品だ。こうなると、プラスチックについても、国内だけで輸入代替できそうもない。

(3) 電子機器

光学系をLEDからハロゲンに交換し、安定化システム、エアコン、サーボを拒否しても、エンジン制御の「頭脳」は、すべて台湾のチップ、ダイオード、トランジスタに搭載されているという状況下では、電子機器の国内での代替は絶望的だろう。電磁リレーやカム式点火装置、キャブレターまで、新たな国内生産体制を構築する必要がある。

チップ自体の精密さも重要だが、チップをリードフレームに固定した後、リードフレームとチップをワイヤーで接続しなければならない。ところが、このワイヤーはロシア製ではない。電線はあってもクロロビニール被覆の普通のものしか生産されていないのだ。シリコン線は一切ない。このようなワイヤーでは、スパークプラグに良い電流を供給することはできない。こんなお粗末な状況にある以上、ロシアの自動車生産はお先真っ暗といったところか。

このようにみてくると、ロシアの自動車産業をまともに生産ベースに乗せるには、化学、電子工業、マイクロエレクトロニクス、ベアリング（およびそれに付随する特殊鋼）の生産、工作機械製造といった技術・製品チェーンをこれから構築していかなければならないということになる。

3月20日付の情報（https://www.vedomosti.ru/auto/articles/2022/03/20/914332-avtomobili-podorozhali）では、ロシアのウクライナ侵攻以降、ロシアでの乗用車の新車価格は1カ月で50～60%上昇している。auto.ruの新車平均価格は、2月15日からの1カ月間で約60%上昇し、494万ルーブルになった。auto.ruによると、2月28日には2月27日よりも4%、3月1日にはさらに5.3%上昇した。3月5日、7日は前日比でそれぞれ7.1%、8.5%と最も大幅な値上がりを記録している。2022年には販売台数が3分の1になる可能性がある。そして、2023年以降はさらなる厳しい状況が待ち受けているとみて間違いないだろう。

エレクトロニクス産業

エレクトロニクス産業もまた前途多難である。2022年3月4日に発動された米国の対ロ制裁は、「米国の商品、ソフトウェア、技術へのアクセスをいっそう制限する」ことを目的としたものだった。その結果、大手のバイカル・エレクトロニクス（Baikalプロセッサを生産）、MCST（Elbrusプロセッサを生産）、NTTsモジュール（NeuroMatrixアーキテクチャに基づくNeuro-Bコンピュータを開発）、ITC Elvis（Skifモバイルプロセッサを生産）の4社が打撃を受けている。この制裁で、外国企業は米商務省産業安全保障局（BIS）に協力の許可を求めなければならなくなったのだ。

オランダのASML（フォトリソグラフの世界トップメーカー）、韓国のサムソン、世界市場の主要チップサプライヤーである台湾TSMCは、とくにロシアのプロセッサBaikalとElbrus向けの電子ユニット製造を請け負ってきた。つまり、ロシア独自にプロセッサさえつくれないというのが現状なのである。ソ連時代には、電子部品や電子機器組立品の生産に必要な機械のほぼ全種類をソ連自前で生産していたが、そんな時代は過ぎ去り、いま、サプライチェーンの寸断で、ロシアは危機に瀕していることになる。

低水準のエレクトロニクス製造

ここでは、2022年3月7日付で公表された「エクスペルト」掲載の記事（https://expert.ru/expert/2022/10/ne-gotovy-k-stress-testu/）をもとに、個別のエレクトロニクス企業について説明してみたい。

まず、老舗と言えるのがミクロンだ。ソ連時代にまでさかのぼることのできる会社である。といっても、回路線幅が180ナノ（ナノは10億分の1）メートル（nm）と90nmの設計基準をもつロシア唯一のマイクロエレクトロニクス生産拠点とされている。といっても、いまやTSMCは5nmレベルの製造を行っており、2nmの量産化にまで取り組んでいることを考えると、その遅れがわかるだろう。

60nmの設計基準を満たすようにつくられたアングストレム-Tという製品開発・製造も難渋している。2007年に設立された工場は数々の問題を起こし、最終的には倒産に至ったが、2021年に銀行のVEBの実質的な経営下に置かれることになった。だが、VEB は米国の厳しい制裁対象となったため、その支配下にあるアングストレム -T についても、米国企業が同社と取引できなくなった。この結果、原材料や消耗品の購入などが困難になる。

前述した Elbrus は、ソ連時代の 1970 年代、精密メカニズム・計算技術研究所で開発されたロシアの半導体ブランド名である。Elbrus-4C（65nm）はモスクワ工科大学の一部に基づいて設立された、MCST および INEUM によって生産されてきた。2015 年からは、前者によって Elbus-8C（28nm）の生産も始まった（といっても TSMC の技術に基づいている）。MCST は OPK 傘下のブルク記念エレクトロニクス機械制御研究所と共同で PC を組み立てている。

ロシアで開発され、台湾企業の TSMC によって生産されてきた半導体 Baikal-T1（28nm）もロシア企業のバイカル・エレクトロニクス（企業家フセヴォロド・オパナセンコ支配の T プラトフォールムィの子会社）が国内生産をすでに開始している。Baikal ブランドで製造し、その開発を行うのは T-Platforms という会社になる。同社は 2002 年に設立され、社長のフセゴロド・オパナセンコが株式の 74.99% を保有していた。開発資金は同社と国営のロスナノとの合弁会社 T-Nano を通じて供与されてきた。

しかし、最新のコンピュータ機器のためのマイクロエレクトロニクスを生産することはロシアには不可能な状態にある。これまで、政府が「国産マイクロプロセッサーでつくる」という目標を立てた場合、それは TSMC で生産された国産マイクロエレクトロニクスを使うという意味だったからである。今回の対ロ制裁措置で、ロシアは孤立しかねない。

マイクロエレクトロニクスの開発

最初に、ロシアにはエルブルス、バイカル、エルヴィス、ミランドル、ヤドロなど、かなり世界的なレベルでプロセッサを設計している会社がある。ただし、それらはすでに制裁に加わっている台湾の TSMC の工場にほとんどの設計を発注している。それだけではない。問題は、これらの企業も他社と同様、設計に、輸入した CAD（Computer-Aided Design）システムを使用していることである。

参考にしている「エクスペルト」によれば、「現在、マイクロエレクトロニクス設計のためのCADサプライヤーは、世界でもケイデンス、シノプシス、シーメンスの3社のみとなっている」。つまり、CADでのロシアの開発会社はボトルネックに陥る可能性がある。加えて、彼らは輸入したIP（知的財産）ブロック（VC［仮想コンポーネント］、仮想部品とも呼ばれ、機能マイクロチップの仮想的な対応物で、IPブロックの所有者は、現代のチップ設計者の世界に対して、ゲームのルールをほとんど指示している）を使用して開発を行っており、Elbrusを除くほぼすての開発者はアーム（ARM）社を中心に開発された輸入カーネル（マイクロプロセッサーの主要な機能ブロックが含まれる部分）を使用している。ここでも、ロシアのマイクロエレクトロニクス開発業者は困難に直面するだろう。

こうした状況から、ロシアにおけるIT産業の加速的発展を確保するための措置に関するロシア大統領令が、3月2日に署名された。具体的には、IT企業への優遇融資、従業員への住宅ローン給付、IT製品の設計・開発に対する助成、IT企業従業員の兵役猶予、個人所得税の免除などである。企業自体の所得税は免除されている。4月1日になって政府は、IT専門家への兵役猶予の付与に関する規則を発表し、即日施行した。猶予対象となる若者は、リストアップされた職業のいずれかで大学を卒業し、召集日前1年以内にIT企業で11カ月以上勤務していることが条件となる。

2021年末の時点で、国内では50万人から100万人のIT専門家が不足していると言われているロシアにおいて、十分な対応が可能であるとは思えない。そう、エレクトロニクス産業もまたお先真っ暗な状況に近いのではないだろうか。その証拠として、経済発展省は産業における国家計画システムの創設を提案するに至っている。これは、産業・工業別に国家管理をしていたソ連時代への回帰という時代錯誤を意味している。実は、ロシアは近年、「国家総動員経済」へ傾斜しつつあったとの見方（https://www.svoboda.org/a/putinskiy-gosplan-efir-v-18-05/31447992.html）がある。だからこそ、いまの非常事態に対して比較的迅速に対応できているのではないかとの推測が可能である。しかし、ソ連時代の「国家計画委員会」（ゴスプラン）を中心とする計画経済を復活させるには、そのためのイデオロギーも時間も強制力も足りないとみるほうが現実に即しているように思われる。

FSBの暗躍という懸念：腐敗の蔓延へ

サプラインチェーンが隘路に陥ると、必要物資を斡旋・仲介する個人や組織が暗躍する。ソ連時代には、押し屋（トルカーチ）と呼ばれる資材の非合法なあっせん屋がいて、彼らが計画外のインフォーマルなメカニズムとして機能し、それゆえにこそ計画経済全体のシステムが何とか機能できた。

今回のサプライチェーンの混乱を切り抜けるために、こうした闇の力を借りる場面が確実に増加すると予想される。その際、もっとも積極的に活動するとみられるのが連邦保安局（FSB）だろう。

「コラム7」で紹介した「トゥリ・キタ事件」についての記述をもう一度読んでほしい。この事件で暗躍していたのはFSBであった。密輸に手を染め、そこで暴利をむさぼっていたのである。

欧米の部品メーカーが中国メーカーに取って代わられるという前提は、ここで紹介したようにあまりに楽観的なシナリオにすぎない。ロシアでは多くの消費財が途絶え、一時的に品不足となり、人々は労働時間をやりくりしなければならなくなる。サービスや商品を手に入れるために、再び賄賂が使われるようになだろう。そこで権勢をふるうのがFSBであり、ますます闇の勢力が権力を手中に収めることになるのではないか。

ロシア産業・商業省は2022年3月下旬現在、並行輸入（知的財産権の保護を受ける真正商品を権利者またはその許可を受けた者以外の者が輸入する行為）を可能とする商品リストを作成中だ（資料［https://www.kommersant.ru/doc/5281876］を参照）。輸入する権利を持っていた多くの企業が、スペアパーツ、設備、コンピュータ、機械などの供給を止めてしまった現状では、禁止されていた並行輸入を復活させるしか輸入品の価格を下げる方法はないとは判断したからだ。ロシア国内で生産投資を行い、製品の製造を継続している企業に対しては、連邦反独占局は独立輸入業者による代替供給を禁止する権利を保持することを提案している。

並行輸入が一部解禁されれば、並行輸入業務にFSBが干渉する事態が容易に予想される。ますますFSBという「闇の勢力」が力をもつことになりかねない情勢にある。きわめて暗い未来がロシアを待ち受けているのは確実だと言えそうだ。

もう一つ気になるのは、いわゆる輸出ネットバック（輸出平価、対外市場での商品価格から輸送分と関税を引いたもの）を輸出企業が国内価格を設定する際に一方的に用いてきたやり方ができなくなった点である。ロシア国内の価格を輸出平価に合わせることは、石油、化学、冶金産業、農産複合体などのセクターの国内経済にしっかりと組み込まれてきた手続きであった。その結果、それらの製品価格の上昇は、ロシアの投入量や国内市場の状況を反映するというよりも、むしろ世界市場から大きく伝えられていたことになる。だが、ロシアの対外市場からの分離のために、輸出平価に代わる新しい国内価格決定方式が求められている。そこで、連邦反独占局は3月末、国内最大の石油化学企業に対し、「価格設定に外国の価格指標を使用しない、価格を外国為替レートと連動させるなど、国内市場での商品の不当な価格上昇を防ぐための措置を取る」よう勧告を送った。輸出平価の代わりに、ロシアの証券取引所や店頭の指標を利用することが提案されている。

もし透明性を確保した価格システムが構築できなければ、ここにもFSBが介入する余地は十分にある。

5. スタグフレーションの到来

ロシア経済はインフレ下の失業率上昇という､いわゆる｢スタグフレーション」の危機に直面している。ここでは、景気後退とともに押し寄せる失業率の上昇にかかわる問題について論じたい。

ぼくがとくに注目しているのは、ロシアへの出稼ぎ労働者の趨勢だ。景気後退で失業した彼らが自国に帰ることもあれば、母国への送金の困難やルーブル安による為替相場の混乱でロシアで働いても価値がなくなることもあるだろう。出稼ぎ労働者の急減はロシア経済の基盤部分を崩壊させる引き金になるかもしれない。

出稼ぎ労働者の実態

ロシアに入国した外国人が就労するためには、必ず「労働許可証」(RNR）または「パテント」と呼ばれるものを取得する必要がある。ロシアでのRNRは、ロシアに一時的に滞在している外国人に発行される公式文書で、ビザの手続きでロシアの領土に滞在する外国人は、就労ビザの取得も必要となる。

ロシアに入国する外国人がビザを必要としない手続きでRNRを取得する場合、ロシアへの外国人の入国に関する国境管理当局の認証などが必要となる。また、ロシアの法律に従って締結・発行された雇用契約または仕事（サービス）のための民法上の契約にいる。つまり、いろいろと正規の手続きが必要となる。ロシアでRNRが不要なのは、ユーラシア経済連合加盟国（カザフスタン、ベラルーシ、アルメニア、ベラルーシ、アルメニア、キルギス）の国民である。

「パテント」は、ビザを持たない外国人がロシアで働くための許可証を意味している。ビザなし手続きでロシアに到着し、ロシアの領域で合法的に労働活動を行う予定のすべての外国人に必要な書類ということになる。モスクワ市やモスクワ州といった労働可能地域が限定されており、有効期間は最長1年（延長可能）。2022年の場合、ロシアで合法的に働くためには、アブハジア、アゼルバイジャン、ウズベキスタン、ウクライナの市民はパテントがいる。

内務省が2022年1月に発表したところによると、2021年1月～12月、外国人・無国籍者に発行されたパテントは191万2171件で、前年同期の特許件数（113万6676件）に比べて68%も増加した。

2021年は外国人に対する労働許可証の発行数も増加した。2020年の6万2686件から2021年には9万3000件以上に達した。この結果、ロシア内務省は、国内で働く外国人との労働契約締結について、合計167万3342件の届出を受理しているという。

このほかに、ロシアで移民として登録された外国人がいる。2020が832万7024人だったが、2021年は230万人増え、1061万6980人にのぼった。また、ロシア国籍を取得した外国人の数も、2020年1～10月期の50万4782人から2021年同期には60万9905人と増加した。2020年4月、プーチンは大統領令に署名し、その条項により、すべての外国人が一時的に合法的に国内に滞在し、就労できるようになった。

別の情報（https://www.kommersant.ru/doc/5079600）では、2019年は月によって960万人から1120万人の外国人がロシアに滞在していたが、2020年は1月末の1030万人から年末の710万人へと減少した。新型コロナウィルス感染症（COVID-19）の影響である。2021年上半期は、訪問者数の減少が続き、5月1日には、国内の外国人は566万人となった。2021年11月現在、内務省の推計では、ロシア国内の移民の数も550万人となっている。

ロシア国内のどんな部門で出稼ぎ労働者や移民が働いているかというと、建設業や農業などの分野に多い。ほかにも、ケータリング、小売、配送、移動サービスなどの仕事に従事するケースが多い。

高資格の専門家については、これまで一定の条件下で労働許可書証が交付されてきた。2022年3月に公表されたデータによると、ロシア企業が2021年にこうした専門家を4万6700人（出身国は主にトルコ［1万6700人］、中国［1万3000人］、インド［2600人］、韓国［1600人］、ウクライナ［1003人］）招聘したという。3月末になって、政府は海外からの高度な専門家に対する滞在許可を簡素化する法改正案を明らかにした。滞在許可証は労働許可証の期間中のみ発行されることになっているが、滞在期間が延びることで労働許可も得やすくなるとみられる。

改正案によると、今後は、ロシアで2年間働き、税金を納めている専門家に、期限なしの滞在許可証の取得を提供する。法改正の9月1日施行がめざされている。外国人専門家のカテゴリーを広げたうえで、一定の技能を持つだけでなく、現行の月16万7000ルーブルではなく、四半期あたり最低75万ルーブルの収入を得るといった条件をつけたうえで制限なしの滞在許可が認められる。

ロシアからの海外送金

これだけの人々がいれば、自国に残された家族などに海外送金するというニーズが高まる。ウクライナ侵攻開始までは、ロシア経済は比較的順調に推移していたから、人手不足から賃金上昇傾向にあった。このため、ロシアからの海外送金額は増加している。

2022年3月にタス通信（https://tass.ru/ekonomika/14080515?utm_source=google.com&utm_medium=organic&utm_campaign=google.com&utm_referrer=google.com）が伝えたところでは、2021年のロシアからの個人の1回あたりの平均総額は2020年の144ドルから401ドルに2.7倍も増えた。独立国家共同体（CIS）諸国への平均送金額は横ばいの234ドル、非CIS諸国への平均送金額は4.5倍の568ドルとなった。なお、個人からロシアへの平均送金額も2.2倍の664ドルに増加した。総額でみると、ロシアからの送金は2021年には9.5%増の約440億ドルとなった（ロシアへの送金は5.6%増の247億ドル）。

海外送金の現状を調査・分析している世界銀行が2021年11月に公表したデータ（https://www.worldbank.org/en/news/press-release/2021/11/17/remittance-flows-register-robust-7-3-percent-growth-in-2021）によると、GDPに占める送金額の割合は、キルギスとタジキスタンで25%を超えている。送金コストをみると、ロシアは、コストが1.8%から1%に低下し、世界的に最もコストの低い送金者の一つとなっているという。

2022年3月21日付の英字紙「モスクワ・タイムズ」（https://www.themoscowtimes.com/2022/03/21/as-the-ruble-falls-migrant-workers-leave-russia-a77019）によると、2021年7月〜9月の決済システムを通じたロシアからCIS諸国への個人への送金額は22億9000万ドルで、過去6年間で最高となった。そのほとんどがウズベキスタン、タジキスタン、キルギスに送金されたという。

どうする出稼ぎ労働者・移民

これまでの状況が急激なルーブル安で一変した。ロシア国内で稼いだルーブルを従来は、ドルに換えて海外に送金し、現地通貨に換えていたものが、そうしたメカニズムが機能しなくなったことで、ロシアでいくらルーブルを稼いでも自国に残る家族に十分な仕送りができなくなる心配が生まれている。

前述した「モスクワ・タイムズ」は「ルーブル安が進むと、ロシアから出稼ぎ労働者が出て行き、より有利な仕事を求めるようになるかもしれない」としたうえで、「ルーブルはタジキスタンのソモニに対して20%も下落しており、中央アジアの国からの労働者は、東南アジアや中東に機会を求め始めているという」と伝えている。

2022年3月28日付の「ヴェードモスチ」に掲載された「ロシアでは出稼ぎ労働者の流出が起きている」（https://www.vedomosti.ru/society/articles/2022/03/28/915601-ottok-trudovih-migrantov）によれば、ルーブルの為替レートのため、ロシアでルーブルを稼いでも、自国通貨に換算すると採算が合わなくなってしまったことから、自国に戻る出稼ぎ労働者が増えているという。たとえば、以前は、1000ルーブルで1400キルギス・ソム（KGS）が手に入ったが、いまでは600KGSにしかならない。送金手段も少なくなっている。以前は Western Union やズベルバンク、VTB などの銀行を利用できたが、もうこうした経路を使った送金はできない（ズベルバンクの場合、米国による二次制裁を恐れるアゼルバイジャン、モルドバ、中国のパートナーを失い海外送金ができなくなっただけでなく、4月13日から自行の子会社カザフスタン・ズベルバンクへの送金も不能となった）。Mastercard や Visa を使った送金も不可能となっている。そもそも建設労働者需要が減るなど、ロシアの景気後退もこうした動きを後押ししている。

出稼ぎ労働者のロシアからの流出は、中央アジア諸国のロシア離れにつながる動きであるとともに、ロシア経済を陰で支えてきた建設業や農業などの人手不足を引き起こす動きでもある。ロシアはスタグフレーションに悩むなかで、ヒトの移動の変化を通じで内部から瓦解しかねないのだ。

IT 専門家の流出

もう一つ心配なことがある。それは、IT 専門家の流出という問題だ。2022 年 3 月 23 日付のロシアの有力紙「コメルサント」（https://www.kommersant.ru/doc/5270931）によれば、ロシアのロシアのエレクトロ業界団体 RAEK の予想として、すでにロシアを立った第一波（5 万〜 7 万人）につづいて、4 月に 7 万〜 10 万人がロシアから流出するというのだ。IT 関連の職業に就いている者だけで、これだけの規模の国外流出が実際に起きるとすれば、ロシアの IT 産業にとって大打撃となるのは確実だろう。

たとえば、ロシアからアルメニアへの労働者の流出が急増している。3 月 20 日付の「ニューヨークタイムズ」（https://www.nytimes.com/2022/03/20/world/middleeast/ukraine-russia-armenia.html）によれば、戦争が始まる前、アルメニアで労働者として登録されていたロシア人は、当局の発表によると 3000 人から 4000 人程度であったが、侵攻後の 2 週間で少なくとも同数が到着したという。数千人が他の目的地に移動した一方で、政府当局は先週末、約 2 万人が残っていると発表した。

すでに指摘したように、2021 年末の時点で、国内では 50 万人から 100 万人の IT 専門家が不足しているとの見方もあるロシアだからこそ、ますます IT 人材が逼迫し、それが前述したエレクトロニクス産業の足かせとなることが十分に予想される。

ITのマーケットインテリジェンスで世界をリードする、米情報データコーポレーション(IDC)によると、2019年のロシアIT市場の規模は7%増の248億ドルで、2019年時点で、130万人がIT部門で雇用されていた（ロシアの被雇用者人口の1.7%、GDPの2.7%)。GDPに占める割合は、エネルギー供給（GDPの2.9%）に匹敵し、農業（4.4%)、金融業（4.2%)、建設業（6.4%)、鉱業（10.4%）よりも低い水準にあった。さらなる急速な発展が見込まれている分野だけに、IT人材の国外流出のあたえる影響は少なくないだろう。

このようにみてくると、ロシア経済の未来は相当に暗い。風前の灯程度の明かりしか見えないように思われる。

小手先の嘘ではごまかせない経済をみると、ここで論じたように、ロシアに将来性を見出すことは難しいことがわかる。こんなことは部外者であるぼくに指摘されなくても、ロシアの心ある経済人であれば、わかりきった話かもしれない。にもかかわらず、プーチンの独裁体制を破壊するだけの内部からの力を見出せそうもない。たぶん、中国からの支援くらいしか、いまのロシアの危機を先延ばしする手段はないように思われる。

第六章　中国との関係

1．中ロ関係の変遷

第五章で論じたような厳しい状況にあるロシアは、中国からの支援に期待せざるをえないようにみえる。だからと言って、それが軍事協力の強化にどこまで結びつくかについては議論の余地がある。中ロ関係は複雑であり、慎重に見極める姿勢が求められている。

この章では、過去に、「ロシアと中国の民間航空機産業の比較」（『ロシア NIS 調査月報』2013 年 4 月号)、「ロシアと中国の造船業界の比較」（『ロシア NIS 調査月報』2013 年 11 月号)、「ロシアからみた中国の「新シルクロード構想」：中ロ協力の行方」（『東亜』2015 年 3 月号)、「中ロ協力の現在：軍事と金融を中心に」（『ロシア NIS 調査月報』ロシア NIS 貿易会 2015 年 3 月号)、「ウクライナ危機と世界：中国の出方」（『情況』2015 年 9 月号)、「中ロ協力の現状と問題点」（『ロシア NIS 調査月報』2017 年 11 月号)、「中ロ協力を考える：「現実」は複雑だ」（『ロシア NIS 調査月報』2020 年 11 月号）—— といった中ロをめぐるさまざまな問題について考察してきた者として、中ロの関係を精緻に分析することで、今後の中ロ関係を展望してみたい（中国の精神については、拙稿「中国の危険性とは？：「ソフトパワー」の精神的基盤は何なのか」［https://webronza.asahi.com/politics/articles/2022010600002.html］を参照してほしい)。

歴史的な推移

最初に、歴史的な推移について簡単に整理しておきたい。以下の分析の補助線とするためだ。そのためには、1996 年と 2014 年に起きたことを知らなければならない。

1996 年 4 月、ぼくはモスクワ特派員として、ボリス・エリツィン大統領（当時）の中国北京・上海訪問に同行取材したことがある。このとき、エリツィンと江沢民国家主席との間で、「21 世紀に向けた戦略的パートナーシップ」が宣言される。同時に、中国、カザフスタン、キルギス、ロシアおよびタジキスタンの間で国境地帯における軍事面での信頼強化に関する協定（上海協定）が合意され、それが「上海ファイブ」なる協力体制をスタートさせ、2001 年 6 月には上海協力機構（Shanghai Cooperation Organization, SCO）の創設につながる。

1996 年から 2000 年 5 月にプーチンが大統領に就任するまでの間と、プーチン政権で起きた、いわゆるウクライナ危機が表面化した 2014 年春までの間、中ロ関係は相互に利益のある場面で協力し合うことを原則とし、互いに深入りすることはなかった。

慎重だった石油・ガスの対中輸出

そのため、ロシアの石油や天然ガスの対中輸出にしても、迅速に実現へと向かったわけでない。石油の場合、東シベリア太平洋石油パイプライン（PL）建設によって中国向けルートを建設することを前提に、国営のロスネフチが中国石油天然気集団（CNPC）と間で、20 年間（2011 ～ 2030 年）、年 1500 万トン（総量は 3 億トン）の原油供給協定に署名したのは 2009 年 2 月だった。実際にこの話が進展したのは、2013 年 6 月、プーチン大統領と中国の張高麗第一副首相の列席のもと、ロスネフチとCNPC のトップであるイーゴリ・セーチンと周吉平が原油供給条件に関する基本契約に調印して以降のことだ。契約規模は 2750 億ドル。ロシア側の報道によると、25 年間に 3 億 6500 万トン（年 1460 万トン）が中国に輸出される。そのうち、3 億 6000 万トンは東シベリア太平洋石油PL の支線（スコルコヴォ－漠河）によって輸送される。同じルートを使って天津製油所（ロスネフチと CNPC との共同プロジェクト）に 3500 万トンの原油が供給される。この契約は 600 億ドル強（650 億～ 670 億ドル）もの中国の前払いを前提としている。

ガスについては、メドヴェージェフ大統領が訪中時に、ロシアのガスプロムと中国の CNPC のトップ間で「ロシアから中国への天然ガス供給の拡大基本条件」という文書が交わされたのが2010年9月のことだ。基本条件では、2015年末までにアルタイルート（のちのSS-2）でのガス供給を開始し、年300億㎥の供給を計画していた。契約期間は30年になる見込みだったが、価格についての交渉は継続される。2010年12月段階の情報では、2011年の半ばまでに具体的なプロジェクト実現計画を固め、2015年末の稼働をめざしていた。だが2012年に入って、環境被害を防止する観点からウコック高原を通るルートを変更せよとのユネスコからの圧力が強まり、ルートの変更を迫られているとの情報がもたらされる。

他方で、東方ルートで年380億㎥の供給も見込まれていた。つまり、2本のルートが併行して検討されていたことになる。これは、2006年3月の訪中時にプーチン大統領が胡錦濤国家主席と会談後、ガスプロムとCNPCとの間でロシアから中国へのガス供給に関する議定書が締結されたのに端を発している。この段階で、すでに西シベリアと東シベリアからの2本のルートの建設が合意されたのである。SSは2019年10月20日稼働予定だが、SS-2についてはガスプロムによれば、2025年以降の稼働となる見込みだった。

結局、アルタイルートも東方ルートも大きな進展のないまま、「シーラ・シベリア」（シベリアの力）と呼ばれるガスパイプライン（PL）を敷設する計画だけが順調に進展した。シーラ・シベリアはイルクーツク州のコヴィクタ鉱区（天然ガス埋蔵量1.5兆㎥）からヤクーチアにある、1.24兆㎥の天然ガス埋蔵量が見込まれるチャヤンダ鉱区（2012年末の計画では、2017年ガス採掘、2021年に年産250億㎥ペースを計画。チャヤンダのガスはヘリウムの含量が多いのが特徴）までの約800kmと、チャヤンダ鉱区からブラゴヴェシェンスクまでの約2200kmの合計約3000kmの幹線PLで、輸出能力は年380億㎥。2012年にガスプロムはチャヤンダ鉱区の開発、シーラ・シベリアガスPLの建設、アムールガス加工工場の建設への最終投資決定を採択した。これにより、鉱区開発および「ヤクーチアーハバロフスクーウラジオストク」幹線ガスPL（「シーラ・シベリア」、以後SSと表記）の建設にGoサインが出されたことになる。

2014年5月になって、ガスプロムと中国の中国石油天然気集団（CNPC）はSSを利用した「東ルート」でのガス売買協定に署名し、年380億㎥のヤクートとイルクーツクのガスの中国への30年にわたる供給で合意する。同年9月、チャヤンダ鉱区からブラゴヴェシェンスクまでのPL敷設がスタートした。ブラゴヴェシェンスクから南下すれば、すぐに中国国境となる。コヴィクタ・ガス鉱区から中国国境までの総延長は2963.5km。供給開始は2019年12月2日で、プーチンと習近平がビデオ方式で見守った。

「交流」から「協力」へ

2014年春のウクライナ危機の表面化、ロシアによるクリミア併合に対する欧米などによる対ロ制裁の強化が中ロ関係を変化させた。それまでは、「交流」程度のものだったが、2014年春以降は、より密接な「協力」関係に移行したと考えられる。それは、表6-1をみればわかるだろう。中ロはエネルギー分野において、積極的な協力関係に入ったと言える。

ただし、ロシアはこれまであくまで欧州中心に石油やガスを輸出してきたのであり、今後、急速に対欧州向けの輸出が減少すると、その代替先としての中国に振り向けようとしても、PLの輸送能力を考えると十分とは言えない。

中国からみた石油事情

そこで、中国からみた石油・ガス事情についてみておきたい。原油については、図6-1に示したように、2020年の原油生産量をみると、中国は世界第六位であった。中国の原油輸出は110万トンにすぎなかったが、ガソリンなどの石油製品輸出は6520万トンにのぼった。採掘・輸入された原油は、石油精製過程に入る。その設備容量は米国に次ぐ世界第二位（世界全体の37%）、ロシアの2.5倍にもなる。中国は石油製品を輸出しているが（6520万トン）、それ以上に輸入している（8500万トン）。

他方で、2020年、中国は5億5720万トンの原油、8190万トンの石油製品を輸入した。原油輸入国の構成比を示したのが図6-2である。中国の原油輸入の約45%は中東諸国が占めており、その3分の1がサウジアラビアからのものだ。中国は残りの輸入を巧みに分散させており、ロシア、アフリカ（ナイジェリアとアンゴラが主要供給国）、南米（ブラジルが筆頭）がそれぞれ約13～15%を占めている。中国は、戦略的敵対国であるアメリカからも1980万トン（総輸入量の3.5%）の石油を購入している。

〔表6-1〕2016年春～2018年までの中ロの石油ガス資源および核開発分野の協力をめぐる主要な出来事

2016年3月3日	ガスプロムと中国銀行（Bank of China）は期限5年の20億ユーロの融資協定に署名
2016年春	CNPCとロスネフチは天津製油所建設プロジェクトを承認
2016年4月29日	ヤマルLNGは中国輸出入銀行および中国開発銀行との間で総額93億ユーロと98億元にのぼる15年間の融資協定に署名
2016年5月11日	プロジェクト「ヤマルLNG」に対する中国の持ち分増加
2016年6月2日	西ルートでのロシア産ガスの供給に関するCNPCとガスプロムの交渉
2016年6月	ロスネフチとSinopec、東シベリアでのガス加工・石油ガス化学コンプレクス建設プロジェクトへの参加に関する暫定協定に署名
2016年6月25日	ガスプロムとCNPCは中国領内でのガス地下貯蔵所とガス発電所の部面での相互理解議定書に署名
2016年9月2日	ロスネフチとSinopecは東シベリアにおけるガス加工・石油ガス化学コンプレクスの建設・稼働に関するプロジェクトの共同フィージビリティスタディ準備義務協定に署名
2016年11月	中国の北京ガスはロスネフチが支配するヴェルフネチョンスクネフチガス（ヴェルフネチョンスコエ鉱区［天然ガス埋蔵量1150億㎥、石油ガスコンデンセート1億7300万トン］開発権をもつ）株20%を11億ドルで購入。ロスネフチは中国へのガス供給への足掛かりとする
2016年11月7日	ガスプロムとCNPCは活動評価の国際技術標準創出の共同作業協力協定やガス燃料部面での協力可能性の調査実施議定書に署名
2016年11月7日	ガスプロムと中国開発銀行は相互理解議定書に署名し、ことにアムールガス加工工場建設プロジェクト実現に伴う資金調達などの協力の一般原則を定める
2016年12月30日	ロスネフチとCNPCは、2013年6月に締結した原油供給契約（年3500万トン［2017年1月から年7000万トン］を5年間）を年9100万トンとしたさらなる5年契約（2023年末まで）を締結
2017年2月15日	北京でのロシア企業「ガスプロム」トップと中国副首相、中国共産党中央委員会政治局常務委員会メンバーとの会談
2017年5月2日	ロスネフチと中国化工集団公司（ChemChina）の子会社（中国昊华化工集団股份有限公司, Haohua Chemical Corporation）はポリマーコーティング工場建設プロジェクト発展協定に署名
2017年5月15日	ロスネフチとCNPCは共同調整委員会の創設協定に署名。過去に2社で達成された合意の実現を助成するために設立。石油の長期供給やLNGプロジェクトの発展、石油ガス鉱区の探査・採掘、石油加工、設備生産、研究のような戦略的方向での協力プロジェクト推進も助成する
2017年5月15日	ガスプロムとCNPCはガスパイプライン「シーラ・シベリア」の中国側到着地でロシア・アムール州に接する黒竜江省など3カ所にガス地下貯蔵所を建設するための事前調査実施契約に署名
2017年7月4日	ガスプロムとCNPCはガスパイプライナ「シーラ・シベリア」に基づく2019年12月20日からの天然ガス供給開始をめざす追加協定に署名
2017年7月4日	ロスネフチと中国華信能源有限公司（CEFC, China Energy Company）はロスネフチからガソリンスタンド網での小売業を営む下流持ち株会社持ち分の取得オプションをCEFCが得る協定に署名
2017年11月1日	公開株式会社「ノヴァテク」と中国国家開発銀行は広範協力部面での相互理解覚書に署名

2017年11月1日	公開株式会社「ノヴァテク」と中国石油天然气集団公司（CNPC）は戦略的協力協定に署名
2017年前後から2018年春	2016年12月、ロスネフチ株19.5%の売却に際して、同株式を購入するためのコンソーシアムQHG Oil Ventures（スイスのトレーダーGlencoreとカタールのソヴェリン基金Qatar Investment Authorityからなる）が創設された。19.5%のうち、14.16%は中国のCEFCに、残りの5.34%のうち4.77%はQIAに、0.57%はGlencoreに売却されることになっていた。2017年9月、CEFCは14.16%を91億ドルでコンソーシアムから購入することで合意したが、CEFCの叶简明会長が逮捕される事件などからこの取引は実現されなかった。結局、QIAがこれを取得し、ロスネフチ株18.93%を所有することになった。この際、ロシアの複数銀行から合計22億ユーロとイタリアの銀行Intesa Sanpaoloから52億ユーロが融資された
2018年3月12日	ロスアトム、中ロ地域発展投資基金（中国核工業集団［CNNC］の利害代表者）は協力意向協定に署名。CNNCはザバイカル地方でのウラン鉱山開発に資金供与へ
2018年6月8日	ロスアトムは4基の原子炉建設などでの中国側との複数の協定を公表
2019年6月	ノヴァテクは、Arctic LNG 2の20%を中国企業（石油・ガス開発大手CNPCの子会社である中国石油天然気集団公司［CNODC］と中国海洋石油総公司［CNOOC］）に売却した後、中国国内でのガス販売について、現地のSinopecおよびガスプロム銀行と合弁事業契約を締結した
2019年12月2日	「シーラ・シベリア」の開通式
2020年5月	ガスプロムは、モンゴルを通過する中国への新しいガス輸出パイプライン（シーラ・シベリア-2, SS-2）の設計と調査作業を開始
2021年2月	ノヴァテクと中国のShenenergy Groupは、15年間、建設中のArctic LNG2プラントから300万トン以上の液化天然ガスを購入する長期契約を締結
2021年5月19日	2018年に合意したロシアの原子力会社ロスアトム製の加圧水型原子炉の増設に合わせて、習近平とプーチンがテレビ会議方式で式典に参列
2022年2月4日	中ロ首脳会談に伴い、ガスプロムがCNPCと、極東から中国にガスを供給する大型輸出契約（年間100㎥、25年間）を締結したことが明らかに。ロシアのパイプラインによる中国へのガス供給量は100億㎥増加し、累積で年間480億㎥（「シーラ・シベリア」による供給を含む）に達する。ロスネフチは、CNPCと10年間で1億トンの石油を供給する契約を締結した。今回の合意により、ロスネフチの石油の生産量の約4分の1が中国に輸出されることになる

（出所）各種資料

注目すべきは、原油輸送ルートである。中東からの輸送は、インド洋とマラッカ海峡を通るため、海上ルートは潜在的な制圧対象であり、対立が激化した場合、米国と同盟国の海軍力によって封鎖される可能性がある。これに対して、ロシアの原油は陸路（アムール州スコボロディノ付近の東シベリア太平洋PLの分岐点）か、沿海州コズミノ港（同PLの東端）から中国北東部の港まで、より短くて安全な海上ルートで中国へ運搬可能という利点がある。

ロスネフチは2021年、CNPCとの三つの長期契約に基づく4000万トンを含む5000万トンの原油を中国に供給した。CNPCとの契約のうち、

図6-1　2020年の原油生産量（単位：100万トン）

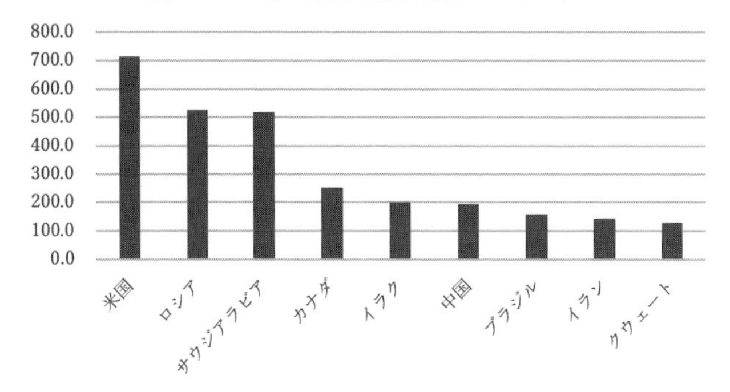

（出所）Statistical Review of World Energy 2021, BP, p. 19.

図6-2　中国の原油輸入構成比（2020年，単位：%）

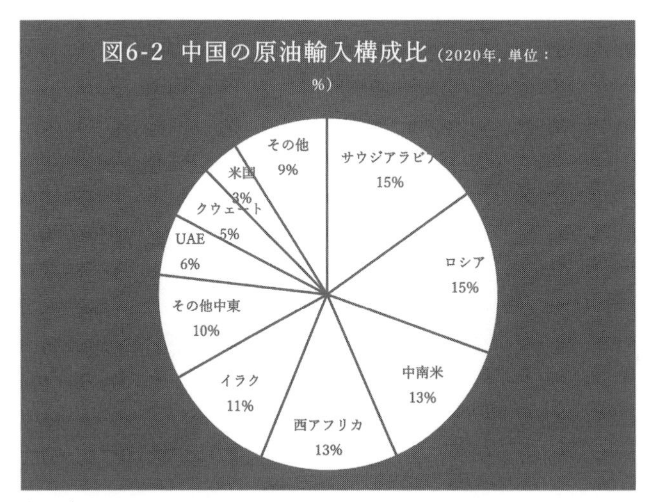

（出所）Statistical Review of World Energy 2021, BP, p. 32.

カザフスタン経由での1000万トンの供給は2023年に終了する。表6-1にある2022年2月4日に北京で署名された新しい契約には、今後10年間、同量の石油（年間1000万トン）を供給することが約束されている。

今後、ロシアの原油排除が広がるなかで、中国がどう対応するかは未知数だ。米国やオーストリアからの原油輸入を減らし、ロシアからの原油に置き換えることが予想される。ただ、それには製油所の原油に合わせた対応が必要となるため、迅速に対応可能かどうかはわからない。

ロシアにとって重要なのは、おそらく米国の石油産業を見習うことだろう。米石油産業は、衛星国であるカナダ、メキシコ、ブラジル（旧ベネズエラ、サウジアラビア）から原油を輸入し、ガソリンなどの石油製品に加工してメキシコやカナダに輸出している。米国は世界の軽油・重油製品の約24%を生産している。ロシアのその割合は長年、6～6.5%程度にすぎない。ロシアは2021年の生産量5億2400万トンのうち、43%にあたる2億3000万トンが輸出用であった。国内で石油製品に精製し、輸出に回す体制が脆弱なのだ。つまり、製油所の近代化により、石油の付加価値の創出に思い切った投資を行うことが求められている。

原油取引では、数千万トン単位の長期契約が主たる取引であるのに対し、石油製品は数万トンから数十万トン単位のスポット納入が中心となっている。後者の場合、洗練されたマーケティングが必要だが、石油製品に制裁というかたちでさまざまな貿易制限を加えることは難しい。たとえば、ウラル原油には産地が一目でわかるような等級表示がされている。ガソリンやパラフィンのような標準化された燃料の場合には、原産地を追跡することは非常に困難である。ゆえに、石油製品による輸出に力点を置くことは、今後の方向性として考えられる。

中国からみたガス事情

中国は天然ガスも産出する。図6-3に示したように、世界第四位のガス生産国だ。中国のガス消費量はこの10年で3倍に増え、生産が需要に追いついていないのが現状だ。2010年に中国自身の天然ガス資源の不足分は11%であったが、2020年にはすでに40%を超え、1370億㎥に達するという（2022年2月公表の「エクスペルト」［https://expert.ru/expert/2022/07/ne-vsegda-vmeste-no-nikogda-protiv/］を参照）。

このギャップを埋めるため、中国は陸上PLによるガス輸入のほか、液化天然ガス（LNG）の輸入を行っている。すでに、ガス輸入の3分の2をPLではなく、LNGで賄っている。LNGの輸入量(2020年は940億㎥)のうち、オーストラリアから406億㎥、カタールから112億㎥、マレーシアから83億㎥などを輸入している。ロシアのLNGの対中輸出量も増えており、2020年の実績は69億㎥だった（図6-4を参照）。

陸路によるPLによるガス輸入をみると、2020年の中国のPLによるガス輸入量は451億㎥で、そのうちトルクメニスタンから272億㎥、カザフスタンから68億㎥、ロシアから39億㎥、ミャンマーからも39㎥、

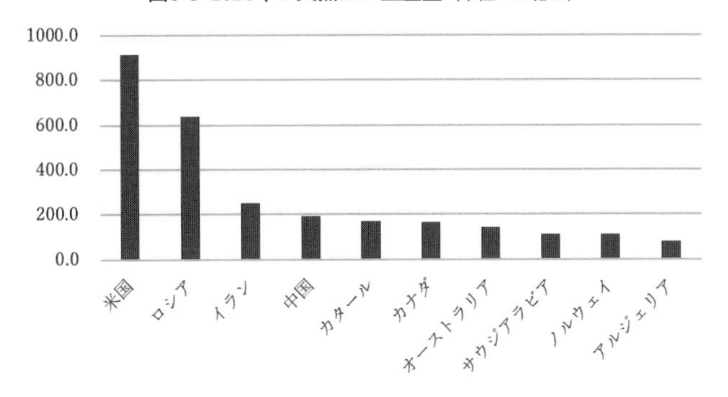

図6-3 2020年の天然ガス生産量（単位：10億㎥）

（出所）Statistical Review of World Energy 2021, BP, p. 36.

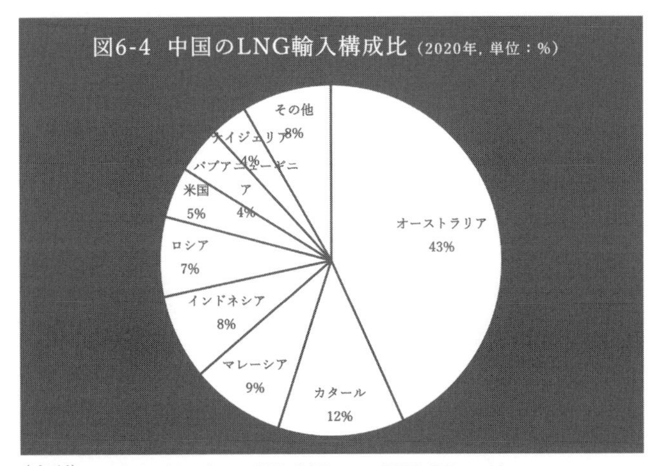

図6-4 中国のLNG輸入構成比（2020年，単位：%）

（出所）Statistical Review of World Energy 2021, BP, p. 44.

ウズベキスタンから33億㎥を輸入した。注目されるのは、プーチン・習会談の翌日の2月5日、トルクメンのグルバングル・ベルディムハメドフ大統領が北京で習近平と会談し、中央アジアから中国へのガス供給量をさらに増やすため、4本目のPL建設に合意したことだ。

2019年12月に開通したロシアから中国へのガスPLルート（SS）で中国に送られたガス量は2020年に41億㎥にすぎなかった。当時のヨーロッパ・トルコ向けの出荷が1680億㎥であったことを考えると、心もとないが、2021年1～11月の供給量は89.71億㎥で、年間計画の100億㎥を達成できた模倣だ。このルートの出荷量は徐々に増加し、2025

年には設計容量の年380億㎥に達する見込みだ。

2021年末に着工した「シーラ・シベリア-2」(SS-2) が重要である。これは、イルクーツク州北部のコヴィクタ・ガス田を主な供給源として南西に向かって建設中で、その輸送能力は年380億㎥。加えて、野心的な計画もある。総延長約7000km（シーラ・シベリアの2倍以上）で、輸送能力は年500億㎥と言われている。ただし、SS-2による中国側への供給契約はまだ締結されていない。

中ロの協力関係が深化すれば、こうした計画も実現に向かうかもしれない。ロシアのセルゲイ・ラヴロフ外相は2022年3月30日、王毅国務委員兼外相と安徽省屯渓で会談したが、「中国はロシアと協力し、両首脳の重要な合意に基づき行動し、新時代の中ロ関係をより高いレベルまで促進する用意がある」と語っていることに注意喚起しておきたい（中国外務省の発表［https://www.fmprc.gov.cn/mfa_eng/zxxx_662805/202203/t20220331_10658029.html］を参照)。

ここでの石油と天然ガスの説明の最後に全体像を地図で示しておきたい。下図6-5については、カラーで見ることができる。https://expert.

〔図6-5〕ロシア・中央アジアから中国への石油・天然ガスの供給ルート

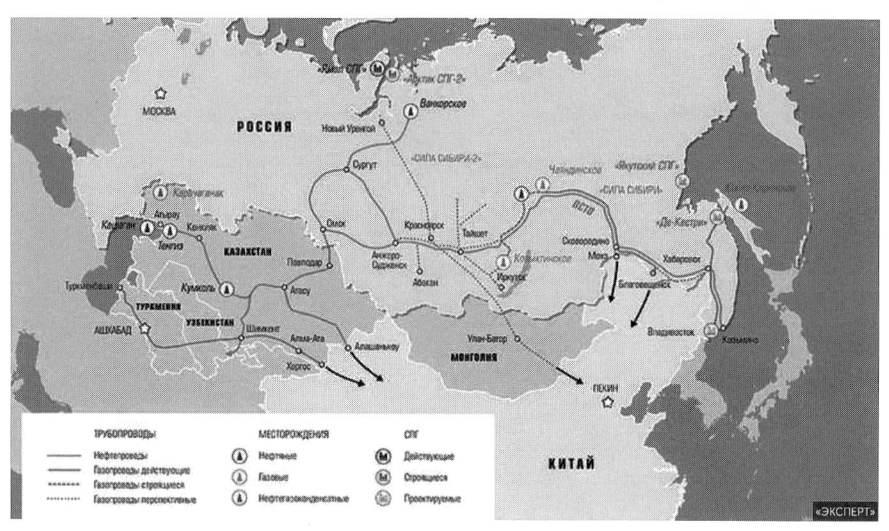

Маршруты поставок нефти и природного газа в Китай из России и Центральной Азии

（出所）https://expert.ru/expert/2022/07/ne-vsegda-vmeste-no-nikogda-protiv/

ru/expert/2022/07/ne-vsegda-vmeste-no-nikogda-protiv/ にアクセスしてほしい。ロシア語で表記されているが、グレーは石油 PL、ブルーは天然ガス PL を表している。点線は計画中のプロジェクトだ。

プーチンは 2022 年 4 月 14 日、セクター別会議で、欧州で広がるロシアからの石油・天然ガス輸入の禁止への対抗措置として、これらを南と東への輸出に再集中させるよう命じた。天然ガスの場合、ロシアがアジア太平洋地域へのガス供給を増やすには、LNG とシーラ・シベリア（SS）PL によって最大年 380 億㎥もの増加をめざす必要がある。プーチンは、SS とサハリン・ハバロフスク・ウラジオストク（SKV）PL を統一ガス供給システム（UGSS）に含めることを指示した。

東側の UGSS は、現在ノボシビルスク州とケメロヴォ州の境界で途切れている。SS-2 プロジェクトは、「ケメロヴォークラスノヤルスクータイシェットーイルクーツク」のルートで 1400km の区間を建設し、PL を南下させてモンゴル、中国まで送る計画だ。すでに建設されている SS の PL の資源基地であるコヴィクタ鉱区とイルクーツクを結ぶには、バイカル湖西岸に沿って 700km の区間を追加で建設する必要がある。また、SS システムと SKV を接続するには、ブラゴヴェシチェンスクからハバロフスクまでの約 700km の区間を建設しなければならない。いずれにしても、PL 建設には 5 年はかかるだろう。

石油については、輸出を東に振り向けるには、①東シベリア・太平洋（ESPO）パイプラインシステムの拡張、②バルト海や黒海の港からアジア太平洋地域に石油を輸送 —— といった方法がある。①については、現在、西シベリアの油田からアムール州のスコボロディノまでを結ぶパイプライン「ESPO-1」の輸送能力は年 8000 万トンである。スコボロディノからは中国向けに 3000 万トンの分岐があり、ナホトカのコズミノ港までには 5000 万トンの ESPO-2 がある。ESPO-1 の拡張が必要となる。②については、石油パイプラインや港湾などの既存インフラの拡張や新規建設のほか、タンカー傭船といった海運問題も解決しなければならない。

2. 中ロ貿易の現状

ここで、中ロ間の貿易額をみてみよう。図6-6は、ロシアの対中貿易額（ブルーの棒線グラフ）と貿易額に占める中国の割合（赤の折れ線グラフ）の推移を示している（出所にアクセスしてほしい）。黄色のなかにある数字は中国貿易の順位を表している。ロシアからみると、2021年の対中貿易額は1400億ドルを超え、過去最高を記録した（35.86%増の1413億7000万ドル）。全体の対外貿易額に占める中国の割合は17.9%とわずかに減少したものの、2010年以降、ずっと中国はロシアにとっての最大の貿易相手でありつづけている。

2022年2月4日のプーチン・習首脳会談では、2024年までにロシアと中国の物品・サービス貿易を2000億ドルに拡大するロードマップが採択された。ロシアと中国の物品・サービス貿易は、2024年までに2000億ドルに達すると予想されている。

〔図6-6〕ロシアの対中貿易額（単位：10億ドル）と
貿易額に占める中国の割合（%）の推移

（備考）■の数字はロシア貿易に占める中国の順位を表している。
（出所）https://expert.ru/expert/2022/07/ne-vsegda-vmeste-no-nikogda-protiv/

〔図6-7〕中国の国別貿易額
（2021年1～9月，単位：10億ドル）

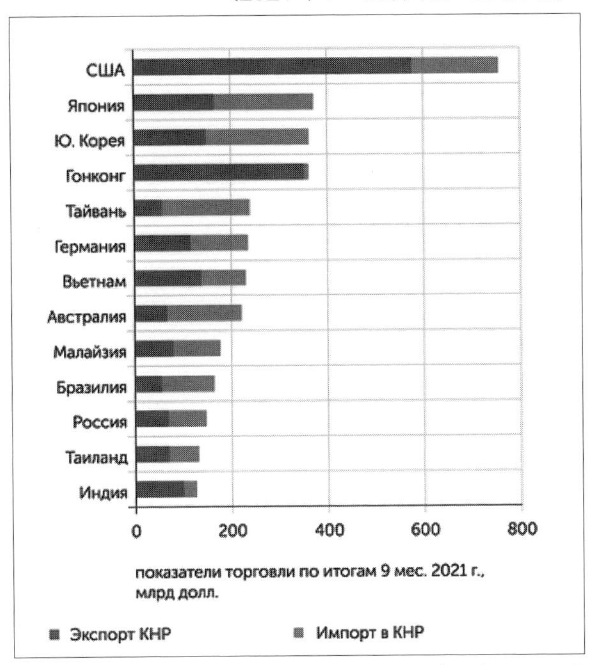

（備考）上から、米国、日本、韓国、香港、台湾、ドイツ、ベトナム、オーストラリア、マレーシア、ブラジル、ロシア、タイ、インド。
（出所）https://expert.ru/expert/2022/07/ne-vsegda-vmeste-no-nikogda-protiv/

中国からみたロシアはそれほど重要な貿易相手ではない。2021年1～9月の中国の国別貿易額を中国の輸出（ブルー部分）と輸入（ピンク部分）に分けて示した図6-7（出所にアクセスしてほしい）からわかるように、中国にとって最大の貿易相手国は米国（7560億ドル）であり、ついで、日本（3720億ドル）、韓国（3620億ドル）、台湾（2390億ドル）の順になっている（図では、韓国と台湾の間に香港が入っている）。その後、ドイツ、ベトナム、オーストラリア、マレーシア、ブラジル、ロシア、タイ、インドとつづく。つまり、中国にとって、ロシアは最優先、最重要の貿易相手国ではない。ゆえに、中国は欧米の対ロ制裁の二次制裁を恐れて、ロシアに対するほぼすべての金融制裁を支持しており、つまり自国の利益を重視している。

〔図 6-8〕ロシアの対中貿易収支の推移

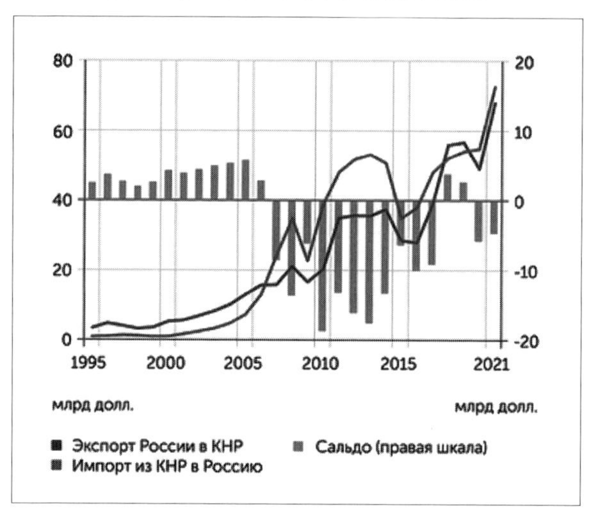

（備考）赤線はロシアの対中輸出額、青線はロシアの中国からの輸入額、
ピンクはその差額（いずれも単位は 10 億ドル）。
（出所）https://expert.ru/expert/2022/07/ne-vsegda-vmeste-no-nikogda-protiv/

中ロの貿易収支の推移を示した図 6-8 からわかるように、ロシアにとって最大の貿易相手国中国との貿易不均衡は改善の兆しをみせていた（これもカラー印刷なので、https://expert.ru/expert/2022/07/ne-vsegda-vmeste-no-nikogda-protiv/ にアクセスしたうえで、図 6-8 の備考を参照してほしい）。過去 10 年の前半、ロシアの対中貿易赤字は年間 150 億ドルにも及んだが、ここ 2 年間は 50 億ドル前後で安定している（これはパンデミックによる一時的な影響である可能性が高い）。この構造変化に寄与したのは、多様化した食品輸出によるところが大きい。従来の極東の魚介類に加え、植物油、油糧種子、肉、菓子類、飲料などがロシアのあらゆる地域から中国に輸出されている。また、中国の問題（環境問題、競争力低下、貿易戦争など）を背景に、ここ 2 年ほど、中国の金属輸入が増加していることも重要な変化だ。2010 年代には、ロシアから中国への供給はニッケルと銅だけだったが、いまではアルミニウム、直接還元鉄、鉄鋼、鋳鉄も大量に輸出されている。

どうなる今後の中ロ貿易

おそらく欧米による貿易からのロシア排除で、ロシアと中国との貿易

〔図6-9〕1人民元の対ルーブルレートの推移

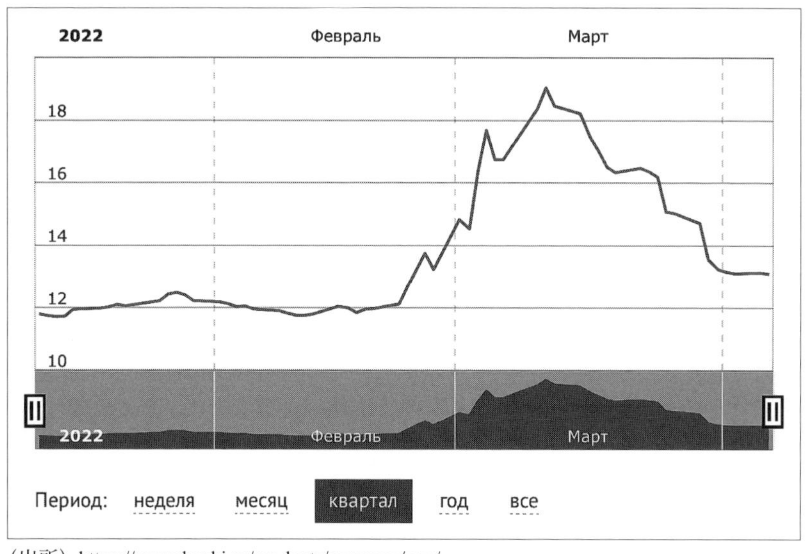

（出所）https://www.banki.ru/products/currency/cny/

は今後、急速に拡大することが予想されている。まず、金融制裁の直撃で、ルーブルが大幅に下落したことから、ルーブルはドルに対してだけでなく、人民元に対しても非常に割安な水準にあることを確認しておきたい。図6-9からわかるように、ルーブルは人民元に対して1元＝12ルーブル前後の水準から2022年3月には、一時1元＝18ルーブルを超える水準まで売り込まれた。そのため、ロシアは中国への輸出をしやすい状況にある。

このところの食品に加えて、林業の合理的な改革を行い、木材加工を発展させることができれば、対中輸出は着実に増加するだろう。

最大の問題となるのは、二国間貿易の決済通貨として何を使うかという問題だ。ロシア中銀によると、2014年のルーブル建て相互決済は1.4％、人民元建て相互決済は0.7％だったが、2021年半ばにはそれぞれ9.3％、7.5％に上昇した。別の情報（https://novayagazeta.ru/articles/2022/03/03/ostrov-rossiia）では、2021年の数字として、中国はロシアの供給額の約9％をルーブルで支払い、ロシアは中国からの供給額の約27％を人民元で支払った。つまり、ロシアの中国からの輸入では、人民元による決済の割合を高めていることになるが、ロシア企業は依然として中国からの輸入品を主に米ドルで支払っているのが現状だった(2021年1～9月で58%)。ルーブルと人民元での決済の割合は2014年の9%から31%に増加したとは言え、今後、この割合がどこまで高まるかが注目される。

モスクワ取引所の人民元取引高は2022年1～2月の平均取引高333億ルーブルから3月には6倍強の2070億ルーブルに増加しており、人民元購入は主に輸入業者によってなされているという（「エクスペルト」[https://expert.ru/expert/2022/15/pereshli-na-kitayskiy/] を参照)。

なお、金融メッセージング・サービスの世界的供給機関、世界銀行間金融通信協会（SWIFT）は2021年1月、中国の通貨人民元（RMB）が1つ順位を上げ、2021年12月の世界の決済（金融・貿易決済など）における金額ベースで4番目に多い通貨となり、シェアは2.7%になったと発表した（資料[https://www.chinadaily.com.cn/a/202201/21/WS61ea59baa310cdd39bc82826.html]参照)。中国は2014年にIMFに申請し、2016年から自国通貨を準備通貨バスケットに組み入れている。人民元の決済額は2021年11月と比較して34.6%増加し、一般的にすべての決済通貨は6.44%増加した。2021年には、中国の輸出品の28%を人民元建てで支払い、2013年のわずか2%から大きく増加している。

他方で、ロシアの対中輸出企業にとって、ユーロが主要な決済通貨であり、2021年1～9月期には48%、これに対してドルは37%であった(なお、2021年1～9月のデータによると、ロシアの全体としての輸出契約の約55%はドル建てで、契約のほぼ30%がユーロ建て)。中国に対して、ロシアの輸出企業がどこまでルーブル建て決済を要求できるか、あるいは元建て決済でもいいと譲歩するかといった決済為替をめぐる力関係も今後の焦点となるだろう。

「第七章　修正迫られる近代制度」で論じる内容を先取りして言えば、中国にとっていまは、人民元の国際化の絶好のチャンスであると考えられる。中ロ貿易での元建て決済を急増させて、決済通貨としてのドルの優位を突き崩すができれば、覇権国となるための絶対的条件の一つである中国による金融支配のための基盤を構築することにつながる。対ロ貿易だけでなく、ロシア以外の第三国との貿易でも元建て決済を広げられれば、中ロを中心とした貿易圏内において、人民元の決済通貨としての役割を飛躍的に高めることが可能となる。この動きに中国政府が推し進めているデジタル人民元（中国版中央銀行デジタル通貨［CBDC］）を結びつければ、21世紀のまったく新しい国際金融決済ネットワークの構築をもたらすかもしれないのだ。

こうした可能性がある以上、中国はロシアを決して見捨てないだろう。たとえば、もし中国がロシアのウクライナ侵攻を非難し、経済支援を見送った場合、米国政府はその中国の譲歩に対して、何かとてつもない譲歩を示すだろうか。中国自体が中国共産党による支配という政治体制を変えない以上、米国の中国への広範かつ長期的な圧力が緩和される可能性はほとんどない。むしろ、もし中国がロシアを見捨てたら、米国は中国だけを標的にした攻撃を仕掛けてくるだけの話なのだ。

すでに、中国は2014年から2015年の2年間でロシアに300億ドル以上の融資を行い、企業の負債を借り換えたという経験がある。今後、急速に深まるであろうロシアの景気後退に対して、中国が元建てによる巨額融資というかたちでロシアの負債を借り換えたり、元をルーブルに換えたうえでルーブル資産を買収したりすれば、ロシア国内に大量の元が出回り、それがロシア以外の第三国へと流通する契機ともなる。その意味で、今後、中国の政府や企業がロシアへの投資をどうするかが重要なポイントとなる。

中国によるロシア投資

ぼくは2000～2014年まで毎年1、2回ロシアに出張に出かけていた(2014年2月にFSBに拉致されて以降、ぼくはロシアを訪問していない［詳しくは拙著『プーチン露大統領とその仲間たち：私が「KGB」に拉致された背景』を参照］)。その際、必ず会っていたのがヴァシリー・カーシンだ。彼は現在、国立研究大学・高等経済学院の欧州・国際統合研究センター長を務めている。ロシアにおける最良の中国研究者だ。チベットを研究するために中国語を学ばざるをえなかったという彼は、実に真摯な学者である、とぼくは感じてきた。そこで、彼の二つのインタビュー（2022年2月［https://expert.ru/expert/2022/07/v-peregovorakh-s-kitaytsami-toropitsya-samoye-posledneye-delo/］と3月［https://novayagazeta.ru/articles/2022/03/03/nyneshnie-sobytiia-garantiruiut-pobedu-kitaiu］）を参考にしながら、中国の対ロ投資について論じてみたい。

まず、彼は「貿易が増えると、中国から何が得られるのか？例えば、自動車メーカーがロシアへの車やスペアパーツの供給を停止する。中国は代替できるのか？」との質問に対して、「中国は、あらゆる種類の工業製品を生産する世界最大の国だ。今後、韓国やヨーロッパの自動車メーカーに代わって、中国の自動車メーカーが台頭してくると思う。どうやら、どうにかして生産資産も手に入れることができそうだ」と答えている。さらに、「レニングラード地方やカルーガなどにある工場は、すべて中国に渡ってしまうのでしょうか？」という問いかけに、「そう思います、はい」と率直に発言している。

サンクトペテルブルク市には、現代（Hyundai）、日産、トヨタの工場がある。レニングラード州には、Ford の工場が存在する。カル ― ガ州には、フォルクスワーゲンとシュコダの操業中だ。本当に、こうした自動車工場を中国系企業が買収することになるかどうかはまだわからないが、おそらくロシア排除という動きの広がりのなかで、その可能性は高いだろう。ただし、すでに第四章第五節で説明したように、生産停止されたロシア内の外資系資産の今後についてはまだ不透明だ。キーシンの見立てでは、今後、中国には二つの方向性がある。一つは、欧州の輸入車が撤退するロシア自動車市場の掌握、もう一つは、自動車部品供給における欧州勢に対する段階的な代替だ。

表 5-2 にあるハヴァル（Haval）は、中国の長城汽車が展開している SUV ブランドで、2019 年 6 月からトゥーラ州の工場で現地化比率 30% 程度の生産をはじめた。2020 年には、年産 8 万基のエンジン工場の建設に着手しており、ロシアへの本格進出中だ。興味深いのは、2022 年 2 月 4 日に北京で行われたプーチン・習首脳会談で、UAZ 工場などをもつソレルス（Sollers）グループとの共同プロジェクトとして、中国の奇瑞汽車ブランド、Chery のロシアでの現地生産を開始する可能性についても話し合われたと、プーチンの報道官が明らかにしたことである。

吉利汽車のブランド Geely については、同社はベラルーシの工場で製造し、ロシアに輸出してきた。同社は物流の断絶と組立部品の供給遅れを理由に、3 月 16 日から 4 月 1 日までベラルーシ工場での生産停止を発表済だ。今後、吉利がどう対応するかに注目が集まっている。

中ロ旅客機開発は頓挫か

中ロ間には、ロシアの統一航空機製造コーポレーション（OAK）と中国の中国商用飛機（China Civil Aviation Corporation, COMAC）との間で共同開発している新世代のワイドボディ長距離旅客機、CR929がある（Cは中国、Rはロシアを表す）。2016年6月25日、OAKとCOMACの指導者は北京で大型長距離旅客機CR929の開発・生産・販売のための合弁会社に関する協定に調印した。2017年になって、上海に「中ロ商機国際公司」（CRAIC）が設立され、新プロジェクトの運営会社となった。2019年に2社は契約に調印し、2023年の初飛行、2026年の納入開始を準備することになった。機体の基本仕様は、281人乗りの3クラス仕様、291人乗りの2クラス仕様、405人乗りの1クラス仕様の3種類が想定されている。プログラムは2045年まで継続させる。OAKとCOMACの事前の見積もりによると、2023～2041年の大型旅客機の世界の需要は最小でも8200機になり、うち中国だけで1500機の需要が見込まれるとみていた。

中国の民間航空業界は2020年以降、米国の深刻な制裁下にあり、米国はCOMACを構成する主要企業を軍事企業に指定している。そのような企業への材料や機器の供給に関するライセンス制度が導入されたため、最新技術の導入に苦しんでいる。加えて、今回の対ロ制裁強化で、ロシア側も大きな打撃を受けており、2025年から2027年にかけて最初の納入を開始するという計画は実現できそうもない。

なお、蛇足ながら、ロシアが味わっている別件の困難について説明しておきたい。中国との共同開発ではないが、ロシアは中型旅客機MS-21の開発を進めており、こちらでも米国からのエンジン供給を受けられずに困っている。

2000年代はじめから、MS-21の開発に取り組んだのは、株式会社「ヤコヴレフ記念設計ビューロー」とOAK傘下のイルクートである。MS-21には、163～211席のMS-21-300と、132～165席のMS-21-200がある。ほかに212席を超すもの（MS-21-400）も開発中と伝えられている。MS-21は、ロシア国内産のTu-154やTu-204の代替機となるほか、Boing 737シリーズやAirbus320/321のシェアを引き下げるねらいもある。カタログ価格は1機8500万～9000万ドルで、Airbus-320 Neoの9000万ドル、Boing 737 MAXの1億ドルに比べると、若干安価となる。

開発投資額は150億ドル（2016年6月の為替換算で9500億ルーブル）とも言われており、SSJ-100の開発投資額の約20億ドルに比べると、けた違いに巨額の投資がおこなわれたことがわかる。エンジンは米国のPratt & Whiney（United Technologies 傘下）が製造する PW1400G を搭載する。その後、2012 年 4 月、MS-21 を開発するイルクートは、MS-21 向けエンジンの調達先を米国の Pratt & Whitney と、ロシアの統一エンジン製造コーポレーションの 2 社とすることを決めたことが明らかになった。前者からはエンジン PW1000G を、後者からは PD-14 を購入する。

Pratt & Whiney がエンジンを 2 セットしか納入していないため、OAK は 2022 年の MS-21 型機の納入計画を 4 機から 2 機に減らさざるをえなくっている。ロシア製の PD-14 を搭載した MS-21 の供給は 2024 年開始が予定されており、今回の Pratt & Whiney による遅延が長引けば、MS-21 の供給に大きな狂いが生じるだろう。ゆえに、トゥポレフブランドの Tu-204 と Tu-214（Tu-204-200 を改称したもの）については製造を停止し、MS-21 の製造に切りかえる方針が 2009 年 1 月に示されていたが、同方針が転換され、Tu-204 や Tu-214 が代替生産されることになった。

中ロ投資案件

中ロ投資の全体像について語るには、2020 年 12 月にビデオ会議で開催された第七回中ロ投資協力政府間委員会（2014 年設立）の年次総会の内容からはじめるのがいいだろう。ロシアの政府系ファンドであるロシア直接投資基金（RDIF）と、RDIF と中国投資有限責任公司（CIC）が設立したロシア・中国投資基金（RCIF）の代表団が総会に参加し、委員会の議長は、ロシア側がアンドレイ・ベロウソフ第一副首相、中国側が韓正・中華人民共和国国務院副総理が務めた。

会議の結果を受けて、委員会の共同議長は、70 件の重要プロジェクトのリストを承認し、投資申告額は約 1070 億ドルに達した（当初の総投資額は 1120 億ドルで、ロシアは 65 件、1062 億ドル、中国は 5 件、58 億ドル）。これは、同年 11 月に署名された議定書にある 70 の重要プロジェクトをさしている。同年 10 月には、大きな可能性を秘めながらもまだ初期段階にある 22 の有望なプロジェクトのリストに合意しており、ロシア経済発展貿易省対外経済活動分析支援局のエレナ・メリニコワ局長によれば、「合計で 92 のプロジェクト、1510 億ドル以上の投資を宣言したことになる」という。

彼女によれば、「2014 年以降、17 のプロジェクトが実施され、総投資額は130億ドルにのぼっている」。これにより、極東、シベリア、中央の各連邦管区で、ロシア人に1万8000人以上の雇用が生まれたという。

彼女が重要なプロジェクトと考えるプロジェクトには、①トゥーラ州のハヴァル自動車工場（長城汽車股份有限公司［Great Wall Motor Company Limited］のSUVブランド［Haval、中国名：哈弗］などを製造するために、同社のロシア子会社が424億ルーブルを投資することが2020年9月に明らかになったもので、当初、2022年末完工が計画された）、②タタールスタン共和国の冷蔵庫工場（海尔集团公司［Haier］のロシア子会社は2014年3月、産業パーク「マスチェル」との間で、冷蔵庫の生産施設設立協定を締結し、初期段階では冷蔵庫5機種、年間25万台の製造が予定されていた）、③ヤロスラヴリ州のエンジン工場（自動車会社カマズ［Kamaz］は2018年9月、潍柴控股集团有限公司［ヴァイチャイ、Weichai］との間でエンジン製造のために50対50の合弁会社を設立した）、④ザバイカルスキー地方のビストリンスキー鉱床の開発（同鉱床には、金・鉄・銅があり、その開発・選鉱を担うビストリンスキーGOK［鉱山・選鉱会社］に対して、中国のハイランド・ファンドは2015年に1億ドルを投資した。同鉱山は2019年に商業運転を開始し、同年、750万トンの採掘鉱石を処理し、17万900トンの銅精鉱と312.6トンの金精鉱を生産した。2020年には、ビストリンスキーGOKの銅精鉱が初めて中国に輸出された。2021年になって、同社のIPOに対する意見対立から、株式の50.01%を保有する親会社、ノリリスク・ニッケルは、中国のハイランド・ファンドとプット・オプションを締結した。このプット・オプションは、中国側がもつビストリンスコエGOK株13.3%をロシア側に売却する権利と、その証券を買い戻す義務からなっており、2021年末までにプット・オプションが行使された場合、中国側は撤退することになる）、⑤トゥヴァ共和国のキジル - タシチグ鉱床の開発（キジル - タシチグ多金属鉱床の開発ライセンスのオークションが2006年に行われ、トムスクに本社を置くペルスペクティバと中国のシノペック［Sinopec］傘下のルンシンが落札した。亜鉛の生産をねらったものだ。その後、石炭埋蔵量8億5500万トンのエレジェスト石炭鉱床開発後の石炭輸送手段として「キジル－クラギノ」間に全長約410㎞の鉄道を敷設する30年間のコンセッション［2018年10月から2048年12月まで］が「TEPKキジル - クラギノ」によって進められた［エレジェストのライセンスをもつルスラン・バイサロフがTEPK株100%を保有］。たが、2021年になって、政府はこのコンセッション契約を、追加の支払いや罰則なしに最大5年間停止する決定をくだした）—— がある。
これからわかるように、ロシア側が重要とみなすプロジェクトであっても、必ずしも順調であるわけではない。

中ロ投資がどうなるかについては、分野ごとの事情が異なるため、一概には言えない（すでに個別の産業部門の一部の事情については第五章第四節で説明した）。ただ、中国政府の「元の国際化」推進といった明確な方針がなければ、個別企業だけの判断だけでは巨額の思い切った投資にはなかなか踏み出せないのではないか。ロシアの東洋学者、ミハイル・カルポフは、「おそらく中国はロシアに人民元で融資し、ロシアの石油やガスを低価格で購入し、さらにターゲットを絞った支援を行うかもしれない。しかし、ロシアで中国の投資拡大が行われることはないだろう。また、ロシアの資産を買収することもないと思う」とみている（資料［https://novayagazeta.ru/articles/2022/03/24/kogda-rossiia-zaiavila-o-povorote-na-vostok-kitai-nachal-distantsirovatsia］を参照）。

3. 軍事と北極圏の協力関係

つぎの軍事面と北極圏での中ロ協力関係について説明したい。マスメディアには、「日本海で「特異な動き」 中ロ接近、軍事同盟の様相」(https://www.nikkei.com/article/DGXZQOGM192PM0Z10C22A1000000/）といった論調がみられるが、中ロの軍事関係はそんな単純なものではない。

戦闘機メーカーはライバル関係

まず、中ロの戦闘機メーカーがそもそもライバル関係にあったことを知っておくべきだろう。2005年2月、ロシア国防輸出（ROE）は中国に航空機エンジンRD-93、100基を2億3800万ドルで供給する合意を締結した。それを開発したのは、ペテルブルクのクリモフ記念工場で、量産はチェルヌイシェフ記念モスクワ機械製作企業（アバロンプロムの100%子会社である統合エンジン製造コーポレーションに属している）で行われている。エンジンは中国がパキスタンに輸出する、戦闘機JH-17(FC-1）に使われる。

契約には、第三国へのエンジンの再輸出を禁止する条項があった。2006年末、中国側に15基のRD-93が最初に納入されたが、このころすでに、中国とパキスタンの政府は戦闘機JH-17（FC-1)、150機の納入契約を締結していたと言われている。ロシア政府とインド政府との間には、パキスタンへの軍事技術供与を禁止する合意が締結されていたから、この中国とパキスタンの合意は、ロシア製エンジンが中国経由でパキスタンに輸出されるというセンセーショナルなものであった。それだけでなく、2007年6月には、パキスタンの航空機工場がJF-17の製造に着手した。2008年からは、部品や設備の約50%を自ら製造し、残りを中国から輸入して組み立てることになった。これに対して、ロシア政府はエンジンの再輸出禁止という契約に違反しているとして激昂した。

フランスのように、パキスタンに最新兵器を販売する一方で、インドにも軍事技術協力をしている国もある。JF-17（FC-1）はロシアがインドに輸出している戦闘機Su-30MKIよりも旧式の戦闘機でもあるため、結局、ロシアの連邦軍事技術協力局（当時）は中国がロシア製エンジンRD-93をパキスタン、ナイジェリア、バングラデシュ、サウジアラビア、エジプト、アルジェリアに再輸出することを許可した。

このJF-17（FC-1）はMiG-29のライバルにあたる。このため、エジプトでは、MiG-29とJF-17（FC-1）がしのぎを削っている。2009年にMiG-29とJF-17（FC-1）はミャンマーへの納入で激突した。前者の価格は1機約3500万ドルに対して、後者の価格は1000万ドルときわめて安価であるという特徴がある。ロシアは5億ユーロ分だけミャンマー政府と契約できたにすぎない。ついで、ロシアは2010年春、32機までのMiG-29を輸出する交渉をエジプトと行ったが、同じころ、エジプトはJF-17（FC-1）のメーカーとも輸入交渉に入ったが、エジプトではロシア側は契約にこぎつけることができなかった。

加えて、JF-17（FC-1）をパキスタンで共同生産する交渉さえ開始されているという情報が2010年に明らかになる（Коммерсантъ, Jul. 5, 2010)。こうした状況から、2008年12月から航空機ホールディング会社スホイ社長とミグ社長を兼務していたミハイル・ポゴシャンは2010年夏、連邦軍事技術協力局とROEに対して、100基のRD-93をJF-17（FC-1）向けに中国に供給する新しい契約を締結しないように書簡で求める事態にまでなる。

JF-17(FC-1)はMiG-29の類似機だ。中国にはほかにも、Su-27をコピーしたJ-10、Su-30をまねたJ-11、Su-33をウクライナからのT10KとともにコピーしたJ-15、Su-30MK2をまねたJ-16がある。2011年8月の情報では、中国の第五世代戦闘機と呼ばれているJ-20がロシアのミコヤン1.44ステルス機と類似していることがわかった。

2010年9月、メドヴェージェフ大統領（当時）は中国を訪問し、胡錦濤国家主席（当時）と会談するなど、対中協力関係は石油やガス、原子力関連などで進展をみた。しかし、軍事協力については目立った協力関係は結ばれなかった。それほど、この当時、ロシアは対中軍事協力に警戒心をいだいていたと指摘できる。

2010年10月には、防空ミサイルシステム、S-300に関する技術関連情報を取得しようとして買収をはかった中国人がロシア国内で逮捕され、2011年10月、起訴された。

こうした逆風が吹いていたなかで、2015年11月、24機のSu-35を中国に供給する契約が締結された。少なくとも20億ドル規模の大型商談だ。その最初のSu-35は2016年12月25日までに中国側に引き渡された。中国との間では、このほかに、2017年から納入が開始される防空ミサイル・コンプレクス「S-400」、6基の輸出も決まり、2015年の受注総額は50億ドル強となったとみられている（2014年に最初のS-400の契約が行われた）。

中国がほしがっているものにロケットエンジンのRD-180がある。これはロシアによって開発され、米国のアトラスロケットの一部にも装備されている。同エンジンは米国政府の対ロ制裁にもかかわらず、米国のUnited Launch Alliance (ULA)やOrbital ATKに輸出されてきた。1990年代半ばから122機のRD-180が米国に納入されてきたが、米国が購入を断念したことで、中国への輸出に振り向ける可能性が高まっている。

他方で、中国は2021年1年間だけで、8隻の大型駆逐艦（うち3隻は欧米ではミサイル巡洋艦に分類される）、2隻の多目的揚陸艦、多数の小型艦を就役させた。そこで、2014年の対ロ制裁以降、ロシアは一部の艦艇や国境警備隊のディーゼルエンジンを中国から購入するようになった。小型ミサイル艦などに搭載されている。だが、このエンジンと同等の性能をもつエンジンの生産が確立されると、こうした購入は停止されてしまった。全体として、中国が明らかに優位な分野であっても、ロシアは中国からの購入は最小限にとどめるようにしてきたことになる。軍備はあくまで自国製品に頼りたいというのがロシアの方針だ。それも今後、この方針を維持できなく可能性が高い。つまり、武器製造における中ロ協力の深化が問われることになる。

微妙な中国との軍事関係

こうした中ロの軍事技術をめぐる微妙な関係は、近年になっても逮捕者まで出す事態がつづいていることに現れている。サンクトペテルブルクの北極科学アカデミーのトップだったヴァレリー・ミトコは2020年6月、サンクトペテルブルク連邦保安局（FSB）の捜査に基づいて大逆罪（刑法第275条）で起訴された（2020年6月16日付の「コメルサント電子版」［https://www.kommersant.ru/doc/4379222］を参照）。本人は否定しているが。水中音響の分野の開発や潜水艦の探知方法に関する秘密情報を中国に渡した嫌疑がかかっている。2021年8月には、高齢なため自宅軟禁状態に置かれている彼の散歩をめぐって、一般管轄の第三審裁判所は、毎日2時間の散歩のために家を出ることを認めた第二審裁判所の判決を覆した（2021年8月5日付の「コメルサント電子版」［https://www.kommersant.ru/doc/4929515?query=%D0%92%D0%B0%D0%BB%D0%B5%D1%80%D0%B8%D0%B9%20%D0%9C%D0%B8%D1%82%D1%8C%D0%BA%D0%BE］を参照）。こんな調子だから、軍事面でもロシア側の対中対応は慎重にならざるをえない状況にあると指摘しなければならない。

歴史的経緯と忘れられない脅威

もう一つ書いておかなければならないことがある。それは中ロ間の歴史的経緯をめぐる大きな「しこり」についてである。歴史的にみれば、ピョートル大帝のもとでロシアが東進した際に、中国の帝国軍である満州族の抵抗を受け、その満州軍がアムール（黒竜江）一帯からコサックを追放した後、シベリアのネルチンスクで、ピョートルと清の康熙帝の間で1689年に国境協定（ネルチンスク条約）が締結された。アムール川流域とシベリアの大部分を北京に割譲したことになる。19世紀半ばになると、中国は英国をはじめとするヨーロッパの強欲な勢力に苦しめられるようになった。1858年、ロシアはアイグン（愛琿）条約でアムール川左岸の土地を奪い返し、沿海州（ウスリー川以東）は両国の共同管理とされた。つまり、長い目でみれば、中ロ間には、アムール川に沿って領土問題がくすぶっているのだ。

旅行作家、コリン・サブロンは2021年、『アムール川』(Colin Thubron, *The Amur River: Between Russia and China*, Harper, 2021) を上梓した。2018年夏から2019年春まで、川の源流から太平洋まで2800kmを徒歩、馬、ヒッチハイク、船で旅した記録である。サブロンが訪れたロシア側の町は、気難しく、アルコール依存症で、廃墟に近かったが、中国側では、新しい都市が「未来に向かって光り輝いている」とされている。サブロンによれば、ロシア人は「直感的な嫌悪感と不信感を持っている」という。さらに、彼は、「中国の戦車は30分以内にハバロフスクの中心部に到達できるだろうと、ロシアのドキュメンタリーは主張している。中国からの移民はスパイかもしれない」とか、「突然の侵略を恐れる人はほとんどいないが、未知の未来に北京が経済的所有権を政治的主権に変え、ロシア極東が中国の州になるのではないかという不安(沈んだ宿命論)が存在する」と指摘している。

ロシアにはインドとの関係も

ロシアは中国と対立関係にあるインドに伝統的に武器輸出をしてきたという歴史がある。2012年10月、インド国防省とロシア国防輸出は2030年までに970基もの航空機エンジンAL-31FPを生産する契約を締結した。取引総額は50億ドルにのぼるとみられている。2013年には、最初の50基は、国家コーポレーションRostec傘下の統一エンジン製造コーポレーションの構成内のウファモーター製造合同で生産されるが、ついでインドでのエンジン製造の現地化がはかられる。Al-31FPはインドで組み立てられることになった戦闘機Su-30MKI向けだ。2015年には、ライセンス生産されるSu-30MKI向けに12基のAL-31FPが納入された。また、2010年の契約に基づいて、8機の戦闘機MiG-29K/KUBが供給された。

2016年10月、プーチンのインド訪問に合わせて、ロシアとインドの間で、4基の防空ミサイル・コンプレクス「S-400」の納入契約が締結された。S-400の輸出は中国についで、インドが第二番目となる。総額は約20億ドルと見込まれている。2国はフリゲート艦プロジェクト11356、4隻のインドへの販売に関する政府間協定に署名した。すでに同型のフリゲート艦6隻が納入済みであり、2011年の6隻につぐ、さらなる追加発注になる。

インド陸軍は2022年から2026年にかけて、ロシア設計のT-90MS戦車460輌を受領する予定であると、2019年5月に、タス通信（https://tass.ru/mezhdunarodnaya-panorama/6409775?utm_source=google.com&utm_medium=organic&utm_campaign=google.com&utm_referrer=google.com）がTimes of Indiaの報道として伝えている。

こうした関係から、ロシアが中国との軍事協力に深入りすると、インドとの関係が悪化することを恐れている。逆に、米国はインドの切り崩しにかかっており、ビクトリア・ヌーランド国務次官（政治問題担当）は2022年3月下旬、米国代表団のインド、バングラデシュ、スリランカ訪問を行った。すでに、インドは米、オーストラリア、日本を含む4カ国の同盟である「クアッド」のメンバーだから、インドのロシアへの非難やロシアと距離を置くよう説得したものとみられている。4月11日、バイデンとナレンドラ・モディ首相はビデオ会談し、その後、ワシントンで2プラス2会談（両国の外相と国防相）が行われた。しかし、ロシアとインドの関係に楔を打ち込むことはできなかった。

いずれにしても、ロシアは軍事面で困ったからと言って、中国に頼ればいいという単純な状況に置かれているわけではないのだ。

北極圏での協力

中国の「一帯一路構想」（BRI）は、「シルクロード経済ベルト」と「21世紀海上シルクロード」を共同構築する構想であり、後者については、2017年6月に国家発展改革委員会（NDRC）と国家海洋局（SOA）が、「BRIのもとでの海洋協力ビジョン」を公表した。そのなかで、「北極圏の問題に参加する」と明記され、「中国は、航行ルートの科学的調査の実施、陸上モニタリングステーションの設置、北極圏の気候・環境変化に関する研究の実施、および航行予測サービスの提供において、すべての関係者と協力する意思がある」としている。

2018年1月に公表された「北極圏白書」では、「中国は、責任ある主要国として、すべての関係者と協力して、北極の発展における歴史的な機会をとらえ、地域の変化がもたらす課題に対処し、北極を共同で理解し、保護し、発展させ、北極のガバナンスに参加し、BRIのもとで北極関連の協力を進め、人類が未来を共有する共同体を構築し、北極の平和、安定、持続可能な発展に貢献する用意がある」と結論づけている。

これまでのところ、中国の北極圏への投資における最大の成功例は、ヤマル液化天然ガス（LNG）プロジェクトだろう。2018 年末現在、ヤマル LNG の持ち分構成はつぎのようになっている。ノヴァテクが 50.1%、トタル（Total）と CNPC が各 20%、シルクロード基金が 9.9% だ。シルクロード基金は金融投資家グループからなっているため、ヤマル LNG で生産される LNG は基本的にノヴァテクが 60 %、Total と CNPC が 20%ずつの割合で販売する。

ほかにも、年 660 万トンの容量を持つ三つの液化天然ガス製造ライン（年 1980 万トンの LNG と最大 160 万トンのガスコンデンセートを生産）をもつ「Arctic LNG-2」の建設が進んでいる。ノヴァテクは Arctic LNG-2 プロジェクト実現のため、その持ち分の 10% をフランスの Total に 25 億ドルで 2018 年 6 月はじめに売却した。30% については、2019 年 7 月までにそれぞれ 10% を、CNPC、中国海洋石油集団有限公司（CNOOC）、三井物産および石油天然ガス・金属鉱物資源機構（JOGMEC）のコンソーシアム（日本アークティック LNG）が保有している（なお、残り 60%はノヴァテクが保有）。なお、Total は新規投資を拒否する姿勢を示しており、Arctic LNG-2 の今後は不透明だ。

2019 年 6 月には、ノヴァテクは、中国の海運会社 China COSCO SHIPPING Corporation Limited（中国遠洋海運集団有限公司）、ロシアの海運会社ソヴコンフロート、シルクロード基金との間で、ノヴァテクが 2018 年 5 月に設立した「海洋北極輸送」（Marine Arctic Transport, MMRT）に関する合意書を締結した。これは、北極圏からアジア太平洋地域への炭化水素の通年輸送、およびアジアと西欧を結ぶ北海路の通過貨物輸送のための新たな物流スキームを共同で開発し、資金を提供し、実施することにより、長期的なパートナーシップを確立することをめざしている。

コスト面での懸念、不十分なインフラ、北極圏をめぐるロシアと中国のビジネスリーダーの間の不信感、複雑なロシアの官僚主義などが中国の北極圏への投資を阻んでいるとの見方が根強くある。たとえば、アルハンゲリスクの深海港の建設と、「白海－コミ－ウラル」の鉄道路線（ベルコムール）の建設をセットにして北方海洋航路（NSR）の利用拡大につなげるプロジェクトがある。ウラル地方からアルハンゲリスクの港までの道のりを800km短縮することなる鉄道建設は中国にとっても魅力的であったが、実はプロジェクトはあまり進んでいない。

当初、2008年の段階で、ベルコムールプロジェクトは「2030年までのロシア連邦の交通戦略」と「2030年までのロシア連邦の鉄道輸送開発戦略」に盛り込まれた。2013年に、鉄道会社ドイツ鉄道の子会社であるDB International GmbH（DBI、ドイツ）が、鉄道建設への参加を申し出たこともある。しかし、プロジェクトは前進せず、2015年になって、地域間会社「ベルコムール」と中国の「ポリテクノロジーズ」（中国ポリグループ［中国保利集团公司］の子会社で陸軍、海軍、空軍、警察、反テロリズム部隊のためのあらゆる種類の防衛装備品の輸出入を行う、中央政府から認可された大規模な防衛企業）は、この鉄道路線を建設する契約を締結した。具体的には、全長712kmの新線の資金調達、設計、建設、および全長449kmの既設線の近代化に参加する。2019年2月になって、ソチで開催されたロシア投資フォーラムにおいて、ガスプロムバンク、コミ共和国政府、アルハンゲリスク州、地域間企業ベルコムールは、同鉄道プロジェクトに関する協力協定を締結した。ロシア連邦政府は同年12月21日付の政令によってプロジェクトを2035年までの北方海洋航路（NSR）インフラ整備計画に繰り入れた。それでも、2020年1月の情報では、同プロジェクトは2022年12月までに更新される必要があるとされ、計画が思うように進んでいないことがわかる。アルハンゲリスク深海港も同様だ。

NSRにも問題がある。ロシア副首相兼ロシア北極委員会のドミトリー・ロゴジン委員長は2017年11月、NSRと北極圏全体の監督権を運輸省からロスアトムに移すという提案を行い、プーチンも同意した。この背後には、ロスアトムは治安機関と強いつながりがあり、モスクワがこの地域を安全にする必要があると考えていることを示唆しているとみられている。つまり、単に経済的な観点からだけ、北極圏に投資できない現状にある。ゆえに、中国は慎重にならざるをえない面があるのだ。

NSRの将来性は必ずしも明るいものではない。このルートをコンテナ輸送に活用するのが困難なこと点に注意しなければならないのだ。ポール・ストロンスキらの論文（https://carnegieendowment.org/2018/02/28/cooperation-and-competition-russia-and-china-in-central-asia-russian-far-east-and-arctic-pub-75673）でも、「北極圏を通過する船舶が氷の被害を受けるリスクや、砕氷船の護衛にかかる追加費用は、近い将来、北極圏輸送の障害となるだろう」と書いている。「ロシア政府内の利害関係者が、中国企業による北極圏鉄道の近代化や新設計画（前述したベルコムールプロジェクトを指しているように思われる：引用者注）を妨害しており、ロシアの北極圏に陸路を拡大する計画に疑問を投げかけている」とものべている。

逆に、ロシア海軍に北極艦隊を創設しようとする動きがある（資料［https://novayagazeta.ru/articles/2021/10/11/srochno-prishlite-ledokol］を参照）。中国の商品や金融の流れを護る名目で、中国の支援を引き出すことを前提に北極艦隊をつくろうという目論見だ。中国がのってくるかどうかは、現段階ではわからないが、ロシアのウクライナ侵攻後、その可能性は高まっている。

4. ユーラシア経済連合の分断：中央アジアはどうなるか

中国とロシアはユーラシアの中央部、中央アジアの支配権をめぐって相互に利害対立する部分がある。ゆえに、今後の中ロ関係の変化がこの中央アジア諸国と中ロ双方の関係にも変化をもたらすと考えられる。

そこで、中央アジア諸国と中ロとの関係についてこの節で取り上げてみたい。

ロシアVS中国の構図

「ユーラシア経済連合」（Eurasian Economic Union, EAEU）を推進するロシアと、「シルクロード経済ベルト」（Silk Road Economic Belt, SREB）や「一帯一路イニシアチブ」（“Belt and Road”initiative, BRI）の構想を具体化しつつある中国とは、中央アジアなどで利害が対立する場面がみられる。この矛盾を止揚するためにプーチンは「ボリショイ・ユーラシア・パートナーシップ」（Большое евразийское партнёрство, BEP）の創設といった新しい概念を提唱するに至っている。

2014年春に表面化したウクライナ危機、ロシアによるクリミア併合、欧米中心の対ロ制裁といったなかで、ロシアは中国との関係強化によって政治・経済的危機からの脱却をはかった。その結果、ロシアの推進するEAEUと、中国の唱えるSREBやBRIとの「連結」が課題となっている。

プーチンは2015年12月の年次教書のなかで、「中国のSREBイニシアチブとユーラシア統合をつなぎ合わせることで原則合意に達した」と指摘している（これは同年5月の中ロ首脳による共同声明に基づく発言）。

2015年10月、カザフスタンのアスタナで開催されたEAEUサミットにおいて、アルメニア、ベラルーシ、カザフスタン、キルギス、ロシアの5カ国首脳は中国との協力意向を確認し、翌年5月のアスタナで開かれたEAEUサミットで、EAEU委員会が加盟国政府の対中協力の調整にあたるよう求められた。実際に、中国首脳はカザフスタン首脳との間で2016年9月に杭州市で、カザフスタン政府が2015～2019年の国家インフラ発展プログラムとして定めた「将来への道」(Nurly Zhol, Bright Path）とSREBとの連動協力計画に署名した。ほかにも中国・カザフスタン産業投資協力プログラムもある。特別経済ゾーン「偉大なる石」(中国・ベラルーシの産業パーク）はSREBにかかわるプロジェクトである。

興味深いのは、中国側が中国とEAEU加盟国とのこうした既存の2国間協定に基づくプロジェクトをEAEUとSREBとの連結プロジェクトリストに含まれてはならないと考えている点だ。それは個別のEAEU加盟国も同じであり、それらの国々はEAEUを中国との集団交渉の場として利用しようとしているわけではないのである。EAEUのメンバーのなかには、世界貿易機関（WTO）のオブザーバーにすぎないベラルーシがあり、カザフスタンも2015年11月30日にメンバーになったばかりという事情がある。EAEUとしてまとまって中国と集団交渉すること自体が難しいのが実態なのだ。

事態を複雑化させているのは、中ロの思惑が異なるなかでBRIという曖昧な概念が登場し、2017年5月には北京で国際フォーラム「一帯一路」が開催されるに至ったことである。一帯一路という概念自体は、2013年に国家主席になった習近平中国共産党中央委員会総書記が2014年11月のアジア太平洋経済協力（APEC）首脳会議でアピールして人口に膾炙した。「アジアー中東ーアフリカーヨーロッパ」を陸路の「一帯」(SREB）と、海路の「一路」(21世紀海上シルクロード）で結び、中国の権益拡大をねらっている。これに対して、ロシアは前述した「ボリショイ・ユーラシア・パートナーシップ」(BEP）のアイデアを環太平洋パートナーシップの創設に関する米国のイニシアチブや中国のBRIへの対応策として推進するようになる。いわば、アジア重視の強調であり、それは2017年8月、東南アジア諸国連合（ASEAN）事務局のあるジャカルタでセルゲイ・ラヴロフ外相がレ・ルオン・ミン事務局長と会談し、ASEAN、上海協力機構（SCO）、EAEUの間の関係強化を提案したことによく現れている。

BEPとBRIとの関係が判然としないまま、EAEUとSREBとの連結は進展をみせる。2016年6月25日、ユーラシア経済委員会と中国商業省はEAEUと中国の貿易・経済協力に関する包括的協定の準備についての交渉過程開始の共同声明に署名する。その検討項目には、関税・技術・衛生・獣医学・植物衛生上の規制、知的所有権の保護、競争、同じく電子取引が含まれている。同年8月、EAEUとSREBの連結への一般的アプローチが正式に合意され、北京で最初の交渉ラウンドが開かれる。その後も、2カ月の一度のペースで、ワーキンググループのレベルで交渉が継続されている。

2016年8月24日には、ユーラシア経済委員会幹部会議長のティグラン・サルキシャンと中国国務院副総理の張高麗との会談で、EAEUと中国の計画・既存プロジェクトに関する一般データバンクの創設が合意された。2017年3月には、ユーラシア経済委員会は同連合地域内で実現予定の優先的インフラプロジェクトの洗い出しを終え、SREB形成の支援にもつなげることになった。2017年12月の段階で、「EAEU諸国は、38の輸送プロジェクトへの共同出資を中国に申し出た」とされる（ロシア側は11のインフラプロジェクトをリストに入れた）。さらに、2020年12月11日のEAEUサミットで決められた「2025年までのユーラシア経済統合の発展のための戦略的方向性」のなかで、中国のBRIとの連携を含む、加盟国の領土における東西・南北方向の輸送インフラの構築・整備、輸送分野における加盟国の権限ある機関の緊密な協力を通じて協力関係を深めるための、貨物の国際道路輸送の自由化の実現可能性の検討が盛り込まれた。「中国のBRIとのEAEUの連携」も謳われている。

ロシア主導のEAEUと中国の主導のSREBについては、たがいの連結に向けて進展しているようにみえる。ロシア主導のBEPと中国主導のBRIについては、まだその相互間の調整がはっきりしない。一説には、SREBはEAEUとASEANとの間の自由貿易圏創出といった目的をもっているわけではないし、BEPはBRIの枠内で協力ポイントとされている政治的接近、インフラ協力、自由貿易、資本の自由な移動などのすべてを推進しようとしているわけではない。BEP はまだ形成過程にあり、いまのところ、この概念はまだ固まっていないとみられる。

いずれにしても、一方のロシアには、EAEU の SREB や BRI への接近ないし連結で、ユーラシア全体の強力な地域センターを形成すると同時に、シベリアや極東のインフラプロジェクトへの投資誘致につなげるねらいがある。他方で、中国は EAEU と SREB や BRI の接近ないし連結でユーラシア地域における輸送コリドール機能を強化し、EAEU と上海協力機構（SCO）との間に自由貿易圏（FTZ）を設け、中国のユーラシア全域での影響力の拡大をめざしている。ロシアの主導の BEP については、まだその概要が不明確なため、中国側は対応策を決めかねているようにみえる。

ロシアのウクライナ侵攻後、ロシアの推進する EAEU や BEP と、中国の SREB や BRI との関係がどう変化するかが注目されている。ここでは、すでに EAEU に生じた分断の兆しを紹介することで、ロシア側が不利な状況になりつつある現状について解説してみたい。

EAEU の分断の危機

「ユーラシア経済連合」（EAEU）はいま分断の危機を迎えている。EAEU については、まず、2007 年 10 月の関税同盟創設条約に署名したロシア、カザフスタン、ベラルーシが実際に関税同盟をスタートさせた 2010 年 7 月 1 日から紐解く必要がある。これ以前には、2000 年 10 月 10 日に調印されたユーラシア経済共同体創設条約に基づく、ロシア、カザフスタン、ベラルーシ、キルギス、タジキスタンの加盟するユーラシア経済共同体があった。同共同体は 2001 年に実際に設立されたが、2014 年 5 月に EAEU 創設が合意され、同年 10 月、原加盟国ロシア、カザフスタン、ベラルーシに加えてアルメニアの加盟が決まった、EAEU は 2015 年 1 月からスタートし、それに伴ってユーラシア経済共同体は 2014 年末に発展的に解消された。2015 年 8 月からキルギスが加盟した。

なお、ロシアとベラルーシについては、さらなる経済統合が進んでいることに注意を払うべきだろう。2021 年 9 月 9 日、プーチン大統領とアレクサンドル・ルカシェンコ大統領は経済統合に関する最終合意に達し、同年 11 月に 28 の連合プログラムが 2 人によって正式に署名されるまでに至っている。ウクライナ侵攻後になって、IT 産業支援プログラム、共通の科学技術空間の創造、共同輸入代替生産の開発が「ロシア・ベラルーシ連合国家」の政策課題となっている。

2013年から2019年にかけて、国際決済におけるルーブルのシェアは、主にEAEU諸国との決済において、ゆっくりと増加した。輸出決済に占めるロシア通貨の割合は53.8%から69.8%に、輸入決済に占める割合は60.7%から75.3%に増加した（資料［https://expert.ru/expert/2022/13/rubl-idet-na-taran/］を参照）。非CIS諸国との決済については、輸出決済に占めるルーブルの割合が2013年の5.5%から2019年には8.7%に、輸入決済では2013年の23.7%から2019年には26.8%に増加している。

ただし、この統計にはからくりがある。輸入決済取引は、銀行の輸入顧客の口座に引き落とされる通貨で計上されるのだが、輸入契約においてドルでの支払いが発生した場合、ドル金額のルーブル換算額が顧客の口座から引き落とされ、それを銀行がドルに換算して銀行のコルレス口座からその通貨で引き落とすだけなのに、この支払いは統計上ではルーブルでの支払いと表示されているのだ。ゆえに、前述したルーブル決済の割合は必ずしも真のルーブル決済だけを反映したものとは言えない。

2020年のCOVID-19によるパンデミックで、ロシアの金融市場から外国資本が流出し、輸出収入が減少したため、米ドルやユーロに対するロシア通貨の為替レートの変動が大きくなっている。加えて、新たな対ロ制裁措置によって、外国企業や銀行がロシア・ルーブルを決済通貨として使用するリスクは高まっている。ゆえに、EAEU加盟国との決済においても、ルーブル決済を忌避する動きが広がっている。ロシア連邦とベラルーシ共和国間の輸出決済でも、一部ルーブルからドルへの変換が行われるようになった（2020年上半期、前者のシェアは3.5ポイント低下、後者のシェアは5.2ポイント上昇）という。

ロシアのウクライナ侵攻後のルーブル安で、EAEU加盟諸国間に動揺が広がっているのである。それは、ルーブル安だけでなく、ベラルーシの通貨ベラルーシ・ルーブル安、さらに両国への制裁強化による両国間の貿易激変がもたらすEAEU内部の混乱となって現れている。EAEUの運営母体であるユーラシア経済委員会（EAEC）理事会は、2022年3月17日から18日にかけて会議を開いたが、EAEUの輸入関税を分配する際の決済をドルから各国通貨に換算するという技術的な問題でさえ、理事会では解決してできなかった。ルーブルへの切り替えに合意したのはロシアとベラルーシだけで、ロシアは対外的に孤立した状態での商品・原料供給に対する支援をベラルーシに約束しなければならなかった。しかし、EAEUの全決済の自国通貨への移行には異論が多かった。

2022年4月になって、アルメニアの経済相はロシアのガスに対する支払いをルーブルで行うようになったと語った。こうした動きがEAEUに加盟するカザフスタン、キルギスに波及するかどうかが注目される。

ロシア政府は2022年3月14日の政府決定（http://government.ru/docs/44807/）で、EAEU加盟国への穀物輸出と、第三国への白砂糖・粗糖の輸出を一時禁止した。穀物に対する規制は6月30日まで、砂糖に対する規制は2022年8月31日までとされている。穀物禁止令は、小麦とメスリン、ライ麦、大麦、トウモロコシに適用される。ロシア国内の食品市場を守るためというのが理由だが、こうしたロシアの行動は他のEAEU加盟国には身勝手と映っても仕方ない面がある。

とくに、カザフスタンの動向が注目される。すでに、カザフスタン政府は「予算削減や他の優先事項のため」に2022年5月9日の戦勝記念日のパレードを実施しない方針を明らかにしている。ロシアとの距離をとろうとする現れだが、経済や軍事面でロシアに依存している以上、ロシア離れの加速化は難しい。その背後には、同国の石油輸出の8割以上がロシア領内を通り黒海のノヴォロッシースク港に至るカスピ海パイプライン（CPC）を経由しているという事情がある。米財務省は、ロシアの石油輸入禁止がCPCパイプラインに影響を与えないことを保証しているが、その運用についてはリスクが残っている。

世界銀行のデータ（https://blogs.worldbank.org/peoplemove/russia-ukraine-conflict-implications-remittance-flows-ukraine-and-central-asia）によると、送金受取総額に占めるロシアからの送金額の割合が2021年第1四半期から第3四半期に、83%を占めたキルギスや、50%を超えていたアゼルバイジャン、アルメニア、タジキスタン、ウズベキスタンはロシア経済の変動による自国経済への影響が大きいという点も重要である。

こうした状況こそ、中国企業がEAEU加盟のアルメニア、カザフスタン、キルギスなどにさらなる地歩を築き上げるチャンスになるとみて間違いない（ベラルーシについては、ロシアとの「統合」がますます進むことになるだろうが）。

5. アジアの安全保障体制と台湾問題

第六章の最後に、ロシアのウクライナ侵攻と中国による台湾侵攻の可能性という視角についてみておきたい。そのためには、アジア全体にかかわる安全保障体制について知らなければならない。

「ウクライナがロシアにとっての台湾である」

2008年開催のNATO首脳会議に招かれていたプーチンは、当時の米大統領、ジョージ・W・ブッシュとの会談で、「ジョージ、君はわかっていない、ウクライナは国家ですらないんだ」と発言していたことが知られている。そのウクライナの主権をめぐって、プーチンは「ロシア人とウクライナ人の歴史的一体性について」という論文を2021年7月12日に公表している。そのなかで、つぎのように記している。

「私は、ウクライナの真の主権は、ロシアとのパートナーシップによってのみ可能であると確信している。私たちの精神的、人間的、文明的な結びつきは、何世紀にもわたって形成され、同じルーツにさかのぼり、共通の試練や成果、勝利によって強化されてきた。私たちの親族関係は、世代から世代へと伝わっている。それは、現代のロシアとウクライナに住む人々の心の中にあり、記憶の中にあり、何百万もの家族を結びつける血のつながりのなかにある。これまでも、そしてこれからも、一緒にいれば何倍も強くなり、成功するだろう。私たちは一つの民族だからだ。」

この論文をそのまま真に受けると、プーチンがウクライナ全体への侵攻と、その「奪還」をめざしているように解釈できる。それは、中国が台湾を武力制圧して自国の内政に組み込もうとしている事態に酷似していないか。

ゆえに、「ウクライナがロシアにとっての台湾である」とみなすことは決して荒唐無稽な想像ではない。今回のウクライナ侵攻を放置すれば、中国政府に台湾への武力攻撃を、米国政府は結局のところ容認するのではないかという誤ったメッセージを送りかねないのだ。

東アジアの安全保障の不備

この「ウクライナがロシアにとっての台湾である」という仮定から、ウクライナでの戦争を回避しようとする米国およびその他のNATO諸国との協調ぶりをみるにつけて、逆に、中国による台湾への武力行使を防止するための東アジア地域の連携不足が際立っていることに気づくだろう。

欧州連合（EU）は2021年12月13日、ブリュッセルで外相会合を開き、ロシアがウクライナに侵攻した場合、ロシアに経済制裁を科す方針で合意した、とロイター電は伝えている。EUの外相に当たるボレル外交安全保障上級代表は会合後の記者会見で「EUはウクライナの主権と領土の一体性を支持することで意見が一致している」と指摘し、「ロシアがウクライナに侵攻すれば政治的な結果と高い経済的コストが伴うことを全外相が非常に明確に示した」とのべた。

この時点で、バイデンはすでには、ウクライナ周辺の状況がエスカレートした場合、経済的、財政的、政治的な制裁を科すことをプーチンに伝えている。ただ、ロシアとウクライナとの武力衝突が起きた場合でも、米軍の直接的な関与は「当面、しない」とも語っている。いずれにしても、ロシアにとっての台湾たるウクライナをめぐって、欧米はその安全保障面で協力し合うメカニズムがすでに整えられていた。NATOという仕組みがどこまで戦争抑止に寄与するかは判然としないが、いざというときの安全保障体制が東アジアにおいては整備されているとは言えない。中国による武力制圧が起こりやすい状況にあるとも言える。とくに、日韓関係の悪化が決定的に中国の台湾攻撃のしやすさを招いているように思える。

アジアの安全保障体制

ここで、アジアの安全保障体制についてまとめておこう。とくに若者には、少なくとも複雑な状況にあることくらいはわかってほしいと思う。2021年9月15日、ジョー・バイデン米大統領、ボリス・ジョンソン英首相、スコット・モリソン豪首相によって明らかにされた新たな安全保障協力の枠組み「AUKUS」（オーカス）が波紋を広げている。欧米をはじめ、日本でもさまざまな論評が加えられているが、総じて参考になる議論は多くない（優れた考察としてはThe Economistの記事「AUKUSがインド太平洋の戦略的景観を一変させる」［https://www.economist.com/briefing/2021/09/25/aukus-reshapes-the-strategic-landscape-of-the-indo-pacific］がある）。

豪海軍は2021年秋時点で、1990年から2003年にかけてスウェーデンの設計を参考にしてつくられたコリンズ級潜水艦6隻を保有している。潜水艦の寿命は30年と定められており、豪は2000年代に入ってから、潜水艦の代替案を検討し始めた。2009年、豪政府の白書「Defending Australia in the Asia Pacific Century: Force 2030」（https://www.aph.gov.au/About_Parliament/Parliamentary_Departments/Parliamentary_Library/pubs/rp/rp1516/DefendAust/2009）では、「既存のコリンズ級潜水艦6隻に代わる、南オーストラリア州で組み立てられる12隻の新しい非核・長距離潜水艦」を建造する計画が明らかにされた。豪は結局、2016年になって、フランスの提案である新型潜水艦バラクーダの通常動力型（非核バージョン）を次期潜水艦とすることに決定した。仏政府が過半数の株式をもつネイヴァルグループと、ディーゼル電気式潜水艦ショートフィン・バラクーダ（Shortfin Barracuda）12隻の契約を締結したのである。当初のコストは280億ドルだったにもかかわらず、483億ドル、最終的には600億ドル以上にまで膨れ上がり、2030年に主役の潜水艦を引き渡し、2040年に一連の建造を完了するとされていた。

だが、AUKUS発表に伴って、豪は仏との契約を破棄し、中国海軍に対抗できるステルス性を備えた長距離原子力潜水艦を装備する合意を発表した。豪政府は、このプロジェクトに約660億ドルを投資する用意があり、2036年に最初の潜水艦を納入することを目標としている。全部で8隻の原子力潜水艦を建造する予定だ。英国型のアステュート級と米国型のバージニア級のどちらかを選ぶことになる。

この転換の背後には、仏との契約が吊り上げられたことに対する豪の苛立ちがある。それ以外にも、深海や長距離を航行する場合、原子力潜水艦は長い航続距離と持続的な速度を利用することができるという長所をもっている。次頁図（図6-10）に示されたように、豪の潜水艦艦隊の本拠地であるパースの海軍基地から南シナ海の紛争海域を哨戒するために派遣された従来型の潜水艦は、燃料補給と整備のために帰還するまでわずか2週間しか駐留できないが、原子力潜水艦は乗組員に食事を与えることができる限り、潜むことが可能だ。具体的に言えば、インド洋で

〔図 6-10〕航海の難所において潜水艦が実践対応できる期間
（数値の左は原子力潜水艦、右は従来型潜水艦）

（出所）https://www.economist.com/briefing/2021/09/25/aukus-reshapes-the-strategic-landscape-of-the-indo-pacific

軍事衝突が発生した場合、豪州海軍は同盟国とともに、中国の強力な艦隊がインド洋に侵入するのを阻止しなければならない。その意味で、南シナ海での実戦対応可能期間が原子力潜水艦によって 11 日間から 77 日間に延びる価値は大きい。

原子力潜水艦事情

この戦略は中国の潜水艦の脆弱性をつくものでもある。米国防総省の最新報告「中華人民共和国をめぐる軍事・安全保障上の動き　2020」（https://media.defense.gov/2020/Sep/01/2002488689/-1/-1/1/2020-DOD-CHINA-MILITARY-POWER-REPORT-FINAL.PDF）によれば、中国の人民解放軍海軍（PLAN）は、2隻の船体を追加した4隻の原子力弾道ミサイル潜水艦（SSBN）、6隻の原子力攻撃型潜水艦（SSN）、50隻のディーゼル攻撃型潜水艦（SS）を運用しているにすぎない。とくに問題となるのは、CSS-N-14（JL-2）潜水艦発射弾道ミサイル（SLBM）を搭載した運用中のジン級SSBNだ。各ジン級SSBNは、最大で12基のJL-2 SLBMを搭載することができる。中国の次世代SSBN「096型」は、2020年代初頭に建造が開始される可能性が高く、新型のSLBMを搭載すると報じられている。「PLANは094型と096型SSBNを同時に運用し、2030年までに最大8隻のSSBNを保有する可能性があると予想されている」と、報告書は指摘している。

別の情報（https://www.nytimes.com/2021/09/21/world/asia/australia-submarines-china.html）によると、米国海軍情報局の情報として、中国の原子力潜水艦は2030年までに21隻に増加する見込みである一方、米海軍は約300隻の艦船を持ち、そのうち68隻の潜水艦があり、そのすべてが原子力であるという（報告書では、中国は約350隻の艦船および潜水艦を有しているのに対し、アメリカ海軍の戦闘力は2020年初頭時点で約293隻としている）。現状でみても、これから数年間は中国の対潜水艦能力は相対的に弱い状況がつづくだろう。

米国は現在、攻撃型原子力潜水艦として、ロサンゼルス級（62隻建造、29隻就役）を最新のバージニア級に置き換える計画を進めている（すでに19隻を建造したが、66隻にすることを計画）。他方で、オハイオ級に代わる新世代の戦略原子力潜水艦コロンビア級の建造も進行中だ。

豪政府にとって都合がいいのは、米国が廃棄を進めているロサンゼルス級（40年以上使用したものと15年の比較的新しいものの両方）などを数隻、リースしてもらいやすい点だ。それによって、原子力潜水艦の運用と保守の方法を学び、（米英の協力を得て）自国で潜水艦を建造するための産業基盤と専門家を徐々に整えていくことが可能となる。

やや専門的な興味と言えば、原子力潜水艦用の原子炉向け燃料は高濃縮ウランを必要とする点だ。潜水艦の推進力として高濃縮ウランを利用することが核拡散防止条約（NPT）で定めた核兵器の拡散につながりかねないのである（NPT については、拙著『核なき世界論』に詳しい）。その意味で、豪政府と NPT を管理する国際原子力機関（IAEA）は核不拡散の保障措置を必要としている。なお、この潜水艦への核ミサイル搭載については、バイデン大統領は否定している。

一方、シャルル・ド・ゴール、ジョルジュ・ポンピドゥー、ジャック・シラクの時代に、仏が米国から独立した外交政策が可能だった背後に、核兵器の保有、核発電所の発展があったことはたしかだ。だが、ニコラ・サルコジ大統領は 2007 年に仏を北大西洋条約機構（NATO）の軍事機構に復帰させた。2014 年、仏政府は仏のアルストムのエネルギー部門（フランスの民間および軍用原子炉用のガスタービンなどを製造）を米国のゼネラル・エレクトリック（GE）に売却することに同意せざるをえない状況に追い込まれる。

アルストムの経営陣とフランス当局にこの措置を取らせるために、米政府は汚職で告発されたアルストム社の高官 4 人の逮捕と引き渡しを、治外法権である米国法に基づいて確保したのだ。当時のアルノー・モンテブール経済開発相は、仏の戦略的利益に影響を与えるとして、この取引を阻止しようとしたが、モンテブールが解任され、後任に就いたのが皮肉にもエマニュエル・マクロンであった。マクロンは、米国企業によるこの買収を承認し、取引は実行された。この結果、米国政府の強い反対があれば、仏側が豪への核潜水艦の供与さえ本当はできない状況にすでに置かれていたことに気づかなければならない。

最後に、AUKUS は、軍事分野での重要性が増す AI やサイバー、量子テクノロジーの分野での 3 カ国間協力も推進する（最近では、極超音速ミサイルの共同開発が話題となった）。防衛産業における供給網（サプライチェーン）の統合も探るとされている。その意味で、米英豪にカナダ、ニュージーランドを加えた、「ファイブ・アイズ諜報同盟」（Five Eyes Intelligence Alliance）に AUKUS がきわめて近いことがわかる。これは、1943 年の英米通信傍受協定（BRUSA Agreement）をもとにこれら 5 カ国は最初に 1948 年ころ、「エシュロン」という軍事目的の通信傍受体制を構築したことで知られている（現在では、軍事目的以外のビジネス関連情報も傍受しているのは確実だ)。

外交面からみたAUKUS

AUKUSを外交面からみると、前述した「ファイブ・アイズ」以外にも、米、豪、印、日で構成された、14年の歴史を持つ外交グループ、Quad（クアッド）も目を引く（図6-11を参照)。日本が提唱した「自由で開かれたインド太平洋」という理念をもつ「クアッド」と、AUKUSとの連携が今後、大いに注目されることになるだろう。おそらく米国は、「クアッド」に加盟する日印がAIや量子コンピューターなどの安全保障にかかわる分野でAUKUSと連携することを求めるはずだ。加えて、韓国や台湾を加えれば、最先端分野の次世代技術のスタンダード化によって、中国に対抗できるとみているに違いない。

原子力潜水艦による協力で言えば、インドは2012年にロシアから9

〔図6-11〕貿易・安全保障をめぐる集団協力の現状

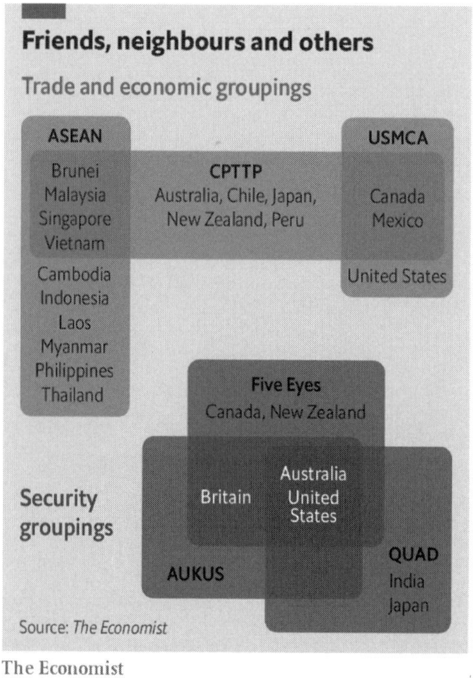

The Economist
（出所）https://www.economist.com/briefing/2021/09/25/aukus-reshapes-the-strategic-landscape-of-the-indo-pacific

億ドルで受け取ったシュチュカB級の原子力潜水艦を「チャクラ」と呼んで賃借している。2022年に契約満了となるため、2019年3月になって、その代替艦として、インド海軍はロシアのアクラ型原子力潜水艦「パイクB」（NATO分類ではAkula-1）のリース契約に調印した。リース費用は30億ドル以上にのぼり、潜水艦は、2025年までにインドに到着する予定だ。こうして、インド海軍と豪海軍のインド洋や南シナ海での連携も視野に入っている。

AUKUS発表の翌日夜、中国商務省は、中国が「包括的および進歩的な環太平洋連携協定」（CPTPP）への加盟を正式に申請したと発表した。王文濤商務相が寄託国ニュージーランドのオコナー貿易・輸出振興相と電話協議し、申請書類を提出した。中国はCPTPPが求めている労働法や国有企業のチェックなどの困難な条件のない、「地域包括的経済連携協定」（RCEP）を推進し、2020年11月15日、ASEAN10カ国（ブルネイ・ダルサラーム国、カンボジア、インドネシア、ラオス、マレーシア、ミャンマー、フィリピン、シンガポール、タイ、ベトナム）、日本、中国、韓国、オーストラリア、ニュージーランドの計15カ国が一堂に会し、RCEP首脳会議とRCEP協定の署名式を実現させるまでに至っていた。

図にあるように、CPTPP加盟国は11カ国で、中国の参加には加盟国すべての同意が必要だ。CPTPPには中国と通商摩擦を抱えるオーストラリアや南シナ海の領有権問題で対立するベトナムが加盟している。2021年に入って、英国もCPTPPへの加盟を申請したほか、9月22日には台湾も正式申請した。こうした状況を考慮すると、中国の今回の加盟申請の意図がよくわからない。AUKUSに対する反応として、貿易面での揺さぶりをかけるというねらいがあるのかもしれない。

そもそも、CPTTPは、米国が「環太平洋経済連携協定」（TPP）として12カ国による自由貿易構想を推進したことにはじまる。アセアン諸国4カ国を含むこの交渉は、バラク・オバマ大統領の「アジアへの軸足」の中心的な非軍事的支柱であった。しかし、ドナルド・トランプ大統領による離脱によって、米国の戦略は大きく崩れてしまったままの状態にある。最初に紹介したThe Economistの記事では、「米国議会の反感を買うと、バイデンがこの構想に再び取り組む可能性はなくなってしまった」と指摘している。

AUKUSの成立と原子力潜水艦の契約破棄に対して、フランスのマクロン大統領は激怒し、駐米・豪の二人の仏大使を本国に一時召還させた。外交的にみると、9月末の米国による駐留アフガニスタン米軍の身勝手な帰還がNATO加盟国の米国への信頼を大いに毀損したばかりだっただけに、欧州各国の不満は大きい。

他方で、「「オセアニア」に向けて：AUCUSはアングロサクソンの単一ブロックになるのか」（https://www.vedomosti.ru/opinion/articles/2021/09/20/887507-puti-okeanii）という、ややうがった見方があることも紹介しておきたい。ジョージ・オーウェルのディストピア小説『1984年』に登場する「オセアニア」とは、1945年にアメリカと大英帝国が国境内で統一されたことによって生まれた国のことだ。大英帝国の後継国すべてを一つの「アングロサクソン・ハウス」に統合するという発想のもとに描かれ、作品の舞台であるロンドンは、オセアニアの一都市という設定になっている。ほかに、ソ連からヨーロッパ全体を占める「ユーラシア」、日本も含む中国を中心とした東アジアの「イースタシア」の3国に集約されている（図6-12を参照）。

〔図6-12〕オセアニア、ユーラシア、イースタシアの配置

（備考）アメリカ大陸など濃く塗られた部分がオセアニア、ヨーロッパ・ロシアなどの部分がユーラシア、中国や日本を含む部分がイースタシアを表している。タンジール、香港、ブラザヴィル、ダーウィンを四隅とする四角形の近辺のグレー部分の地域は、どの国の領土でもない（小説の記述をもとにNewsPicksで作成）

（出所）https://newspicks.com/news/4642700/body/

紹介したロシア語の新聞記事では、「21 世紀の後半には、オーウェルのオセアニアがアングロサクソンの一般的な家として見られるようになる可能性は十分にある」と指摘されている。

大切なことは、欧州の軍事的なバックボーンとして英仏間の軍事協力があったことである。仏の NATO 復帰を受けて、2010 年 11 月、英仏防衛協力条約（一連のランカスター・ハウス合意）が成立する。この英仏ランカスター合意は英国の EU 離脱（Brexit）にもかかわらず、否定されなかった。仏の知らないまま、英は欧州というローカルな地域ではなく、グローバルなコミュニケーションの場であるアングロサクソン圏への関心に傾いていく。それを象徴するのが英外務省の中枢でうまれた「グローバル・ブリテン」という概念だろう。

ジョンソン首相が CPTPP に加盟申請したのも、インド太平洋地域を中心とした「グローバル・ブリテン」戦略の一環であり、それが AUKUS につながっているのである。

クアッドは「アジアの NATO」？

2022 年 3 月 3 日、米国、日本、インド、オーストラリアの Quad（クアッド）メンバー首脳によるテレビ会議が開催された。中国への対抗策としての民主主義国家のパートナーシップを固めるための重要な一歩となったというのが大方の見方なのかもしれない。すでに 4 カ国は高官の会合や、2020 年 11 月の海軍合同演習などを行ってきた。

中国はこうした動きを、「アジアの NATO」をつくる策謀として警戒している。

その実情をみると、4 カ国の立場は大きく異なっている。日・豪はともに米国の本格的な同盟国だが、印はそうではない。要するに、インドの姿勢こそ、この四角関係の将来を決定づける重要な要素となるはずだ。

中印関係は近年、悪化してきた。それがインドの米国への接近を後押ししている。だが、すでに論じたように、インドはロシアとの武器供給で深く結びついてきた歴史をもつ。そのロシアのウクライナ侵攻があっても、インドをロシアから引き離すのは簡単ではない。ましてや、インドを米国と同盟関係にある日本やオーストラリアと同じ水準の同盟国にするのは当面、不可能だろう。

こうなると、アジアの安全保障体制はヨーロッパのそれに比べて脆弱なままのような印象を受ける。それでも、ぼくからみると、こうした判然としない曖昧模糊とした状況のままにしておいたほうが、中国を孤立させる事態を防ぎ、プーチンを決定的に追い詰めたような事態ももたらしにくいように思える（プーチンを潰すには、それなりの体制を準備しなければならない。核兵器が世界中に拡散するといった恐ろしい事態が待ち受けているかもしれないからだ)。

少なくともウクライナ侵攻を契機に、アジアの安全保障体制を強化すべきだといった声に唯々諾々と従うのは、ぼくの癇に障る。

第七章　修正迫られる近代制度

1．主権国家を前提とする近代制度

「河一つが境界をなす正義とは滑稽な！」というブレーズ・パスカルの言葉ではじまる井上達夫著『世界正義論』は、今回のウクライナ戦争が提起している問題の核心、すなわち、「河一つが境界をなす正義」の「滑稽さ」にどう向き合うべきかを考える契機になる、とぼくは考えている。

近代制度は、主権国家同士による相互承認（国家主権の承認）を前提とするなかで、「河一つ」を国境とみなす視線（領土主権の承認）を明確化すると同時に、ネーション（国民）なるイメージを育んできた。このとき、ここでいう世界正義論は「国境を越えて妥当する正義の探究」を意味し、真正面からこの問題に取り組んでいる。

この本のなかに、主権と人権との関係を論じた部分（第三章第三節）がある。そこでは、それ自体が専制化する危険性を秘めた主権国家なるものがあえて創出された理由として、「中世的システムを支配する身分制的な特権と桎梏を超えて人間が人間としてもつ権利という人権の理念を創出し、この人権を、中世的システムを構成する自律的な社会権力による侵害から実効的に保障するために、かかる社会的諸権力を統制できる強力な「主権的＝至高的（sovereign)」な権力として国家を樹立する必要があったからである」という記述がある。

人権は主権の単なる外在的制約ではなく、その積極的正当化の根拠となっており、それを否定すれば自らの存在理由を失うという意味で、「主権の内在的制約」であると説明されている。もちろん、この主権と人権の内的結合は、国家の対内的主権だけでなく対外的主権についてもおよんでいる。ゆえに、「国家の主権は人権保障義務の履行を条件にしてのみ正当化しうる強い国際的特権を当該国家の政府に付与する以上、主権要求をもつ国家が人権保障債務を負うだけでなく、国際社会を当該国家とその政府の正統性の国際的承認の条件として、人権保障の確保を要求する責務を負う」という結論に達する。

問題はこの先にある。国連の原理にもなっている主権国家対等原則によって、現実の軍事的経済的実力において圧倒的格差が主権国間に存在するという事実が隠蔽されてしまうのだ（弱小国政府には強大国家に対する拒否権が付与されるケースもあるが)。とくに、市場経済至上主義によって世界的な規模で米国の覇権を強化する方向に向かってきた。他方で、いまロシアのように、人権を蹂躙し、主権国家としての責務を果たそうとしない国がある。

このとき、人権保障責務を果たさない国家に対する国際的統制圧力として、武力介入が考えられる。しかし、その意見を安易に首肯することはできない。だからこそ、「いかにして、現在の諸国家並存システムを、持続的で公正な平和と人権などグローバルな価値を実効的かつ非覇権的に成熟した主権国家システムへと再構築することが可能か」という井上の疑問が重くのしかかったままなのだ。

ウクライナ戦争が披歴したこうした近代制度の行き詰まり

ウクライナ戦争は「河一つが境界をなす正義」について熟慮すべき契機となっている。井上は、正義の相対性を主張して「所詮、正義は滑稽でしかありえない」とする､価値相対主義を排して､「国境を越える正義」すなわち「世界正義」そのものを探究すべきであると主張している。それは、人権保障義務を負った主権国家そのものの責任を論じることでもある。

この人権保障義務を果たさない主権国家ロシアが国連安保理の常任理事国であるという現実は、国連を通じた世界正義の履行を不可能にしている。もちろん、ロシアが核兵器を保有している以上、「国境を越える正義」のためにロシアに武力介入すること自体が大きなリスクをはらんでいる。こうした袋小路にある世界はいま、主権国家をもとにした安全保障体制の深刻な危機に直面していると言えよう。いわば、近代制度の綻びが現前にあることになる。第七章では、ウクライナ戦争が披歴したこうした近代制度の行き詰まりについて説明してみたい。

2. 民主主義の虚妄

もう忘れられているかもしれないが、2021年12月9日、バイデンはオンライン形式で「民主主義国」なる国々の指導者を集めたサミットを開催した。「腐敗との闘い」、「権威主義からの防衛」、「人権尊重の促進」をテーマとしたものだった。「民主主義のためのグローバル・コミュニティとして、私たちを結びつける価値観のために立ち上がる必要がある」との認識から、民主主義という共通の価値に力点を置く演説（https://www.whitehouse.gov/briefing-room/speeches-remarks/2021/12/09/remarks-by-president-biden-at-the-summit-for-democracy-opening-session/）をした。

だが、民主主義って本当にそんなに優れたものなのだろうか、とぼくは疑問に思う。

チョムスキーの重い問いかけ

父親が現在のウクライナで生まれ、1913年にロシア帝国の皇帝（ツァーリ）軍への従軍を避けるために米国に移住し、母親がベラルーシで生まれた、言語学者、ノーム・チョムスキーは、「最も恐ろしいのはアフガニスタンだ」と、米国政府への道徳的怒りについて話している（動画つきの記事［https://www.newstatesman.com/encounter/2022/04/noam-chomsky-were-approaching-the-most-dangerous-point-in-human-history］を参照）。

文字通り何百万人もの人々が飢餓に直面しているというのだ。市場には食料があるにもかかわらず、お金がない人たちは、市場に食料を買いに行くことができないので、子どもたちが飢えているのを見なければならないのだ。なぜか？米国は英国の後ろ盾のもと、アフガニスタンの資金をニューヨークの銀行に預けて、解放しないからだという。米国政府は、アフガニスタン人が何ら責任も負っていない、9.11の犯罪の賠償を米国人が望む場合に備えて、飢餓に苦しむアフガニスタン人からの資金を差し控える必要があるとしているためだ。こうした「詭弁」を弄して、アフガニスタンの子どもを餓死に追い込んでいるのが米国政府であるとすれば、バイデンの「道徳的な怒り」とは何を意味しているのだろうか。覇権国米国の恣意的な怒りをぶつけているだけではないか。

ここで、米国政府がやってきたことがいかに残虐であったかを思い出しておこう。核兵器を使用され、無差別空襲の被害を受けた日本国民は米国政府のやった「非道」を忘れてはならない。同時に、いまでもつづく米国政府の「非道さ」を知っておいたほうがいい。

2022年3月末、エジプト、モロッコ、バーレーン、アラブ首長国連邦（UAE）、米国の外相が、イスラエルのヤイル・ラピド外相の招きでイスラエルに到着し、「ネゲブ・サミット」と名付けられた会合が開催された。このサミットに関するチョムスキーの説明を紹介しよう。

まず、サミット参加国である、イスラエル、UAE、モロッコの暗黙の関係を公式化したアブラハム合意（2020年8月）に基づいて、米国の軌道上にある「最も残忍で暴力的な国家が集まっている」点が重要だ。サウジアラビアはバーレーン独裁政権を通じて暗黙のうちに同席しているという。「このサミットには、約6万人の政治犯と残忍な弾圧を受け、その醜い歴史の中で最も悪質な独裁政権に苦しむエジプトが参加している。エジプトは、イスラエルに次いで2番目に大きなアメリカの軍事援助を受けている国である」というのがチョムスキーらしい説明だ。

UAEとサウジアラビアは、国連が世界最悪の人道的危機と表現しているイエメン問題に主要な責任を共有している。2021年の公式な死者数は37万人に達した。崩壊したイエメンは大量の飢餓に直面しているのだが、「サウジアラビアは食糧と燃料の輸入に使われる唯一の港の封鎖を強化している」という（イエメンでは、2022年4月2日から2カ月間の停戦が開始されている）。サウジアラビアとUAEの空軍は、米国の飛行機、訓練、情報、スペアパーツがなければ機能しないほど米国に依存している。他方、モロッコの独裁政権については、「ドナルド・トランプは政権末期に、国連安保理と国際司法裁判所を無視してモロッコの西サハラ併合を正式に認めさえした」とチョムスキーは語っている。

つまり、米国政府が道徳などとはまったく無縁な外交をウクライナ戦争とは別の地で展開していることに、より多くの人々は気づかなければならない。2022年4月15日からはじまったエルサレムのアル・アクサモスクでのイスラエル警察とイスラーム教徒との衝突をみると、ユダヤ教徒で構成されるイスラエルによる横暴が目に余る。しかし、米国政府はこうした身勝手なイスラエル政府を非難することさえしない。米国外交のどこに道徳があるのか、どこに民主主義が反映しているのか、考えてほしい。

民主主義を損なうバイデン政権

ここで、哲学者ユルゲン・ハーバーマスが2011年に急遽、『欧州の憲法について』というパンフレットを刊行した話をしたいと思う。彼は、それ以前の段階で、ヨーロッパの統治機関のあり方に疑問を呈していた。その著書、『ああ、ヨーロッパ』（岩波書店, 2010年）のなかで、「EU機構改革条約は、政治エリートと市民との間に存在する格差をむしろ固定してしまい、ヨーロッパの将来のありようについての政治的決定への道を開くものではまったくない。それゆえに未解決の二つの問題（民主主義の欠如とEUの最終目標をめぐる未解決の問い［引用者註］）は、これまでに達成された統合の標準を暗黙のうちに元に戻してしまう方向に進ませるか、あるいは痛みをともなう別の道を取るべきとの自覚を強めさせるかであろう」と指摘していた。

2011年のパンフレットでは、ヨーロッパの民主主義の本質がどのように市場の危機や狂騒という圧力のもとで変貌してしまったのかが論述されている。彼が危惧していたのは、権力が人々の手からすり抜け、欧州理事会のような民主主義上、疑問の残る正統性しかない機関に移ってしまったという事実についてである。

ギリシャ国債をデフォルトに追い込めば、ギリシャの国家財政が破綻するのはもちろん、ギリシャ国債を保有してきた銀行も連鎖倒産しかねない事態に陥りかねないから、これを回避するために支援措置が必要であるとして、その政策の是非を、欧州議会をはじめとするさまざまな場で議論する余地さえあたえないままに勝手に先行的に決め、事後的な承認をうるやり方に民主主義の喪失懸念をいだいているのである。もっと端的に言えば、市場によって国家がさまざまな政策の見直しを迫られるという構図は民主主義の崩壊を意味しているのではないかと警鐘をならしたのだ。

ハーバーマスの危惧は、市場に参加する一部の投資家や金融専門家だけが解決方法を決め、それを事後的に認める手続きが民主主義を愚弄するものであるという点にある。

善悪に関係なくカネ儲けのためにだけ儲かりそうな行動をとる投資家やそれを支援する専門家が決める市場動向によって、ヨーロッパ全体の政治経済の仕組みを根本的に揺さぶるような変革を迫られ、それに唯々諾々と従わざるをえないという過程には、ユーロ圏やEU加盟の国々に住む人々の善悪や正義にかかわる意見はまったく反映されていない。ただ、危機以前に各国の選挙で選ばれ、首脳となった人々が中心となって形成されている欧州理事会のような機関が、緊急事態を名目にして勝手な対応策を決め、事後的に各国において承認してもらうといったことを平然と行っている。これが民主主義なのだろうかと、ハーバーマスは怒ったのである。政治によってコントロールされた市場からなる「埋め込まれた資本主義」(embedded capitalism)ではなく、市場が勝手に決めた方向に沿う形でしか政策を決められない事態に陥ってしまっていることへの憂いを表明しているのだ。

しかも、2008年9月のリーマン・ブラザーズの破綻により、市場の論理が正義とかけ離れたところにあることが示されるという事件もあった。その背後には、1997年のノーベル経済学を受賞したロバート・マートンとマイロン・ショールズの金融派生商品(ディリバティブ)の価格決定理論があった。専門家と投資家によって、連鎖破綻が生じ、何の罪もない多くの人々が職を失い、辛酸をなめたのにもかかわらず、「悪」にかかわった当事者は救済された。

こうした動きを見越して、経済学者のロバート・ライシュは2007年に刊行した*Supercapitalism*のなかで、大企業が競争力をつけ、グローバルな展開を遂げ、より革新的になるにつれて、「超資本主義」(supercapitalism)と呼ばれる段階に至り、そこでは民主主義が弱まり名ばかりのものになっていると指摘している。この本の日本語訳は『暴走した資本主義』なのだが、まさに資本主義が暴走し、民主主義を轢き殺さんとしているところまで状況は悪化しているようにみえる。

そして、今回、バイデンは政治判断で制裁を決め、その制裁への同調を他国に強烈に求めている。これって、民主主義なのだろうか。第四章で説明したように、米国政府は厳しい制裁に見せかけながら、液化天然ガス(LNG)の欧州輸出の増加といった実利を得ている。どのような制裁を科すべきかは各国独自に民主的な手続きを経て決めるべきではないのか。もちろん、ウクライナでの戦闘行為を一刻も早く終えさせるために、各国が迅速な制裁を加える必要性があったことは認める。そうであるならば、短期的制裁と中長期的制裁を峻別して後者については民主的手続きが必要なのではないか。

主権国家の横暴

民主主義の虚妄という事実に気づけば、米国が民主主義を他国に輸出しようとしている事態は理解できない（民主主義の虚妄を深いところで理解したい人は拙著『官僚の世界史』の「民主主義の立て直し」という終章第五節を読んでほしい）。民主主義の輸出という傲慢で尊大な独我論に陥っている米国政府は、2003年のイラク戦争を皮切りに、同じ年、グルジア（ジョージア）で起きたエドゥアルド・シェワルナゼ大統領を辞任に追い込んだ「バラ革命」や、2004年から2005年にかけてウクライナで起きた親米のヴィクトル・ユシチェンコ大統領就任をめぐる「オレンジ革命」に積極的に関与してきた。後者については、SNSが利用され、カネがばら撒かれていた。これは事実だ。2010年末以降になると、チュニジアから始まった「アラブの春」と、西側のマスメディアが勝手に名づけた民主主義の輸出という「暴挙」につながっている（なお、この民主主義の輸出の片棒を担いだのが1983年設立の全米民主主義基金だ。CIAが秘密裏に行ってきた工作を表に出して海外の民主化を促進するための支援機関である）。

この問題は、ウクライナという主権国家を守ることが民主主義世界の維持・拡大につながるという論理につながっている。そのために、ウクライナ国民はウクライナ国家のために戦い、欧米諸国はそうしたウクライナ国家を支援しなければならないという話になっている。だが、主権国家が人権を保障できない状況下で主権国家のために戦うことが本当に最優先課題なのだろうか（ウクライナもロシアも腐敗蔓延国であり、人権が著しく毀損されてきた国であったはずだ）。

いまのウクライナも、ロシアも国民の人権を保障できていない。にもかかわらず、主権国家がその権力を民主的手続きなしにふるっている。民主主義が毀損されているのは、ロシアだけでなく、ウクライナも同じだ。主権国家が暴走し、民主主義を轢き殺さんとしているところまで状況は悪化しているようにみえる。

もちろん、ともかくも即時停戦を最優先することが必要であると考える。それができないのならば、戦場からできるだけ多くの希望者を避難させることに全力をあげなければならない。そして、ウクライナの避難民を世界中が支援することこそ、まず最優先すべきであろう。2022年3月4日、欧州理事会は、ウクライナの戦争から逃れてきた人々に「一時保護」を受ける権利を与える決定を全会一致で採択した。この一時保護は、旧ユーゴスラビア紛争後に採択された一時保護指令（2001年）（https://eur-lex.europa.eu/legal-content/EN/TXT/?uri=CELEX%3A32001L0055&qid=1648223587338）に基づいてはじめて発動された。一時保護期間は1年で、6カ月ごとに自動延長可能で、最長1年間とすることもできる。本当は、日本政府もウクライナからの避難民に限らず、紛争国からの避難を余儀なくされた人々のためにこうした制度を大至急整備する必要がある。

「ならず者国家」ロシアである以上、無条件の停戦ができないウクライナの事情はよくわかる。より有利な条件を勝ち取るため、ウクライナという主権国家が戦争を継続したい気持ちも理解できないではない。それでも、人命優先のためにあらゆる手段を尽くすことが求められるはずだ。ぼくとしては、主権国家はあくまで人権を大切にすべきであると思う。なぜなら人権保障義務を負っているからこそ、主権国家たりうるからである。その人権を保障できない国家であるならば、そんな国家から逃げ出す自由は認められるべきであり、男性の出国を制限しているウクライナという主権国家に大きな疑問をいだいている。

国連の実態

マスメディアは国連の実態を十分に伝えていない。その実態を知れば、主権国家の集まりである国連の迷走ぶりがわかる。たとえば、2022年4月7日に行われた国連総会で、ロシアの職務を人権理事会（HRC）から停止するよう求める決議が採択されたが、この決議は175票中、棄権を除いた投票数の3分の2の賛成を得、93カ国が賛成、24カ国が反対した（棄権は58）。反対票を投じたのは、ロシア、中国、キューバ、北朝鮮、イラン、シリア、ベトナム、アルジェリア、イラン、カザフスタン、キルギス、タジキスタン、ウズベキスタンなどだ。棄権したのは、インド、ブラジル、南アフリカ、メキシコ、エジプト、サウジアラビア、UAE、ヨルダン、カタール、クウェート、イラク、パキスタン、シンガポール、タイ、マレーシア、インドネシア、カンボジアなどである。アゼルバイジャン、アルメニア、ベネズエラは非投票国（計18カ国）となった。

HRCは、ジュネーブに本部を置く国連システム内の政府間人権機関である。2006年に国連人権委員会に代わって設置された。理事会のメンバーは47名で、すべての国連加盟国から選出され、持ち回りで3年の任期を務める。HRCは2011年3月にリビアを停止に追い込んだことがある。当時、国際社会は同国の支配者であるムアンマル・カダフィに対して、自国民に対する暴力の停止を要求していた。2011年11月、カダフィ政権の崩壊に伴い、リビアの理事国入りは復活した。HRC加盟の問題は、2018年にイスタンブールのサウジアラビア総領事館でジャーナリストのジャマル・カショギが殺害されたことを受けて、サウジアラビアに関連して提起されたのが最後だが、その後、投票に至ることはなかった。

ヒューマン・ライツ・ウォッチなどの国際人権団体は、サウジアラビア、キューバ、中国、パキスタン、ロシアといった国々のHRCへの加盟に繰り返し疑問を呈してきた。とくに2016年には、シリア戦争におけるアレッポ解放作戦を背景にロシアへの批判が強まった。その結果、ロシアは2017年から2019年のHRCに含まれなかった。総会の投票では、東欧のライバルであるハンガリーやクロアチアに敗れたが、4年後の2020年10月、ロシアはHRCの議席を取り戻していたのである。

他方で、2006年、ブッシュ大統領の時代に、米国は理事会への加盟を拒否したことがある。この新組織を最も声高に批判したのが、当時米国の国連常駐代表で、後にドナルド・トランプ大統領の国家安全保障顧問となったジョン・ボルトンだ。米国は、バラク・オバマ大統領のもとで2009年に加盟したが、それから9年後、トランプ政権がHRCからの脱退を発表する。理由は、中東における米国の重要な同盟国であるイスラエルの政策を批判する理事会の決議であった。その後、2021年10月になって、ジョー・バイデン政権下で米国はHRCへの復帰したのである。

今回の投票を分析した記事（https://www.economist.com/international/why-so-much-of-the-world-wont-stand-up-to-russia/21808737）によれば、棄権が多かったのは、「ロシアへの制裁が食糧やエネルギー価格の上昇を招いているという懸念があるためだ」と指摘している。加えて、「とくに中東やトルコでは、ウクライナの主権に対する西側の懸念は、米国のイラク戦争や、2011 年に独裁者カダフィを倒したリビアへの空爆を踏まえて、利己的で偽善的なものとみなされている」との見方も紹介されている。HRC からロシアを追い出すことに賛成した中東の国は、イスラエルとリビアにすぎない。

人権保障義務を果たしていない国であっても、主権国家として承認されている国連加盟国は国益と人権を天秤にかけながらふるまっているだけの話なのだ。普遍的な人権尊重という理念は国連の場ではまったく通用していない。しかも、主権国家の指導者は利己的であり、ウクライナ戦争を長引かせることで自らの地位を守ろうとしている英国のボリス・ジョンソン首相の「醜悪さ」に気づくべきであろう。バイデンもまた、2022 年 11 月 8 日に実施される中間選挙での巻き返しをねらって、ウクライナ侵攻を政治利用している面があることを忘れてはならないのである。

シリア戦争からの難民を拒否する欧州

もう一つの現実がある。The Economist のエコノミスト・インテリジェンス・ユニットによれば、ロシアを非難するだけでなく、制裁を科している国に住む人は、世界人口の 3 分の 1 に過ぎない。そのほとんどは欧米諸国だ。3 分の 1 は中立国にいる。このグループには、インドのような巨人や、サウジアラビアや UAE のようなトリッキーな米国の同盟国が含まれている。最後の 3 分の 1 はロシアの侵略の根拠に共鳴している国々である。こうした現実のなかで、「貧しい国々は、アメリカとその同盟国が自分たちに都合の良いときには連帯を求め、都合の悪いときには背を向けるため、利己的であるとみなしている」と、The Economist (https://www.economist.com/leaders/2022/04/16/what-is-at-stake-in-ukraine) は指摘している。ロシアや中国が COVID-19 のワクチンを海外に放出する一方で、欧米は大量の在庫をため込んでいた。石油や石炭を燃やすことで豊かになった国々は、気候変動を抑えるための世界的な取り組みを促したが、化石燃料を捨て、より温暖な世界に適応するための貧しい国々の計画を支援するという（限られた）約束を守ることはできなかったというのである。さらに、「より貧しい国々は、欧米を偽善者とみなしている」という。ヨーロッパは普遍的な権利について語るが、ウクライナ戦争からの何百万人もの難民に対する賞賛に値する歓迎はシリア戦争からの難民を拒否することによって損なわれている（マスメディアによって、ウクライナ難民とシリア難民が差別されてしまっていることに気づいてほしい）。

だからこそ、ぼくは、「河一つが境界をなす正義」に隠された、主権国家の横暴に気づかなければならない、と思うのだ。主権国家がもたらしている、とてつもない重圧を意識化し、主権国家にどう対抗するかを考え抜く必要があるのだ。ここでは、拙稿「サイバー主権と国家主権」（『境界研究』［https://src-h.slav.hokudai.ac.jp/publictn/JapanBorderReview/no5/pdf/02.pdf］）の注に書いたつぎの記述を紹介しておきたい。

「たとえば、二重国籍あるいは多重国籍を当たり前にすれば、国家が国家主権を振りかざそうとしても、人間の側が少なくとも国家主権から逃れることができる。二重国籍は、「公」の領域を二重化することで、「公」の権力作用を弱め、「共」の領域の拡大へと結びつけるねらいがある。まさに、共同体としての国家を超えた空間としての「共」を想定することができるのである。その重国籍の一つとして「無領土国家」にも国籍がもてるようになれば、国家主権による世界支配という、「リヴァイアサン」を前提とした、これまでの世界体制に風穴を開けることができるのではないか。この無領土国家にサイバー空間上の「諸紛争」を委ねることができれば、「共」による問題解決につなげることができるのではないか。それが筆者の考えている理想主義的アプローチである。」

3．ブレトンウッズⅢ

ロシアの複数の有力銀行が国際銀行間通信協会（SWIFT）から排除され、ロシア中央銀行が積み上げていた外貨準備の半分強が凍結された事態は、基軸通貨ドルを中心に外貨準備をすることを当たり前のように受け入れてきた世界各国に激震をあたえてる。いざというときに、現金たるドル、ドル建ての米国債などが差し押さえられてしまうとなると、こんなものを大切にため込む理由はまったくなくなってしまう。

そう。今回、米国政府が切り札として切った手段は実は、ドル基軸体制が覇権国米国の経済支配のための手段そのものであることをわかりやすく示したことになる。この事実に気づいている人はまだ少ない。おそらくこの大転換に最初に気づいたのは、クレディ・スイスのゾルタン・ポズサル（Zoltan Pozsar）であろう。彼は、「ブレトンウッズⅢ」という報告（https://plus2.credit-suisse.com/shorturlpdf.html?v=4ZR9-WTBd-V）を2022年3月に公表している。その主張を紹介しよう。

その出だしはなかなか衝撃的だ。彼はつぎのようにのべている。

「私たちは、ブレトンウッズⅢの誕生を目撃している。東洋の商品通貨を中心とした新しい世界（通貨）秩序は、おそらくユーロドル・システムを弱め、西洋のインフレ力を助長することになるであろう。」

ブレトンウッズⅠ

わかりやすく説明しよう。そもそもブレトンウッズ体制（ブレトンウッズⅠ）とは、第二次世界大戦後の世界経済秩序を決定づけた、1944年のブレトンウッズ協定後の世界を意味している。その締結交渉において重要な役割を果たしたのが、リトアニア系ユダヤ人で米国代表のハリー・デクスター・ホワイト（ソ連のスパイであった）と英国代表のジョン・メイナード・ケインズである。同協定は、①国際復興開発銀行（世界銀行）の設立、②国際通貨基金（IMF）の設立を定めるなかで、戦後の国際通貨決済体制を決定づけた。各国は通貨を金本位制のもとに置きながら、事実上、金本位制のドルに連動して通貨価値を決定する、いわゆるドルを基軸通貨とする固定外国為替相場体制をとることになったわけである。

このとき忘れてならないのは、固定為替相場制のブレトンウッズ体制を維持するために、IMFは加盟国が世界の為替市場で自国通貨を購入するために使用できる公的準備（政府または中央銀行が保有する金や比較的交換しやすい外貨）として特別引出権（SDR）を創設したことである。これは公的準備資産として利用されるにすぎず、通貨でもIMFに対する請求権でもない。言わば、IMF加盟国がもつ自由に利用できる通貨に対する潜在的請求権で、SDRを一定の方法で通貨と引き換えるという手続きを必要としている。SDRの価値は当初、米国の1ドルと同じ、純金の重さに決められたから、ドル決済体制の維持のためにIMFが設立されたとも言えることになる。

何よりも重要なことは、IMFにおいては、米国一国だけに事実上、拒否権が認められている点だ。IMFでの重要決定はなぜか総投票権数の85%を保有する加盟国の5分の3が同意したときに発効するといった制度になっている。2022年4月16日現在、米国の投票権は16.50%だったから、事実上、米国が反対すれば、何も重要な決定はできなくなってしまうのだ。国連の安全保障理事会でさえ、常任理事国5カ国に拒否権が認められているのに対して、IMFでは米国一国の優位が認められている。だからこそ、米国はこれまでIMFを身勝手に利用してきた。不都合があれば、拒否できるので、米国政府はIMFのトップをヨーロッパ人に長く委ねてきた。その活動も米国政府が支配してはこなかった。拒否権があるからだ。その実態は、IMFは米国によって首根っこを押さえられており、その政治性ゆえに世界経済のアンカーの役割を果たすことが可能であったと言える。

ユーロドルの誕生まで

そもそも、ブレトンウッズ協定は1944年7月に締結されたものの、米国議会はその承認のための審議を1945年になるまで行わなかった。同年4月にルーズベルト大統領が死亡したことで、同協定への理解者を失ったハリー・ホワイトやヘンリー・モーゲンソー・ジュニア財務省官は孤立を深める。資本の自由な移動を求める銀行家が猛烈な巻き返しを図っていたためだ。英国では、ポンドとドルとの交換可能性を回復して国際貿易を復活させようとする強い圧力にさらされていた。それは、資本の自由な移動を実現する第一歩とみなすことができる。

1945年7月、米政府は18カ月以内に交換性を回復することを条件に英国政府に巨額の融資を提案、ケインズはこれに応じるように英国内を説得した。ケインズは国内経済との関係で資本規制を主張していただけだから、交換性回復は英国内の経済復興に資するとの判断から、これを推進したわけだ。結局、1945年12月、英国議会はブレトンウッズ協定とともに米国融資を受け容れることを承認した。

注目すべき重要な変化は、ニューヨークを中心とする銀行家らが、ブレトンウッズで合意した決定に盛り込まれていたBIS（国際決済銀行）をできるだけ早期に清算するという規定を実施しないと決めたことである。BIS廃止はBISがナチスに協力してきたとして、ノルウェー政府が提案したもので、ホワイトやモーゲンソーはBISがかつての国際的な銀行家の秩序を代表する存在であったとみなしていたから、この提案を強く支持していた。しかし、ニューヨークの銀行家らは中央銀行間の協力体制を堅持することで、資本の自由な移動を回復させようとする立場から BIS の廃止に反対したわけである。

結局、1946 年 11 月、米財務省は BIS 廃止の実現をあきらめ、1939 年から停止されてきた欧州の中央銀行総裁らによる毎月の定例会合復活につながったのである。BIS が存続したことで、欧州は欧州支払メカニズムの確立に BIS を活用させることになり、やがて欧州支払同盟（European Payments Union）の設立に至ることになる。BIS の存続は資本の自由な移動を支える決済制度の確立に大いに役に立ったのであり、BIS の存続が決まった時点で、すでにブレトンウッズ協定の資本規制の根幹部分が毀損されてしまったと指摘できるだろう。

銀行家らの巻き返しは一直線に成功を収めたわけではない。というのは、一度回復されたポンドとドルの交換可能性はポンドに対する投機によって 6 週間で再び厳しい交換規制に戻されてしまったからである。1947 年には、米国への資本逃避に苦しむ欧州各国は危機的状況に陥り、資本規制を米国に求めるといった事態も起きる。1947–49 年になると、中道左派から中道右派への政権交代がヨーロッパで進み、それが全体主義を回避するためには、より自由な市場が必要とする、正統的な経済政策への回帰を促す。当時、銀行家、財務省、IMF はこの路線を支持していたが、国務省や ECA（マーシャルプランの執行機関）は、冷戦下での欧州諸国の左傾化を警戒して、経済成長を優先するケインズ的経済政策を支持していた。結局、1949 年の英ポンド切り下げ、1950 年の欧州支払同盟（EPU）の設立による中央銀行間の通貨交換性の部分的復活をテコにして、1951 年にロンドンの外国為替市場が再開されるに至る。1953 年には、EPU 加盟国の民間銀行が他の国の通貨を売買できるようになり、その翌年には、ロンドンの穀物や金といった標準的な商品を扱う商品市場も再開された。そして、1955 年はじめになって、英国中央銀行は海外でのポンドの価値を維持するためにニューヨークとチューリッヒの外国為替市場に介入することを前提に、ポンドとドルなどの他通貨との交換可能性を回復したのである。その後、1958 年までに他の欧州諸国も自国通貨のドルとの交換性を回復させた。

このように、カネの自由な移動が徐々に回復された。それでも、投機による急激な資本移動で固定相場が不安定化する警戒感が根強く残っていたため、いかなる理由による資本移動規制も各国に認めるとするIMF決定が1956年の段階でも継続されることになった。固定為替相場制のもとでは、中央銀行は国際収支（輸出入に関する貿易収支や貿易外収支および移転収支を含む経常収支、長期資本収支、短期資本収支を加えたもの）の不均衡（国際間の取引には必ず自国通貨と外国通貨の交換を伴うので、国際収支に不均衡が生じ、それは自国通貨と外国通貨の需給アンバランスを生じたことを示している）に対応する分の外貨を、いつでも要求に応じて売ったり買ったりしなければならない。

英国の場合、1957年には早くも国際収支の悪化からポンドが売られ、資本取引におけるポンド利用を制限せざるをえない状況に追い込まれた。ポンド以外の通貨圏との貿易の資金決済のためにポンド建ての貿易クレジットを供与することが制限されたり、ポンド圏の居住者から外貨建て有価証券を購入することも規制されたりした。いずれもポンドの流出を防ぐ措置である。このとき、ポンド圏以外の国との間で貿易をするための資金供給において英国の銀行によるポンドの利用が制限されたため、英国の銀行は海外居住者にドル建ての貸出を供与することでこうしたニーズにこたえられることに気づく。英国のミッドランドの貿易業者は1955年から、ポンドではなくドルでの借入にシフトすることで貿易を開始、ロンドンの銀行は中央銀行（Bank of England）がこれを止めようとしないことに気づいたのである。英国の中銀が規制をしなかったのは、ポンドに基づく資本規制によって妨げられることなく英国企業による国際ビジネスが継続できると判断したためであった。ここに、英国内というonshoreにありながら、英国の規制を受けないユーロドル市場という不可思議なものが創出されることになるのである。

それが可能であった背後には、コモンロー（common law）のもとでの自由を是とする伝統があったからにほかならない。大陸法では、銀行活動はシヴィルロー（civil law）によって法律の規定にしたがって厳しく限定的に制限されているため、法規にない活動を勝手に行うことが許されないという「常識」に支配されていた。ゆえに、こうした抜け道を活用すること自体、できなかったわけである。この抜け道はきわめて有効な手段であったため、1959年はじめに、ポンドに対する規制が撤廃されてからも銀行によって利用されつづけた。

ブレトンウッズII

ユーロドル市場はますます成長する。これは米国の利害にもかなっていた。ドルの金への兌換に対する不信は1960年には表面化しており、ドル売りの投機が起きるようになっていたため、米国政府は国内の金利を引き上げてドルへの魅力を増したり、財政支出を削減してドルへの信認を高めたりする必要があった。こうした政策変更をしたくない米国政府はドルを外国人に保有させて金への兌換要求を減らし、ドル売りを回避させる必要があり、これがユーロドル市場の形成を促す結果につながったわけである。具体的には、米国は資本移動を規制するため、1963年7月、米国内で販売されるすべての外国有価証券の発行に対する課税を開始した。翌年には課税対象が、1年以上の銀行貸出などに拡大された。米国内の資本規制を逃れるには、ユーロドルを活用するのが有効となったわけだ。

米国政府は欧州各国の中央銀行にドルを持たせ、対外債務の穴埋めに使用することを説得した。こうしたなかで、欧州各国の中央銀行でもドルが保有され、ドルの蓄積量が増えることになり、それがユーロドル市場に厚みを加えることにつながったというわけだ。しかも、米国でのすべての短期預金金利に対しては、レギュレーションQ（Regulation Q）と呼ばれる中央銀行の規制が適用されていたのに対して、ユーロドル市場では、こうした規制がなかったから、米国内での預金よりも高い利子を得ることが可能となった。こうして規制のないユーロドル市場の魅力は米国内の投資家にとっても高まっていったのである。

1962年には、英国中銀はユーロドル市場における外貨建て、つまりドル建てによる外国有価証券の発行を許可する。この結果、ユーロドル市場はますます発展した。加えて、ベトナム戦争への財政支出が増えるにつれて、米国政府は財政赤字を補填するために外国政府や民間投資家を意図的に利用するようになる。第二次大戦中から、償還期限10年以上の利子付き国債である米財務省証券（Treasury Bond）の発行額が急増、戦後も高水準を続けた。1929年12月に初めて発行された、短期の割引国債、米財務省短期証券（Treasury Bill）の発行額も1960年前後から急増する。こうした国債を外国政府や民間投資家に購入させることで国内の経済政策の自律性を保持しようとしたのだ。

1960年代、復興から経済成長の軌道へと移ったヨーロッパ諸国は、国内経済にインフレ懸念をかかえるようになり、海外からの資本流入でインフレが加速するのを防ぐ必要があった。だが、各国中央銀行はインフレ防止のために国内金利を引き上げると、短期的に外資が急速に流入するため、インフレ抑止が阻害されてしまうというディレンマに直面した。そこで、各中銀はあくまで一時的に一方的に資本流入を規制する政策をとることで、国内経済の安定性の確保を優先するようになる。同時に、投機資金の流出によって国際収支が急激に悪化し、通貨切り下げを迫られるような事態に備えるため、こうした資本流出の動きを相殺するための基金を設けることになったことも忘れてはならない。

IMFは1962年、一般借入協定（General Arrangements to Borrow, GAB）ファシリティを創設し、資本移動の急速な変化に機動的に対応できるようにする。加えて、欧州中心に中央銀行間の決済協力関係を維持してきたBISは、米国、カナダ、日本の中央銀行にも協力を求めるようになり、中央銀行間の資金の融通により、資本移動の変化に対応できる体制を整えたのである。

1967年、投資家は勝利を収めた。投資家によるポンド売りの投機に対して、IMFや10カ国の中央銀行が協調してポンドを買い支え、ポンドの公定為替レートを維持しようとしたが、失敗し、ポンドは切り下げられたのである。この時点で、資本の自由な移動を前提に固定為替相場を維持することがきわめて困難となっていたと言えよう。

ポンドだけでなく、ドルについても事態は同じだった。1960年代、米政府はベトナム戦争の戦費を賄うために、財政支出を拡大し、それが米国でのインフレ率を上昇させていた。それが国内産業の輸出競争力の低下を引き起こし、米国の国際収支の悪化を招いていた結果、ドルがほぼすべての通貨に対して過大評価されるようになっていたのである。1968年ころから、投資家は日本や西ドイツの国際収支が大幅黒字となっていたため、すでに円や西独マルクがドルに対して切り上げられるであろうことを予測し、その切り上げまでにできるだけ多くの円や西独マルクを購入しようとした。この円や西独マルク買いに対して、日独の中央銀行は資本の急速な移動に備えるために、逆にドル保有を増やさざるをえなくなる。それはドルのヨーロッパや日本への流出を意味し、そうした海外のドルの金への兌換要求が起きれば、米国の金の大量流出の恐れも高まった。そこで、1971年8月、リチャード・ニクソン米大統領は公定レートでドルをいくらでも金と交換するというブレトンウッズの合意を一方的に破棄することを発表し、同年12月、ドル切り下げに合意する（スミソニアン合意）に至ったのである。ここでも、投資家は勝利を収めたことになる。こうした混乱から、1973年2月以降、各国は固定為替相場制から変動為替相場制に移行せざるをえなくなった。この変動為替相場制こそ、「ブレトンウッズII」と呼ばれているものである。変動為替相場制のもとでは、国際収支の不均衡を是正するために、中央銀行が外国通貨を要求に応じていくらでも買ったり、売ったりする義務はなくなった。国際収支の不均衡は為替レートの変動を通じて調整されることになったからだ。

IMFによるブレトンウッズII堅持はつづいたが……

重要なことは、米国経済の弱体化がドルを基軸通貨とするブレトンウッズ体制の崩壊につながったにもかかわらず、変動相場制への移行という、より自由な資本移動が米国内の経済政策の自律性を守ってくれることに米国政府が気づいた点である。固定相場制のもとでは、二国間協議を通じて米国の対日・対独国際収支赤字を是正するために、日本や西独の固定為替レートを変更させたり、輸出攻勢を抑制させたりすることがきわめて困難であったのに対して、変動相場制のもとでは、市場がこうした要求を日独に突き付けるだけであり、しかも効果は為替レートの変動を通じて着実にあがったからである。欧州各国や日本は自国通貨の為替変動を通じた切り上げにより、輸出競争力を相対的に低下させ、それが米国との貿易黒字の削減につながった。現に1973年には、米国の経常収支は大幅に改善された。この変動相場制への移行が、「より自由な国際資本市場こそ米国の成功につながる」という確信を米国内に広めることになったのだ。その中心に位置することになったのは米国発行の国債であった。つまり、ブレトンウッズIIは米国債という、わけのわからない証券を中心にしたドル基軸通貨体制堅持のための体制としてつづいてきたことになる。

変動相場体制への移行後、SDRは通貨バスケット（ユーロ、円、英ポンド、米ドルで構成）として再定義された後、中国の元も加わる。国際資本市場の厚みが増すにつれて、政府による借り入れなどの形で資金を調達する手段が増えた結果、SDR の必要性は低下したが、IMF が危機に陥った政府の破綻を回避するために SDR に基づく融資を行い、間接的に多くのドル建て決済を維持しようとしている。

ユーロの出現によって、ドル決済の世界貿易に占める割合は減少した。それでも、ドル決済の優位は揺らいでいない。この体制を支えるために大きな役割を果たしているのが IMF ということになる。

IMF（https://data.imf.org/?sk=E6A5F467-C14B-4AA8-9F6D-5A09EC4E62A4）によると、2021 年 9 月末現在、公的外貨準備高の総額は 12 兆 8274.5 億ドルで、うちドルは 7 兆 813.9 億ドル、ユーロは 2 兆 4521 億ドル相当、元は 3189.9 億ドル相当であった。

ブレトンウッズIIの終焉

このブレトンウッズIIはいま、終焉を迎えつつある。ポズサルは、金塊を裏づけとするブレトンウッズ I 時代から、内部貨幣（没収リスクのある国債）を裏づけとするブレトンウッズ II、外部貨幣（金塊や他の商品）を裏づけとするブレトンウッズ III へと時代は変化しつつあると喝破している。このウクライナ戦争が終われば、米ドルはもっと弱くなり、逆に人民元は商品バスケットに支えられてもっと強くなっているはずだというのである。

すでに、SWIFT によると、2022 年 1 月の人民元による決済額は前月比で約 11％増加し、他の通貨による決済額は同期間に 6.48％減少した結果、世界の決済額に占める人民元の割合は、12 月の 2.7％から 1 月には 3.2％となり、過去最高となった。依然として首位であるドルのシェアは 12 月の 40.51％から 1 月は 39.92％に、ユーロは 36.65％から 36.56％に、ポンドは 5.89％から 6.3％に、日本円は 2.58％から 2.79％に低下した。

通貨を金で裏打ちすることを原則としたブレトンウッズ体制の第 1 バージョンから、「国内通貨」（つまり信用発行とドルの世界的流通を前提とした）を基本とした第 2 バージョン、そして第 3 バージョンへと、道は切り開かれることになる —— というのがポズサルの予測である。新しい時代は、金と生産された商品による準備金に裏打ちされた、対外的な貨幣に支えられることになるという。これはいわば、通貨を金で裏打ちすることを原則としたブレトンウッズ体制の第1バージョンから、「国内通貨」（つまり信用発行とドルの世界的流通を前提とした）を基本とした第2バージョン、そして第3バージョンへと、道は切り開かれることになるのである。新しい時代は、金と生産された商品による準備金に裏打ちされた、対外的な貨幣に支えられることになる。つまり、「商品は担保であり、担保は貨幣である」ような時代、すなわち、中国などの「商品担保型地域通貨」の時代が到来するというのだ。

なぜそんなことになるかというと、米国主導でG7がロシアの外貨準備を押収したことで、各国中央銀行が外貨準備としてドルの世界的流通を前提とした米国債などで蓄えるというブレトンウッズⅡの基盤は崩れてしまったからである。主権国家の所有であるべき外貨準備が政治的理由でいとも簡単に押収されてしまうのであれば、こんなものをわざわざ蓄積する必要などないと、多くの主権国家が考えるようになるのは当然だろう。

エネルギー資源の重要性

世界が深刻なエネルギー・原料危機（これは今始まったことではなく、世界経済全体に対するエネルギー・原料の需要の客観的な増加によって引き起こされた）に直面している今日、大量のエネルギー資源のストックを保有することは、第二次世界大戦後の金の保有と同じように考えることができるようになっている。そう考えると、ロシアが手始めとして、ロシア産天然ガスの輸出代金をルーブル建てとすることを決断したことはまさに、商品担保型地域通貨ルーブルの誕生につながる動きとみなすことができる。この際、注目すべきは、この措置が西側諸国によるドル・ユーロ資産の凍結に対する対抗措置として導入された点である。ゆえに、同じように資産凍結を恐れる国は自国産品の輸出に際して、自国通貨建て決済を求めてくる可能性がある。

2022年3月30日付の「コメルサント」（https://www.kommersant.ru/doc/5282554）によれば、穀物の代金の受け取りが困難なため、穀物輸出業者はロシア中銀にリスク最小化策への取り組みを要請しており、とくに海外の主要な買い手に対して、穀物の代金をルーブルで支払うことができるようにすることが、その取り組みの一つであると伝えている。穀物という商品担保型通貨ルーブルを広げようとする試みと理解することができる。ただし、ルーブル決済への切り替えは、為替リスクを顧客に転化することを意味しているから、対象商品が天然ガスのような顧客にとって必須の価値をもたないかぎり顧客の側は為替リスクを負おうとしないだろう。

ルーブルと人民元との交換をより積極的に行うメカニズムが創設できれば、人民元が商品担保型地域通貨となり、ルーブルの信用力を補完できる。人民元を使う国がロシア以外の第三国にどんどん広がれば、ドルに対抗しうる一大勢力となることも夢ではない。たとえば、「ウォールストリート・ジャーナル」（https://www.wsj.com/articles/saudi-arabia-considers-accepting-yuan-instead-of-dollars-for-chinese-oil-sales-11647351541）は2022年3月、「サウジアラビア、中国の石油販売でドルではなく人民元の受け入れを検討」と伝えている。買い手である中国の重要性がた高まれば、売り手であるサウジアラビア側が人民元建てを受け入れることも十分にありうる。

興味深いのは、4月7日になって、ブルームバーグが「人民元建てで購入されたロシアの石炭と石油、中国へ供給開始」という記事（https://www.bloomberg.com/news/articles/2022-04-07/russian-coal-and-oil-paid-for-in-yuan-to-start-flowing-to-china）を報道したことだ。中国のコンサルタント会社は、中国のいくつかの企業が3月にロシアの石炭を現地通貨で購入し、最初の貨物が4月到着する予定であるとしているという。さらに、人民元建てで購入されたロシア産原油が5月に中国の独立系精製業者に引き渡される予定であると伝えている。今後、ロシア側が中国国内で中国の銀行口座を使い、人民元で支払いを受けるという対中原油輸出を認めれば、米国による金融制裁を気にすることなく、ロシアから大量の原油輸入が可能となるだろう。ただ、すでに指摘したように、硫黄分の低いサウジアラビア産原油を硫黄分の高いウラル産に切り替えるには時間とコストがかかる。

インドのThe Economic Times（https://economictimes.indiatimes.com/news/economy/policy/a-new-indo-russian-transaction-platform-may-be-up-this-week/articleshow/90551703.cms?from=mdr）は3月31日、ロシアの国営銀行VEBとインド準備銀行（RBI）が二国間貿易を促進する代替取引プラットフォームを決定したようだと伝えた。それによると、1週間以内に新システムが導入され、両国間でルピーとルーブルの相互取引が可能になる可能性があるという。ほかにも、レジェップ・エルドアン大統領は3月6日、プーチン大統領との電話会談（https://www.dailysabah.com/business/economy/trade-can-be-conducted-in-ruble-yuan-gold-erdogan-tells-putin）で、トルコとロシアはルーブル、中国人民元、または金を使って貿易を行うことを提案したとされている。

「ユーロ元」の登場へ

今後の焦点となるのは、「ユーロ元」の登場だろう。前述したように、ユーロドルの誕生は、英国の貿易業者によるドルでの銀行借入を英国の金融当局が制限しなかったことで偶然に生まれた。同じように、ロシアの貿易業者による元建て借入をロシアの金融当局が制限しなければ、元建てによる中ロ貿易が急増する可能性が生まれる。その際、中国当局は中国の銀行によるロシアの銀行への元建て融資を後押しすればいい。

たとえば、2020年6月、モスクワ信用銀行（MKB）が中国国営の開発銀行から最大で2億元（20億ドル弱）を受け取る契約をした話（https://expert.ru/expert/2020/25/kupit-za-yuani/）は初の大型元建て融資契約だった。この契約の直前、MKBは中国のオースチン・チェーンと20億ルーブルのマルチカレンシーローン（通貨選択権付貸付）契約を結び、同チェーンは銀行から人民元を受け取って中国のサプライヤーから製品を購入した。MKBは、中国の主要地方銀行によるシンジケートローンで資金調達を行ったのである。こうした成功例が広がれば、元建て取引は中ロ間で広がる可能性が高い。

2022年3月の情報（https://www.economist.com/finance-and-economics/russia-looks-to-chinese-financial-plumbing-to-keep-money-flowing/21808071）では、ロシアは中国の中央銀行に約900億ドル相当の人民元建て預金を主に預けている。ロシアは中国と1500億元のスワップ・クレジット・ライン協定を結んでいる。他のドル建て貿易金融ルートが遮断された場合、これらの資金を中国からの輸入資金に充てることができるようにしているのだ。ただ、中国側からみると、元建て輸出で元を稼いでも、ロシアで購入できるものは限定されているという不満がある。両国間で元建て取引を拡大させるためのメカニズムの構築が求められているのである。

ロシアの対中貿易依存度が急速に高まることが予想されている以上、中国政府の明確なロシアへの元建て融資拡大路線があれば、この道筋で人民元がロシアから第三国へと拡大し、中国当局の直接の規制のおよばない「ユーロ元」が登場することになるだろう。

おそらくロシア国内の銀行への支援に中国の銀行が乗り出すとき、その支援が中国による元建て融資という方式をとれば、間違いなく多額の元がロシア国内に出回ることになるだろう。興味深いのは、中国人民銀行（中央銀行）の朱俊国際部部長が2021年12月上旬に開かれたフォーラムで、中国の通貨が世界により受け入れられるように、「オフショア人民元」（中国国内で使われている人民元と異なるという意味での人民元）の市場がより大きな役割を果たすべきだとのべたことである。そのために、毎年オフショア人民元決済の70%以上が実行されている香港において、オフショア人民元商品のポートフォリオを充実させ、人民元建て株式の発行や取引メカニズムの構築を急ぐべきだと、朱は主張している。このオフショア人民元こそ、いわば「ユーロ元」の「異母兄弟」のようなものであり、その意味で、「ユーロ元」の爆発的広がりはもうすぐそこにあると予測できる。

IMFの第一副専務理事の見解

IMFの第一副専務理事のギタ・ゴピナスは「フィナンシャル・タイムズ」とのインタビュー（https://www.ft.com/content/3e0760d4-8127-41db-9546-e62b6f8f5773）で、ウクライナ侵攻後にロシアに科された前例のない金融制裁は、米ドルの支配力を徐々に弱め、国際通貨システムをより断片化する恐れがあると警告している。彼女によれば、ロシアの侵攻後に西側諸国が科した中央銀行への規制を含む広範囲な措置は、別々の国のグループ間の貿易に基づく小さな通貨圏の出現を促す可能性があるというのだ。「そのような状況でも、ドルは世界の主要通貨であり続けるだろうが、より小規模なレベルでの分裂は確かに十分にあり得る」、というのが彼女の見解である。

ゴピナスは、外貨準備に占めるドルの割合が過去20年間で70%から60%に低下していることを指摘したうえで、ドルのシェア低下の約4分の1は、人民元の利用拡大が原因だとした。そのうえで、中国は今回の危機の前に人民元の国際化を進めており、中央銀行のデジタル通貨を採用することではすでに他の国より先を行っていると説明している。

なお、2022年4月に公表されたロシア中央銀行の「年次報告2021」

〔図 7-1〕ロシア中央銀行の外貨準備に占める通貨別資産の割合（%）

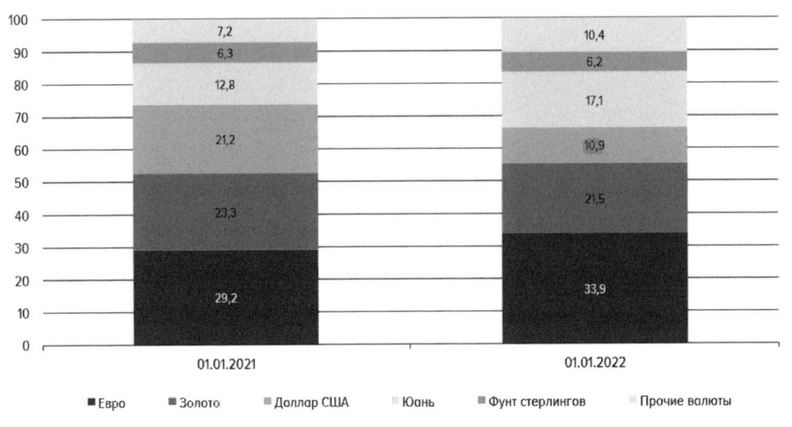

（備考）棒グラフの下から、ユーロ、金、米ドル、元、英ポンド、その他通貨を示している。
（出所）Банк России, Годовой отчет за 2021 год, p. 123, 2022.

(https://www.cbr.ru/Collection/Collection/File/40915/ar_2021.pdf）によれば、図7-1に示したように、中銀の外貨準備に占める元建て資産の割合は2021年1月1日現在の12.8%から2022年1月1日には17.1%に上昇した。半面、ドル建て資産は21.2%から10.9%まで低下し、元とドルのシェアが逆転した。

デジタル人民元

そこで、中国が推進している中央銀行デジタル通貨（CBDC）である「デジタル人民元」の将来性について説明しよう。ここで問題になるのが途上国をめぐるドル代替とCBDC導入という話だ。あまり紙幅が残されていないので、この話の前提となる途上国で広がっていた「ドル化」については割愛し、ここではCBDCを中心に論じたい。

ここで論じたいのは、世界に広がろうとしている中央銀行デジタル通貨（CBDC）のうちで、米国、ユーロ圏、英国、カナダといった主要な先進国や先進国のブロックがCBDCを採用し、クロスボーダー取引を認めた場合、それが先進国の国内経済にどのような影響が考えられるかについてだ。あるいは、「悪貨は良貨を駆逐する」というグレシャムの法則がCBDCの出現で国際金融全体にどのような影響をもたらすかにも気になる。
最初に、国際決済銀行（BIS）のCBDCに関する第三回調査結果（https://www.bis.org/publ/bppdf/bispap114.pdf）によると、「世界の人口の5分の1を代表する中央銀行が今後3年間に汎用CBDCを発行する可能性が高いことがわかった」という。ただし、「中央銀行の多数は当面、CBDCを発行しそうにない、多くがその可能性に従うようになってきているが」と指摘している。
なぜ中央銀行が自らデジタル通貨を発行しようとしているかというと、①決済システムをより費用対効果が高く、競争力があるものにできる、②「銀行口座を持たない」人々の数が多い国において、デジタルIDシステムと組み合わせたことで、銀行口座を持たない人々が貯蓄の安全な場所を得られるだけでなく、マイクロペイメントのデータがデジタルで利用可能になることで、クレジットへのアクセスが可能になる（いわゆる「金融包摂」の促進）、③国境を越えた取引を容易にし、そのコストを削減する —— といったメリットがあるからだ（IMFの資料［https://www.imf.org/en/News/Articles/2021/06/30/sp063021-digital-technology-how-it-could-transform-the-international-monetary-system］を参照）。
CBDCの導入にはリスクもある。①銀行センターへの圧迫（人々がCBDCを大量に保有するようになれば、商業銀行から預金が突然引き出される可能性が生じる。その場合、銀行は顧客を維持するために預金金利を上げるか、より良い決済サービスを提供しなければならなくなる）、②中銀自体の風評リスクの増加（CBDCの提供に向けて、中銀は決済のバリューチェーンのいくつかの段階［顧客との接点、ウォレットの構築、取引の監視、資金洗浄防止など］で活動する必要が生まれるが、これらの機能のいずれかが満たされない場合、その原因が技術的な不具合であれ、サイバー攻撃であれ、単に人為的なミスであれ、中銀務への信頼が損なわれる可能性がある）、③CBDCを、国境を越えて利用することで発生しうるマクロ金融リスク（国境を越えて利用可能な基軸通貨国のCBDCについては、高インフレで為替レートが不安定な国での通貨代替［または「ドル化」］が増加する可能性がある）—— といったものがそれである。

具体的なCBDC像

実際にCBDCを導入する場合、こうしたデメリットを考慮しながら、慎重にCBDCを設計する必要がある。セバスチャン・エドワーズ著「中央銀行デジタル通貨と新興市場：通貨代替というチャレンジ」（https://www.nber.org/system/files/working_papers/w29489/w29489.pdf）という論文を参考にしながら考えてみよう。

第一に、CBDCは、既存の金融機関を介して配布するのか、それとも個人や企業に直接発行するのかという選択肢がある。第二に、いわゆるブロックチェーン（分散型台帳）技術に基づくトークン（暗号通貨）によるアクセスとするか、それとも従来の中銀業務に近いIDアカウントに基づくアクセスとするかも検討課題となる。第三に、個人がCBDCを保有する際の制限をどうするかも重要だ。たとえば、個人の保有限度額を3000ユーロに設定すれば、3000ユーロを超える金額は課税されるか、単に禁止されることになるだろう。限度を超えた場合、自動的に銀行預金に振り替えることも可能だ。預金金利をつけることもできる。その場合、政策金利よりもどれくらい低くするかが課題となる。第四に、特定の中銀が発行するCBDCを外国人がどの程度保有・利用できるかという問題もある。外国人が先進国のCBDCを保有できるようになれば、すでに指摘したように、通貨代替（「ドル化」）が促進される。CBDCは、国を超えた資金移動のコストを削減可能で、本国の家族に送金する移民に大きなメリットをもたらす。ただ、通貨代替が進むと、一部の新興国では自国通貨が売られ、通貨発行にともなう利益である貨幣鋳造利益（シニョレッジ）が減り、金融危機の引き金となりかねない。

新興国への深刻な影響

これまで、質の高い金貨は保管・蓄積され、質の悪いものだけが市中に出回るといった経験から、「悪貨は良貨を駆逐する」と考えられてきた。ゆえに、新興国では、送金で受け取ったより外国通貨がより安定的とみなされて大切に保管・蓄積され、必ずしも信用力のない自国通貨が通常の国内決済に利用されることが多かった。海外から外国のCBDCが安い送金手数料で新興国に入ってくるようになると、前述の金融包摂などのメリットもあって、新興国内でそうしたCBDC利用が広がり、自国通貨の通貨代替の圧力が高まり、自国通貨安が急速に広がる可能性が生じる。国内建て預金に対する預金保険のような適切なセーフガードがなければ、金融政策のコントロールを弱め、規制当局による為替規制や資本の流れに対する管理が困難になる可能性もある。

こうした現象は、「グローバル・ステーブル・コイン」(GSC) と呼ばれる、ドルなど既存の法定通貨に価値が連動する「通貨」が新興国に流入することでも起きる（たとえば、Tether、USD Coin、Binance USD、DAI）。GSCは広く普及する可能性のある、いわゆる「ビッグテック」（メタ、アリババなど）が発行するプライベート・デジタル・マネーの一種も含まれる。GSCは、米ドルのような不換紙幣や金のような商品などの固定資産と価値をリンクさせることで価格の安定を図っているが、従来の電子マネーの仕組みとは異なり、必ずしも口座単位で定められた額面での償還が保証されているわけではない。とくに、民間企業によって発行されるものだけに、倒産などのリスクを常に伴っている。

国際金融秩序への脅威

このようにみてくると、CBDCの導入はこれまでの国際金融秩序を揺るがしかねない。すでに、こうした危機感から、BISが中心となって2019年に、CBDCのほか、オープンファイナンス、サイバーセキュリティ、グリーンファイナンスなどの研究のためのBISイノベーション・ハブ（BISIH）が設立された。CBDCについては、2021年9月、BISイノベーションハブ香港センター、香港金融管理局、タイ中央銀行、中国人民銀行デジタル通貨研究所、アラブ首長国連邦中央銀行が中心となって進めている、CBDCを接続するためのインフラを構築するプロジェクト「Multiple CBDC（mCBDC）Bridge」に関する共同報告書（https://www.bis.org/publ/othp40.pdf）が公表された。

同プロジェクトは、ホールセール型(前述した間接型)のCBDCプロジェクトで、どのようにしてCBDCを相互に接続し、国境を越えた決済をより安価で迅速に行うことができるのか、どのような設計上の選択をすべきか、などについて研究している。すでにフェーズ2において、デジタル通貨と分散型台帳技術を使って、リアルタイムで安価かつ安全な国境を越えた決済を実現できる可能性が確認された。このプラットフォームは、国際送金や外国為替業務を、既存の商業銀行のネットワークを用いて通常数日かかるところを数秒で完了し、24時間365日体制で運用することが可能だった。

同年11月4日に開催された香港Fintech Weekでは、同プロジェクトの2022年からスタートする15の試験運用および22機関のプロジェクト参加が発表された。ゴールドマン・サックス、HSBC、ソシエテ・ジェネラルなどのほか、中国の六大銀行も参加する。

注目されるのは、中国の積極的な姿勢だ。CBDCが新興国の経済に与える影響が大きいことを考えると、中国が導入間近のCBDC（e-CNY）を海外送金可能としてその影響力を誇示し、新しい国際金融秩序の創出で一歩先んずる可能性すらある。ゆえに、ブレトンウッズⅢの時代は中国の金融覇権の時代の到来につながるものと予測できることになる。

この節の最後に、2020年10月に開かれたフォーラム「ユーラシア経済連合（EAEU）と中国主導の「一帯一路」の結束」において、為替変動による損失を回避し、国際的な制裁に依存しないためには、EAECと中国は自国通貨か自国の超国家通貨で決済すべきであるとの結論に達したことを紹介しておきたい（資料［https://www.vedomosti.ru/economics/articles/2020/10/26/844640-eaes-kitai］を参照）。出席者の中国人民大学の劉玉秀は、国家のデジタル通貨での決済への移行を通じて、どのような政治的・経済的課題を解決するのかを理解し、そのような移行を評価するための合同委員会を集め、その後、各国の中央銀行－取引相手国間の調整を確立し、決済が行われるデジタル通貨を作成することが必要であると主張していた。こうした準備が進んでいるとすれば、中国のデジタル通貨がEAEUにおいても重要な役割を果たすようになるのは確実だ。

4. 地球が泣いている

つぎに、資源の話をしたい。まずは食糧資源、ついで、気候変動や地下資源について考えたい。「地球が泣いている」という感情論を後者においてあえて展開しようと思っている。

深刻な食糧危機

主権国家がその面子をかけて戦争を継続すればするほど、世界中の国々で、食糧難という事態が深刻化している。現在、ロシアとウクライナの輸出は世界で取引される総カロリーの約12％を占め、小麦、大麦、ひまわり、トウモロコシなど多くの重要な穀物や油糧種子の世界輸

〔図 7-2〕2018～2020 年におけるロシア（左）とウクライナ（右）の世界市場に占める食料別シェア（%）

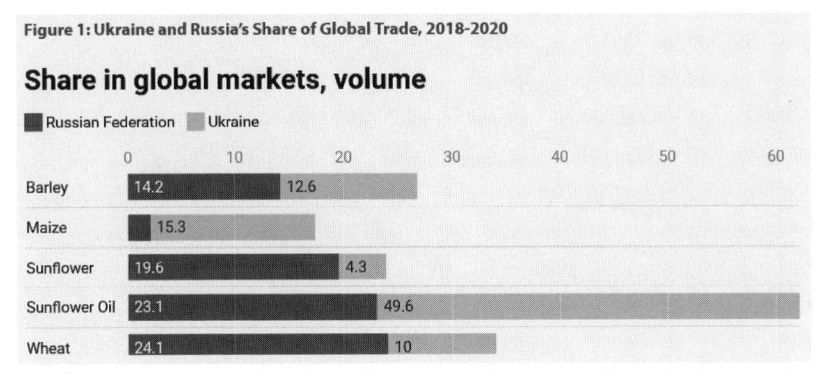

（出所）https://www.ifpri.org/blog/how-will-russias-invasion-ukraine-affect-global-food-security

出国トップ 5 に名を連ねている（資料［https://www.ifpri.org/blog/how-will-russias-invasion-ukraine-affect-global-food-security］を参照）。図 7-2 からわかるように、ロシアとウクライナは世界の市場において、小麦の約 34% や大麦の 27%、ひまわり油の 73% のシェアをもつ。ゆえに、一刻も早く停戦し、食料生産を復活させなければ、これらの食糧に依存してきた人々は生命の危険にさらされかねないのだ。すでに、国連食糧農業機関（FAO）の 2022 年 3 月の FAO 食糧価格指数は平均 159.3 ポイントで、2 月から 12.6% 上昇した。前年同月比では、33.6% 上昇しており、厳しい食糧難に陥る人々が急増するだろう。

こんな状況にあるにもかかわらず、なぜ停戦をしないのか。この疑問はプーチンだけでなく、ゼレンスキーや彼を支援する欧米諸国指導者にも問い詰めなければならない大問題だ。

2022 年 4 月 16 日、国連世界食糧計画のデービッド・ビーズリー事務局長はツイッター（https://www.facebook.com/gov.beasley）に、「ウクライナ国内で起きている農業停止は世界に影響をあたえる。農家は畑に戻り、港は再開され、4 億人を養っていたウクライナの穀物が流れなければならない」と書き込んだ。

ロシア軍によるウクライナの東部や南部での攻勢が強まると、とくに南部からの穀物輸出が難しくなる。黒海沿岸のオデッサ、チョルノモルスクといった南部の港の行方が気にかかる。彼（https://www.nytimes.com/live/2022/04/16/world/ukraine-russia-war-news#the-closing-of-ukraines-southern-ports-could-trigger-a-global-food-catastrophe-the-un-warns）によれば、戦争や干ばつ、COVID-19 の大流行などの累積的な犠牲の結果、38 カ国で約 4500 万人が「飢餓の扉を叩いている」という。ウクライナ戦争が食糧価格や燃料費、輸送費に与える影響はこの数字を押し上げることだろう。

国民の人権保障義務さえ守れない国が主権国家の面子を争うことで、戦争が長引くと、世界中の貧しい人々が食料難から死に至る人が増加する。主権国家の横暴に対処できないという現実から、いま、主権国家とは無関係のネットワークづくりの重要性に気づきはじめた人がいることに期待したい。

気候変動への影響も

ロシアによるウクライナ侵攻を一刻も早く止めさせるためには、厳しい制裁もやむをえないことは十分に理解できる。ただ、すでに第四章で論じたように、制裁は米国の覇権を守るために政治利用されている。その結果、気候変動対策が追いやられて、地球全体の未来が危機に瀕しかねない状況にある。

ロシアによるウクライナ侵攻開始後の 2 月 27 日、「気候変動に関する政府間パネル」（IPCC）の第二作業部会報告書「気候変動 2022：影響、適応、脆弱性」の政策決定者向け要約が IPCC の加盟国 195 カ国政府によって承認された。侵攻騒ぎでこの報告書の重要性はかき消されてしまったかもしれないが、いま問われているのは、エネルギーの安全保障と気候変動への取り組みの相反する関係への対処法である。エネルギー安全保障を優先するあまり、石炭などの炭化水素依存が温存され、それが温室効果ガスの増加につながり、地球そのものを傷つけかねない。

エネルギー政策は本来、安全性、経済性、持続可能性という三つの目標をめざしてきた。そのバランスをとりながら、気候変動対策を迅速化するという課題に挑んできたと言える。だが、ロシアによるウクライナ侵攻を契機に、安全性だけがクローズアップされているというのがいまの現実だ。

三つの方向性

この三つの目標をあくまで達成するには、つぎの三つの方法性が重要であるというのがThe Economist（https://www.economist.com/by-invitation/jason-bordoff-and-meghan-o-sullivan-on-maintaining-energy-supply/21808312）の主張である。

第一は、クリーンエネルギーへの移行の推進である。米国議会では、クリーン電力、電気自動車、家庭のエネルギー効率に対する高額な税額控除が含まれた「Build Back Better」法案が審議中だ。第四章第三節で紹介したように、欧州委員会は3月8日、「より安価で安全、かつ持続可能なエネルギーのための欧州共同行動」を提案し、エネルギー効率の向上、投資の前倒し、再生可能エネルギーの認可の迅速化によって、欧州のロシア産ガスへの依存度を低下させるようとしている。ドイツは、2035年までに内燃機関自動車を廃止し、再生可能エネルギーの導入を加速させると発表している。英国は「国家安全保障を守るため」に洋上風力の拡大を決定した。ベルギーは、炭素ゼロの原子力発電を段階的に廃止する計画を再検討中だ。

第二の方向性は、十分な炭化水素インフラへの投資を行い、同時に、そうした投資が長期的な移行を妨げる程度を最小限に抑えるというものである。欧州の場合、液化天然ガス（LNG）の貯蔵施設やパイプラインに投資し、より多くの天然ガスを輸入する必要がある。

第三は、クリーンエネルギーへの移行という厄介なプロセスにおいて避けられないエネルギー市場の変動を緩和するための手段を、少なくするのではなく、多くする必要があるというものだ。具体的には、戦略的備蓄を増やし、核発電所などの既存のエネルギー資産を早期に廃棄することを避け、エネルギー需要のピーク時に消費者の使用を抑制するプログラムを拡大し、定期的に起こる極端なエネルギー価格のショックから消費者を保護するメカニズム（低所得消費者への補助金制度など）をさらに発展させることなどが求められている。

資源はだれのものか

ここでは、こうした現実論ではなく、もっと夢物語について話したい。たとえ理想論にすぎなくても、主権国家を前提とするいまのグローバル・

ガバナンスでは解決できない核心にあたる問題を提起しておきたいからである。

そもそも、「石油や天然ガスはだれのものか」と問ったことはあるだろうか。地球が誕生し約46億年が経過するなかで、地殻変動が起こり、石油や天然ガスなどのさまざまな資源が生まれた。地面の下に眠っている資源はだれのものなのか。

ぼくは『パイプラインの政治経済学』という本を書いたとき、この問題に取り組んだことがある。そのとき気づいたのは、地下資源がだれのものかに対する考え方に違いがあることだった。

いわゆる英米法では、地面の所有者が地球の中心までのすべてについて所有権をもつとみなす。他方、ヨーロッパの大陸法では、地面から一定の距離までの地下について所有権が認められても、地下資源を採掘するには鉱業権という権利を主権国家から認可してもらわなければならない。自分の土地の地下にあるすべての資源が自分のものというわけではない。

英米法は、地球が生み出した資源を土地所有者によって分割・統治することを当たり前と考えている。他方で、大陸法では、主権国家という近代になって生まれただけの概念によって地球資源を勝手に統治することを前提にしている。いずれにしても、地表面に現れた土地が起点となるから、その土地をめぐる紛争が熾烈をきわめて、戦争が繰り返されてきた。その結果として、エネルギー資源などについて対ロ制裁を強化すれば、ロシア国民も困るが、ロシアから多くの地下資源を輸入してきた人々も困る。資源価格の上昇で、貧しい人々がますます辛酸をなめることになるだろう。

それだけではない。急場をしのぐために、石炭を使った発電が余儀なくされ、結果として気候変動リスクが高まる可能性がある。そうなると、地球に住む人々だけでなく地球上のすべての生物が打撃を受けかねない。

ぼくは、そもそも地球が生み出したものは共同管理下において、地球上のすべての生物のために利用すべきだと思っている。理想論にすぎないことを承知のうえで、それでもそういう未来がきてほしい。

ぼくとしては、安直なキャンセル文化は拒否したうえで、覇権国アメリカだけを優先する対ロ制裁のあり方に反対することこそ、地球全体からグローバル・ガバナンスを考える出発点になると思っている。

少しだけ頭を働かせほしい。闇雲な制裁を科すことで、ロシア国内に大混乱が生じ、プーチンを権力の座から引きずりおろすことができたとしても、同時にその混乱に乗じて核兵器が流出したり生物化学兵器が持ち出されたりして、それが世界秩序そのものを崩壊させることも想定できる。だからこそ、世界全体のことを冷静沈着に考えることが求められているのだ。

『所有という神話』

資源の所有にかかわる問題を解くかぎは、「所有」そのものにある。ここでは、この問題を倫理学に遡行して考えている大庭健の『所有という神話』を手がかりにしたい。彼によれば、ある人Pさんがあるものxを「所有している」とは、「どのようにxを用益あるいは処分するかを、Pさんが一人で排他的に決定することを、xに関心をもつ他者たちが承認する」ということであるという。

ここで重要なことは、所有が原理的に他者による承認を前提にしていることである。簡単にいってしまえば、主権国家の特徴である「資本制＝ネーション＝ステート」を前提にすると、「私有制」とよばれるものは「ステート」ないし「国家」による承認を前提にしている。私有制といえども、国家の枠内でしか対象の用益・処分を排他的に決定できないのだ。つまり、個人も法人も私的所有を神聖不可侵と主張することはできない。土地や地下資源などの天然資源は、生態系の一部だから、なおさら、その「所有」について「他者」による承認を受けなければならない。それは国家ないし自治体や「コミュニティ」による承認ということになるかもしれない。いずれにしても、地下資源や土地が純然たる私有対象であっても、国家規制や自治的規制の対象にならざるをえないのだ。

大庭はこうした規制を「公共的規制」とよび、つぎのように指摘している。

「こうした公共的規制は、厳格になればなるほど、伝統的な権利概念からすれば「所有権の侵害」と映ろう。しかし、これを「権利の侵害」ととる発想が、むしろ問題なのである。規制が強くなれば、所有者の宅地への関係は、用益・処分の排他的決定すなわち「所有」であるよりも、むしろ「共有地の一画の恒常的利用」と言うべきものに近づいてくる。そして、これは、所有権の神聖を旗印とした近代の閉塞状況において、一般的には歓迎すべきことである。」

こう考えると、天然資源について、それがたとえ「私的所有」の対象になっている場合でも、何らかの規制が認められることになる。ロシアのように、地下資源が国有である場合には、なおさら、その利用について厳しい規制が求められる。

つぎに問題になるのは、その規制方法についてである。再生産すべき社会的資源が特定されている各システムにおいては、システムに参与した諸個人は、その資源の再生産への「貢献」に応じて、再生産された資源を用益する機会を分配されるべきだという、競争主義的な規範原理がある。そうすることで、システムの「効率」を高めることが可能となると考えるわけである。土地や地下資源などの天然資源に関連させて考えると、その資源の再生産に「貢献」したかどうかの「尺度」をどう決め、何の分配についていかなる差異を正当化しうるかが問われることになる。そこで、規制が問題化する。

どう規制すべきか

天然資源には再生可能資源（renewable resources）と非再生可能資源（non-renewable resources）がある。前者は魚や森林、水などにかかわる資源であり、後者は石油、ガスに代表される鉱物資源をさす。土地の場合、その肥沃度はある程度、再生可能だが、一度、汚染されてしまった土地を元に戻すのは困難である。ここでは、基本的に再生産そのものが困難な天然資源についてのみ検討すると、経済システムにおいては、天然資源の再生産ではなく、生産・消費にかかわるなかで、利潤の増加が目標になっていることがわかる。もちろん、生態系システムにおいては、非再生可能資源の無尽蔵の費消は生態系を守るという目標からみると、避けるべき事態ということになる。

経済システムのうえでは、利潤増加という目標に向かってどれだけ「貢献」したのかをみる基準として、市場の「見えざる手」による測定が考えられている。ある天然資源への需要が大きく供給が少なければ、その天然資源を提供する行為の「社会的貢献度」はそれだけ大きいとみなすのである。しかし、この考え方はおかしい。第一に、大庭が指摘するように、「「需要が大きく供給が少ない」ものを提供するということは、それ自体として社会的「貢献」の多寡とは連動しない」と言える。たとえば、比較的安価な石炭への需要が大きくても、石炭の燃焼に伴う空気汚染を考えると、天然ガスを提供したほうが「社会的貢献」につながるのではないか。第二に、たとえ「需要が大きく供給が少ない」ものを提供する行為が貢献度の高い行為だとしても、その商品を生産し供給する過程は、同時に多くの廃棄物を撒き散らす過程でもある。第三に、市場を通じて需給関係を把握することができるということ自体が幻想にすぎない。このところ、石油価格の高騰がつづいているが、それは単に需給関係を反映したものとは言えない。国際的な低金利のなかで、投機資金が流入した結果とも言える。したがって、経済システムだけをみても、そこでの天然資源の生産・消費にかかわる「貢献」を評価する明確な基準を想定できるわけではない。

利潤はだれのものか

「貢献」を評価する明確な基準をもたないまま、天然資源の生産・消費に伴って利潤が増加したとして、そこには、①利潤はだれのものか、②利潤とは何か —— という大きな疑問が生まれる。

第一の疑問について考えてみよう。すでに指摘したように、天然資源の所有者は排他的に天然資源の用益・処分を認められているわけではない。したがって、国家規制や自治的規制の対象になる。その規制は利潤の一部を徴収し、再分配するということであってもかまわない。問題はその徴収方法や徴収額ということになる。そして、その問題は天然資源の生産者にどの程度の利潤を認めるのかという問題、つまり生産者にとっての「利潤とは何か」という第二の疑問に関連することになる。しかし、「貢献」を評価する明確な基準がない以上、利潤とは何かを決めるのは難しい。

ここまでの論点整理を前提に、ソ連時代からレント問題に関心を持ちつづけてきД. リヴォフの主張について紹介したい。彼はその著作のなかでこの問題について興味深い提案をしている。ごく簡単に要約すれば、生産国民所得の構成をみると、ロシアの場合、資本による所得が全体の20%、労働による所得が5%なのに対して、土地、天然資源などの利用による所得（レント）が75％も占めいているが、税所得の構成では、労働に対する課税分が70％、資本に対する課税分が17～20％なのに対して、レントに対する課税分は10～13％にすぎない。一方、私有化の過程で、競争が強化され、効率が向上したはずの石油工業では、一人あたりの石油生産量でみた生産性が1990年の年間3700トンから1999年の1000トンまで落ち込んだ。こうした状況を改めるためには、天然資源にかかわるレントの徴収方法などを抜本的に改革する必要がある。

彼が問題にするのは国民財産管理制度である。この国民財産管理制度には、国家と社会というふたつの主体がかかわっており、天然資源はこの制度における「社会的所有」の対象となっている。天然資源の利用による所得はレント支払い後に形成され、そのレント支払いは保健、教育、貧困者支援、環境保全といった社会的ニーズの充足に使われる。ただし、リヴォフは、国民財産管理制度における所有者の機能はこの財産管理機能から分離されるという。社会主義のように、国家が直接、国民財産を管理・運営するのではなく、国家や社会という国民財産の所有者は基本的に「投資家－年金生活者」の役割を果たすというのだ。

つまり、国民財産の管理を行わなければならないのは商業組織ないし代理人であり、それらは国民財産の所有者としての国家や社会の関心を代表して管理し、その責任を果たして手数料を得る一方、所有者としての国家や社会は商業組織や代理人の成果を「投資家－年金生活者」のように受け取るわけである。この商業組織ないし代理人はアレンダ（財産を一時的に占有・利用する権利を譲渡）やコンセッション（排他的利用権の提供）に基づいて国民財産を利用する。どの商業組織ないし代理人が選任されるかはコンクールを通じて決められる。所有者である国家や社会は、国民財産の利用に対する支払いとして、アレンダやコンセッションの契約時に料金を徴収する以外にもうひとつ、レントの徴収を通じて所得を得ることができる。リヴォフによれば、これは「社会的配当」を得ることを意味している。商業組織ないし代理人はこの社会的配当を高めるために、「効率化」をはからなければならなくなるわけだ。その一方、国家や社会は毎年、レント徴収によって社会的配当を手にする。

ここまでの議論で気になるのは、①天然資源が国民財産であるという合意形成が可能か、②商業組織ないし代理人の選任方法、③どの程度のレントを社会的配当として商業組織ないし代理人から徴収すべか――

という点である。①に関しては、ロシアの場合、少なくとも地下資源については国家所有のもとに置かれているから、地下資源は国民財産といえるかもしれないが、その場合、「国民」とは何かが問題になる。国民財産の所有者が国家と社会であるというリヴォフ自身の主張もこの問題を複雑にしている。「国家」と「国民」は本来、違う概念であり、「国民」に重心を置くのであれば、少なくとも国民から選ばれた、議員でも官僚でもない特別の代理人が国民資産を国民の信託に基づいて管理することが望ましい。「国家」といっても連邦政府を指すのか、自治体を指すのか、もっと狭いコミュニティを含むのか —— といった問題もある。

②については、商業組織ないし代理人の選定が合理的に行われなければ、いわゆる "principal-agent" 間の関係に腐敗や不正が横行するという問題がある。まず、"principal" として選定の主体になるのは「国家」なのか、「国民」なのかという①とよく似た問題が生じる。"agent" の対象に外国人や外国企業を加えることはできるのか —— という問題もある。"principal-agent" 間の契約履行をだれがどう評価し、契約更新をどう行うのか —— といった問題もある。

③はレント徴収の具体的な徴収方法や徴収額に絡んでおり、難しい問題といえる。たとえまったくの私有制のもとで天然資源を所有している場合でも、あるいは、利用料を支払って天然資源を利用している場合でも、天然資源の生産による売上高からそのための費用を差し引いた残余から、所定の税金や利用料（レント）を支払えば、残りを商業組織ないし代理人の利潤として留保できるのか。天然資源の市況変動の結果、売上高が乱高下しても、天然資源の生産にかかわった商業組織ないし代理人の利潤の計算方式はそのままでいいのか。つまり、たまたま天然資源市況の高騰で、売上高が急増し、結果として残余としての利潤も増加した場合でも、それはまるまる商業組織ないし代理人のもとに帰してもいいのかという問題である。

おそらく絶対不可侵の私的所有を堅持する立場にたてば、自己所有化にある天然資源によって得られた利潤はすべて所有者のものということになるだろう。こう主張するのは天然資源の所有者である。あるいは、天然資源が国家所有のもとに置かれている場合には、その利用者は利用料を支払っている以上、相場変動によって膨らんだ部分も自分のものだと主張するだろう。いずれの主張も、天然資源の所有や利用を承認するシステムを構築した過去の歴史、いわば「権力闘争」の結果に基づいている。とすれば、こうした立場を認めない主張もまた「権力闘争」を通じて、自らの主張の正当性を主権国家の枠内で制度化する必要がある。つまり、天然資源の生産・消費にかかわる「貢献」を評価する明確な基準がないなかで、公共的規制の一種として天然資源にかかわる商業組織ないし代理人からレント徴収を行おうとしても、その徴収方法や徴収額を経済合理的に決定することはできず、「権力闘争」の結果を待つしかないということになる。

こう考えると、レントおよび課税にかかわる諸問題はきわめて政治的な問題であることがわかる。そのため、これらの問題は経済学の射程外にあると突き放すこともできる。ここで指摘したいのは、政治的な問題であるにもかかわらず、この問題を経済学的問題であるかのように糊塗し、レントや超過利潤を計算できるかのように主張し、その金額に応じて一部を国家が徴収するのが合理的であるかのように主張する見方があるということである。問題の所在を理解するために、まったくおおよそのレントや超過利潤を計算することは決して無意味ではないが、移転価格で歪められた推計をみると、こうした議論の多くが「現実」を反映しているとはいえず、「不毛」とさえ思えてくる。

求められているのは、レントや超過利潤に対する公共的規制をどう主権国家のレベルで合意するかである。そのためには、さまざまの立場の人々の具体的提案を吟味し、妥協点を探るといった帰納的方法しか存在しないのではないか。それこそ、「権力闘争」をソフトランデングさせる唯一の方法ではなかろうか。

ここでの結論こそ、地球規模で資源をどう「地球人」が活用すべきかの答えとなるべきものだ、とぼくは考えている。

「軍産複合体」の怖さ

いまの国連は、あくまで主権国家に基づく調整機関にすぎない。主権国家なるもの自体がそのうちなる国民の利益を必ずしも反映したものとは言えない。すでに主権国家が生まれて数百年が経過するなかで、各国には、広義の「軍産複合体」が存在し、それが国家と結託して軍備強化を猛烈に推進してきたし、今回のロシアのウクライナ侵攻で、軍事費増加という事態が多くの国々に広がろうとしている。

印象的だったのは、2021年に持続可能な事業や製品を示す指針「タクソノミー」(「分類」という意味で、持続可能な経済活動に取り組む企業の明確化を目的としている) で、防衛産業を「社会的に有害」と分類するよう提案したEUが、2022年2月末に公表した最終報告書のなかでこうした記述を削除したことである。

もはや、各国政府にとって防衛産業は主権国家の安全保障上、きわめて重要であり、より多くの国防費で保護・育成すべき対象となったのではないか、とさえ思える。だが、こうした主権国家ごとの軍事防衛重視という主張は近代化によって誕生した主権国家体制を守ろうとする時代錯誤ではないのか。ぼくには、こうした既存の権力を維持しようとする動きに強い違和感をもつ。

米国の場合、ドワイト・アイゼンハワー元大統領が「軍産複合体」を産官学などの利害で結びついた巨大集団とみなしたことは有名だ。1961年の最後の退任演説において、350万人もの人々が直接、軍事エスタブリッシュメントにかかわり、全米企業の純所得よりも多い軍事安全保障費を毎年費やしている現状に警鐘を鳴らしたのである。すなわち、「軍事エスタブリシュメントと大規模な武器産業の結合」としての軍産複合体(military-industrial complex)の存在を警告したのである。アイゼンハワーは政府、軍、産業が不要な軍事力の拡大、過剰な国防支出、政策作成過程におけるチェック・エンド・バランスの崩壊につながりかねないことを恐れていた。彼はつぎのように予言した。「軍産複合体による是認されていない影響力の獲得を、それが求められていようともいないとも、我々は見張らなければならない。見当違いの権力の破滅につながりかねない隆盛という潜在力が存在しているのであり、尾を引くことになるだろう」と。

政府、民間企業、大学などにまたがる巨大な利益集団 (広義の軍産複合体) は米国だけでなく、英国にもドイツにも日本にも存在する。こうした集団について、拙著『核なき世界論』ではつぎのように記述しておいた。

「この巨大利益集団こそ、核兵器廃絶への大きな抵抗勢力であり、この抵抗勢力を打破するのはきわめて困難な状況にすでに至っているのではないか。全米ライフル協会という圧力団体の存在が米国における銃規制を難しくしているのと同じ構造が、核兵器製造をめぐっても出来上がってしまっていると懸念される。」

ステファン・シュワルツらの研究（*Atomic Audit: The Costs and Consequences of U.S. Nuclear Weapons since 1940*, 1998）によると、1940～96年までに米国政府が核兵器の製造・配備・管理・解体などに費やした総額は5.5兆ドル（1996年のドル不変価格換算）にのぼった。これに貯蔵などの費用を加えると、総額は5.8兆ドルにまで拡大する。この5.5兆ドルは1940～96年の軍事費全体の29%にあたり、政府歳出の約11%にのぼった。米国は1945年から90年の間に、7万以上の核兵器を製造したが、核兵器製造のために、核分裂性物質の取得・生産、武器の研究・開発・テスト・製造にかかった費用は全体で4090億ドル（同じく1996年のドル不変価格）に達した。このように、膨大な費用をかけて核兵器は発明されたことになる。こうした現実こそ、軍産複合体を維持・発展させる原動力となってきたのである。

イスラエルの国内総生産（GDP）に占める防衛費の割合はOECD諸国でもっとも高い約6%に達している。こうなると、国内に広義の軍産複合体勢力が強固な基盤を構築してしまっていることがわかるだろう。そして、その勢力は少なくとも「対立」を欲し、恒久平和を望んでいない。残念ながら、こうした勢力が世界中に広がろうとしているのだ。

ゆえに、核軍縮を実現しようにも、そう簡単にはゆかない。本当は、ソ連崩壊時にNATOを解体するといった思い切った措置にまで踏み込んでいれば、今回のウクライナ侵攻といった事態は避けられたのかもしれないのだ。

今後、最低でも5年間、食糧と地下資源という資源の価格が高騰するだろう。地球が泣いているのである。ウクライナ戦争は「地球人」への重い問いかけでもあるということだ。ゆえに、新しいグルーバル・ガバナンスが求められている。

5. 新しいグローバル・ガバナンスに向けて

残念ながら、こうした主権国家の息の根を止めることはそう簡単ではない。主権国家の横暴こそ、プーチンの夢である「強国ロシア」の実現の根源にある。同じ地球に住む生物でありながら、なぜこうも争い合うのか。どうやら主権国家という枠組みでは解決できない問題として、気候変動問題、資源利用問題などさまざまな問題があることがわかる。

ほかにも、タックスヘイブン（租税回避地）をめぐる問題なども、主権国家だけの協議では対応できない。国家自体が「嘘」にまみれているからだ。

ここで、「パンドラ文書」を取り上げてみよう。2021年10月、1970年代にさかのぼる1190万件の記録や文書が含まれた、全部で2.94テラバイトのデータをもつ、いわゆる「パンドラ文書」を、国際調査報道ジャーナリスト連合（ICIJ）が分析した結果が公表された。トニー・ブレア元英首相やヨルダンのアブドラ国王ら世界の現旧首脳35人が、タックスヘイブン（租税回避地）に設立した法人を使った不動産取引などにかかわっていたことが判明したのである。

ICIJは同じくリークされた資料である「パナマ文書」（2016年）や「パラダイス文書」（2017年）についても調査報道をしてきた。今回のパンドラ文書は、ICIJが手がけた秘密ファイルのなかでも最大規模で117カ国の600人のジャーナリストが分析や取材に従事したという。

「租税競争」をめぐる国家の嘘

ぼくは、2015年6月に上梓した拙著『ウクライナ2.0』（社会評論社）の付論として、「タックスヘイブンをめぐる嘘」という論文を公表したことがある。地球上の過剰資金の動きを分析することが、世界の覇権争奪を考察するうえできわめて重要であるとの観点から、もう10年以上、タックスヘイブンにも関心を寄せてきた。

この論文では、タックスヘイブン規制が十分でないことに加えて、そもそも「租税競争」（tax competition）を徹底しないまま、「租税協調」（tax cooperation）ないし「租税調和」（tax harmonization）に向かおうとしている国家の嘘を暴いている。わかりやすく言えば、国家は自らの租税のあり方を通じて、国家間の競争をするのではなく、国家でまとまって強制的に租税を徴収する体制の強化にあたっているにすぎず、それが不十分なタックスヘイブン潰しに向かっているだけだということを解説した。

何が問題なのか

通常の理解では、「パンドラ文書」などによって、政治家や有名人が脱税・節税にタックスヘイブン（タックスヘイブンについては拙稿「「パンドラ文書」の背景にある国家の横暴〈上〉「有害な租税競争」潰しで誤魔化す」［https://webronza.asahi.com/politics/articles/2021121300001.html］を参照）を利用している実態が明らかになったことで、こうした抜け道を塞ぐためにタックスヘイブンの利用をできなくしたり、難しくしたりするメカニズムの構築が必要であるということになる。

実は、国家間の協調というかたちをとって何十年も行われてきた。これが租税協調だ。国家間での徴税をめぐっては、租税上の競争は否定されるべきではないが、タックスヘイブンの存在は「有害な租税競争」を誘発するから、国家間が協力してタックスヘイブンを阻止・抑制しようというのがこれまでの国家間の共通認識であった。

この延長線上で、国家を超えて各国で利益をあげながら、タックスヘイブンや移転価格（企業グループ内の取引価格）などを活用して、節税・脱税を行っている超国家企業ないし多国籍業に対して世界中の国家が協調して対処する動きも広がっている。

おりしも、2021 年 10 月、経済協力開発機構（OECD）は、136 カ国・地域は企業が負担する法人税の最低税率を 15% とすることや、多国籍企業への課税権を自国から、たとえ現地に拠点がなくても多額の利益を得ている国に移すことに合意した。同月 30 日には、ローマで開催された G20 において、すべての首脳が、法人税の最低水準をめぐる競争に終止符を打つ「グローバル・ミニマム・タックス」を含む、新しい国際的な課税ルールに関する合意を支持した。

問題なのはこうした国際的な取り組みに「大きな嘘」が潜んでいることだ。国家にもいろいろあって、「クレプトクラート」と呼ばれる「泥棒政治家」が国家のトップに君臨し、密かに国家の資金を外国に送金し、蓄財に励んでいるといった例がたくさん存在する点にある。国際的に国家同士が取り決めても、国家のなかには、国内法よりもクレプトクラートが上位に位置し、法を無視して振る舞うことが可能なケースが複数ある。クレプトクラートによる国富の略奪とその資金の洗浄(ロンダリング)こそ、「クレプトクラシー」であり、これに対処するには、租税協調という国家間の「なれ合い」だけではうまくゆかないのである。法の上に立ったクレプトクラートによる国家の横暴という現実に目を向ける必要がある。

大切なのは租税競争

前述した、各国の法人税を最低税率15%以上とするという「グローバル・ミニマム・タックス」にしても、この新ルールはまさに租税協調そのものであり、近代化によって制度化された国家らによる勝手なふるまいにすぎない。つまり、〈法の上に人をおく〉結果、人によって運営されている国家、場合によっては民主的に選ばれた指導者による独善が前提とされているのである。それは、10月30日付の「グローバル・ミニマム税協定に関するジャネット・L・イエレン財務長官の声明」(https://home.treasury.gov/news/press-releases/jy0447)にあるつぎの言葉によく現れている。

「本日、G20のすべての首脳が、法人税の底辺へのダメージを与える競争に終止符を打つグローバル・ミニマム・タックスを含む、新しい国際的な課税ルールに関する歴史的な合意を承認した。」

つまり、各国法人税の徴収に「ダメージを与える」という「有害な租税競争」だけについて各国がそろって合意しただけだ。「無害な租税競争」については回避されている。むしろ、国家間の租税協調によって国家の強制的徴税権を守ろうとしているようにみえる。

ぼくの立場に立てば、もっとも重要なのは国家間の租税競争であり、安易な妥協の産物である租税協調ではない。租税競争は国家統治をめぐる競争を意味している。国家が透明性の高い、誠実で充実した行政サービスを供給しない場合、納税者が別の国家や国際機関などに納税先を自由に変更できることで、国家間の競争を促すことになる。それを促すには、〈人の上に法をおく〉という「神」のような法がなければならない。国家による独善を抑止する必要があるからだ。

納税者に納税先を選択させよ

〈人の上に法をおく〉シヴィルローの世界では、国家といえども一つの制度にすぎず、国家を隠れ蓑に人が好き勝手な権力をふるうことを抑止できる。この世界では、国家間の行政サービスを競争させて、腐敗が蔓延し、歪んだ縁故主義の広がった国家には納税せずに別の国家や国際機関に納税すればすむといった租税競争を持ち込むことが可能だ。納税者の側が納税先を選択できるようになれば、国家の横暴といった傲慢さは、少しは和らぐだろう。

たとえば、日本にある、いわゆる「ふるさと納税」は納税者の側が寄付を通じて、自治体を応援する一方で、その寄附金額の一部が所得税及び住民税から控除される。原則として自己負担額の2000円を除いた全額が控除の対象となる。この制度の実態にさまざまな問題があるのは事実だが、納税者が自らの納税の一部を事実上、自由に選べるようになった意義はきわめて大きい。この制度をうまく機能させれば、自治体の行政サービスそのものを競争させることもできるはずなのだ。

同じように、本当は世界中の国家がその行政サービスで競争し、国家が強制的に税金を賦課するのではなく、人々の側が自主的に選んだ国に税金を納めることで、国家間の競争を促すことができる。もちろん、いきなりこうしたメカニズムを創設することは難しい。それでも、租税協調のもとで、国際的な金融危機、環境問題、貧困問題などに対する国際的な協調システムを構築するために、「国際連帯税」のようなものを創設し、こちらに納税すれば、その分が各国への納税とみなされるといった制度をつくることもできる。

こうした制度ができれば、各国による独善的な強制徴税権を揺さぶることが可能となるだろう。トランプ政権のようなめちゃくちゃな政権に対しては、納税者が連邦税を支払わずに、国際連帯税を支払うようにすればいい。そうすれば、政権への大きな批判になるだろう。そのためには、租税協調による「国際連帯税」の創設と、国家間の統治を競わせる租税競争とのセットが必要なのである。どうか、ドミニク・フリスビー著『税金の世界史』を読んでほしい。そうすれば、税金が時代とともにあったことを知るだろう。そろそろ、国家を揺るがす世界共通の税制度が求められている時代なのだ。

いま世界中が行おうとしている新しい税制は、国家権力の維持を前提にした近代システムを擁護するための「最後のあがき」のようなものであると、ぼくは思う。国家は「有害な租税競争」だけを抑制するために租税協調し、近代化で手にした強制的な徴税権を断固として守り抜こうとしているだけなのだ。「無害な租税競争」を促す方向性はすっかり忘れ去られてしまっている。国家が信用できない以上、国家を競わせる制度の構築こそ望まれる。

もう一つの国家の嘘

国家は別の嘘もついている。それは、世界的なマネーロンダリング防止基準策定機関としての役割を果たすようになっている金融活動作業部会（Financial Action Task Force, FATF）が推進している、マネーロンダリング対策（AML）システムが崩れているにもかかわらず、十分な対策が講じられていないところに隠されている。

2021 年 10 月に公表された The Economist の記事がある。そのタイトルは「シェルゲーム（実体のないペーパーカンパニーのゲーム：引用者注）は続く　ダーティマネーは簡単に隠せるという新しい研究結果が出た　銀行や企業のサービス担当者は、クリーンな顧客とリスクの高い顧客をほとんど区別していない」（https://www.economist.com/finance-and-economics/2021/10/16/a-new-study-finds-that-dirty-money-remains-easy-to-hide）だ。

記事によると、ケンブリッジ大学のジェイソン・シャーマン、テキサス大学オースティン校のダニエル・ニールソンとマイケル・フィンドリーは、さまざまなリスクプロファイルを持つシェルカンパニー（ペーパーカンパニー）を登録し、銀行口座を開設するために世界各国の銀行や共済組合（Chartered Society of Physiotherapy, CSP）に 3 万通以上の電子メールを送信した。もっともリスクが高いと思われる会社は、パプアニューギニアやパキスタンなど、腐敗リスクの高い場所に設立されていた。最も安全そうなのは、オーストラリアやニュージーランドの会社だ。その中間に位置するのが、英領ヴァージン諸島のような地域のペーパーカンパニーである。

その結果、彼らは銀行口座の開設意欲に「ほとんど差がない」ことを発見した（CSP はリスクへの感度がさらに低い）。本当は、TAFT のルールであるAMLに従って口座の本当の所有者ないし恩恵享受者を特定しなければならないはずなのに、口座開設をしてほしいという気持ちから、口座はすんなり開設できたのだ（シンガポールのある銀行だけは彼らの正体を見破ったという）。

信託による節税・脱税

2020年2月に発表された「金融機密指標」という、国や地域の機密性やオフショア金融活動の規模に応じて国や地域をランキングしたもの（https://fsi.taxjustice.net/en/）によると、タックスヘイブンのケイマン諸島が第一位（2022年4月8日、ケイマン諸島の当局は、ロシアのウクライナ侵攻を受けて、同諸島の企業がロシアのオリガルヒに関連すると思われる口座73億ドルを凍結したと発表［https://www.gov.ky/news/press-release-details/government-joint-task-force-on-russia-sanctions-established］）で、第二位は米国だった。日本は第七位だ。

米国がなぜ二位なのかというと、それには、「信託」（trust）を使った意図的な資産隠しの仕組みが大きく貢献しているからである。「ザ・ガーディアン」は2019年11月に、「アメリカの偉大なタックスヘイブン：超富裕層がサウスダコタ州を好む理由」（https://www.theguardian.com/world/2019/nov/14/the-great-american-tax-haven-why-the-super-rich-love-south-dakota-trust-laws）という記事を掲載している。元配偶者、不満を持つビジネスパートナー、債権者、訴訟を起こす顧客など、ほとんどの人からの請求から資産を守ることができる「サウスダコタ・トラスト」と呼ばれる信託の仕組みがあるために、世界中の超富裕層が同州に注目しているのだ。

2021年10月になっても事情は基本的に変わっていない。10月25日にThe Nationに公表された「超富裕層がサウスダコタ州に集まる理由」（https://www.thenation.com/article/society/south-dakota-trusts/）という記事によると、10月に「パンドラ文書」が公表されると、かえって同州の信託制度が注目されるようになった。「現在、サウスダコタ州では106の信託会社が5000億ドル以上の信託資産を管理しており、その数は過去5年間で2倍以上に増加している」と、記事は伝えている。

「コモンロー」に基づく信託

ここで、信託について説明しておきたい。信託が設定される際、資産の本来の所有者である委託者はその資産を信託に渡し、その信託の受託者がその資産の法的な所有者となる。受託者は信託条件に法的に従わなければならないから、その資産を自由に費消できない。受託者は受益者の受け取る利益配分を定めた指示書に従って行う。このとき、受託者は自己の利益をはかることが禁止される一方、受益者は自己責任原則から切り離される。ここに、受託者と受益者の間に「信認関係」(fiduciary relation) が成り立つことになる（詳しくは拙著『官僚の世界史』を参照)。

たとえば、二人の子供をもつ金持ちが500万ドルを信託によって所有された銀行勘定に預金し、評判の高い弁護士を受託者に指名するとしよう。委託者は息子と娘がそれぞれ20歳になったときに250万ドルずつを受け取るようにしてほしいと依頼する。受託者はこの指示に従って資金を支払うことに法的な義務を負う。この場合であれば、500万ドルのもたらす利子分が受託者の報酬となるだろう。この信託の仕組みを脱税のような犯罪に応用するのは決して難しいことではない。委託者が信託した資産の所有権が受託者に移ってしまうために、その資産の真の所有者が隠され、しかも受託者と受益者との関係も秘密裏にしておくことが可能なため、受益者の特定も難しい。ゆえに、委託者が受益者になることも可能となる。資産隠しに使えるわけだ。タックスヘイブンに信託を設定すれば、その信託にかかわる情報がますます機密性を保てるからタックスヘイブンと信託の組み合わせは脱税の有力な手段となりうる。

この信託こそ「コモンロー」のもとで、14世紀の英国に誕生したものである。それは、土地を領主に干渉されずに家族や子孫に遺すために、その土地を複数の友人に譲渡し、彼らを信頼してその土地をのちに再譲渡してもらう仕組みだ。これは、コモンローにおいては、単独の土地所有者（受封者）が死亡した場合、領主は通常の領主の権利である、相続上納金、相続人の後見権、相続人の婚姻権、不動産復帰権を主張できた。こうした領主優位の環境に対抗するために、コモンローのもとで信託を利用した相続が編み出されたのである。信託自体に当初から、隠蔽による相続隠しのねらいがあったのではなく、むしろ、複数の信頼できる受託者を置くことで、領主による干渉から受益者を守ろうとしたことになる。これは、ゲルマンの「合手制」に基づいて、5人ないし10人の友人に合手的に土地を授封すれば、彼らのうち1人が死亡しても相続は行われず、各自の持ち分が増えるだけで領主は何も主張できない、という仕組みを利用している。ただ、この仕組みには、信託の存続期間の限定という大原則があった。信託が作られたときに生存していた最も若い受益者の寿命に21年を加えたものに限られるといった条件がついていたのである。

ところが、サウスダコタ州はこの「永続性に反対する規則」を1983年に廃止した。つまり、一度、信託してしまえば、未来永劫、その信託財産は事実上、永久に課税されずに成長できることになったのである。なお、たとえサウスダコタ州が信託に厳しい規制を課すとしても、富裕層はネバダ州のような信託に「やさしい」州に資金を移すだけであり、もはや米国には資産隠しのための信託が複数の州にある。

もちろん、信託における恩恵享受者を特定させようとする動きは存在する。米国政府は2003年以降、FATF、OECD、G7（G8）、G20などを含めた国際的な協調の場で恩恵享受者を明確化しようとしている。しかし、ペーパーカンパニー設立を手助けするエージェントによって多数のペーパーカンパニーが短期間に設立される現実があるため、恩恵享受者にまではなかなかたどり着けないのが現状だ。

2022年3月30日付の「ニューヨークタイムズ」（https://www.nytimes.com/live/2022/03/30/world/ukraine-russia-war-news#oligarchs-hedge-funds-russia）は、ヘッジファンドやプライベート・エクイティの受益者は不明なまま放置されており、そこにロシアのオリガルヒの資金が流入している問題を取り上げている。こうした分野でも、国家（政治家）は大規模な投資基金運営者などと結託して資産隠しをしてきたのだ。

ここまで紹介した事実を知れば、「パンドラ文書」が明らかにしたことが氷山の一角にすぎないことがわかるだろう。にもかかわらず、国家はグルになって、租税協調によってタックスヘイブンに圧力をかけてきた。ただし、英米などにあるタックスヘイブン機能については目を瞑りつづけている。自民政権が長くつづく日本では、政治団体というタックスヘイブンを認めつづけている。

こうした主権国家のインチキさに気づくこと。主権国家の連合体にすぎない国連の無力を認め、これを抜本的に改革すること。これこそ、プーチンのような過度に国家を信奉する者を生み出さないための最低限の条件となる。そのためには、主権国家が強制する教育制度のなかであっても、主権国家を厳しく批判しつづける努力が求められている。そして、できれば主権国家に代わるグローバル・ガバナンスを構築すべく国家を超えた「地球人」が直接に結びつくことのできる場を広げてゆくこと。こうした地道な努力がいまこそ必要なのだとつくづく感じている。

あとがき

『ウクライナ2.0』という著書のあるぼくとしては、本当は『ウクライナ3.0』という本を書くことも可能だった。しかし、ウクライナを中心に据えて短時間に本を執筆できるほどの能力を、ぼく自身は持ち合わせていない。そこで、『プーチン3.0』という、ロシア側をメインの考察対象とする一冊を上梓することにしたわけだ。

ただ、本書を書き上げてみて、ウクライナに関する報道に違和感を覚えている自分がいるという話は書いておきたい。それは、ウクライナからの子どもや女性ばかりの避難民の映像を観ていて強く感じるものだ。ウクライナの国境警備隊は2月24日遅く、18歳から60歳までのすべてのウクライナ人男性の出国を禁止すると発表した。ゼレンスキー大統領が全土に戒厳令を宣言したことで、こうした措置がとられたらしい。外部者として、嫌な感じをいだくのはぼくだけではないはずだ（戦争忌避者を描いた丸谷才一著『笹まくら』の意外な結末を、ぼくは思い出していた）。

ぼくとしては、「主権国家のために命を賭けるというのは19世紀や20世紀の発想であり、国家よりも一人一人の命のほうが大切ではないか」と、こっそりつぶやきたくなる。本当は、国家は重国籍を最初から認めておくべきであり、いざとなったら、国民は別の国に避難できるよう、事前の準備があっていい。あるいは、日本のような世襲議員ばかりが目立つ国家ではなく、国民が誇れる国家づくりそのものが先なのかもしれないが。

いまでは英雄のように扱われることの多いゼレンスキー大統領についても、ぼくはできるだけ距離を置いてながめるように心がけている。

腐敗認知指数（Corruption Perceptions Index, CPI）という、国別の腐敗度をランキングするための指標がある。腐敗の定義さえ困難ななかで、腐敗の程度を数値化するという試みを大胆にも行っているわけだが、各国比較ができるという「事実」のために、あるいは、その簡便さから、さまざまなかたちで利用されている。2021年のCPIによると、ウクライナは180カ国中122位、ロシアは136位であった。

こうしたすさまじく腐敗してきたウクライナ政権の内情を知る者としては、ゼレンスキーが何を言っても、もちろん、プーチンが何を発言しても、つねに「眉唾」という警句を忘れないようにしている。

マスメディアのインチキに気づけ

今回のような危機的状況は、ふだん、あまり気づくことがないようなものごとの本質を明らかにしてくれる。その一つが、ゼレンスキーのような人物を安易に「善人」のようにあつかい、プーチンを「極悪人」と糾弾するマスメディアの勧善懲悪ぶりである。

ぼくからみると、こうしたマスメディアは商業的に儲かりそうなことを大展開しながら、自分は善人ぶっているだけの時代錯誤の「モンスター」にすぎない。こんな連中の本性、すなわち邪な偽善者ぶりが今回の騒動で明らかになったのではないか。

本書のなかでも登場する言語学者、ノーム・チョムスキーが書いた本『メディア・コントロール』の話を書いておきたい。そのなかで、米報道界の長老にして自由民主主義の理論家でもあったウォルター・リップマンの話が出てくる。彼は、組織的宣伝の有効性をよく理解し、「民主主義の革命的技法」を使えば「合意のでっち上げ」ができると主張していたと書かれている。

リップマンは公益を理解して実現できるのはそれだけの知性をもった責任感のある「特別な人間たち」だけであると考え、その他の人口の大部分を「とまどえる群れ」とみなしていた。民主主義社会において特別階級に属する者が公益の実行者としての機能を果たすには、「とまどえる群れ」を観客にとどめ、公益の実行者としないことが必要になる。選挙を通じて特別階級のだれかへの支持を表明することはできても、特別階級の人々の行動を傍観するにとどめるようにすればいいというのだ。

これは、いわば、「とまどえる群れ」を飼いならす必要が生まれることを意味している。そこで、民主主義の新しい革命的な技法として、「合意のでっち上げ」が発明されたのだ。これは、英語で Manufacturing Consent と表現される。まさに、「合意」を「こしらえる」わけだ。そのために重要な役割を果たしたのが「広報」を担当するマスメディアだ。広報は英語の Public Relations の訳語だが、「複数の人間空間での渡りをつける」ことを指している。これは、特別階級からみた公益を実行しやすい体制をつくり出すために、「とまどえる群れ」をそれとは気づかぬように特定の方向に誘導するために情報操作（manipulation）することを暗示している。米国では、この広報が公的な空間だけでなく、個別の商品やサービスを販売する際にも活用されるようになり、一大産業化した。そして、民主主義を金科玉条のように教え込む一方で、壮大なるマニピュレーションがマスメディアによって行われてきたわけである。そしていま、ゼレンスキーを礼賛することで、主権国家を守るために命を捨てることが正しいことのような映像が流れている。

ウクライナ復興という重圧

戦争が長引けば、人命が失われるだけではない。ウクライナの復興にかかる負担も膨らむ。経済政策研究センター（CEPR）が2022年4月にまとめた「ウクライナ復興のための青写真」報告書（https://cepr.org/sites/default/files/news/BlueprintReconstructionUkraine.pdf）によれば、復興費用の暫定的な見積もりとして、2000億ユーロから5000億ユーロ（2200億〜5400億ドル）という数値が予測されている。上限は戦前のウクライナのGDPの3倍強、下限はEUの対外援助予算の4倍程度となる。しかも、「復興にかかる費用は、人々が家を離れて過ごす時間が長くなるにつれ、子どもたちが心に傷を負うにつれ、また民間企業が崩壊していくにつれ、戦争が続くたびに、またその速度が増すごとに増加していく」と指摘している。

想像してほしい。まずは、被災地の地雷や爆発物の撤去が問題になる。食糧の確保や避難民の処遇の問題のほか、被災したインフラや産業施設の再建もまったなしだ。復興にかかる莫大なコストを賄う手段として、凍結されたロシアのオリガルヒなどの資産を利用するという方法もある。本書で論じたように、世界は凍結・没収・返還という法的手続きをロシア人だけでなく、世界の「クレプトクラート」向けに整備すべきだろう。主権国家に守られてきた指導者やその周辺の人々を厳しく律することが主権国家の嘘を暴くことにつながるのだ。そして、主権国家と結託してきた「専門家」とも距離を置く必要がある。

自分を磨いてほしい

痛々しく感じるのは、ウクライナやロシアについて、まともな本一冊も書いたことのないような「専門家」が登場し、「とまどえる群れ」を教導しようとしている姿だ。ぼくに言わせれば、マスメディアの登場する政治家、官僚、学者の大多数は「同じ穴の貉」にすぎない。主権国家中心の近代という枠組みのなかで生きているだけの「20 世紀型旧人類」なのである。

ぼくは、主権国家が支配するグローバル・ガバナンスのあり方を変えなければ、第二、第三のプーチンが現れるのではないかと危惧している。それほど、近代化によって生み出された主権国家体制が限界にあるのではないか、と思われる。

とはいえ、そのためにどうすべきかについては、ぼくにはよくわからない。少しだけ自信をもって言えるのは、坂本龍馬のように、脱藩する勇気をもつことの重要性についてである。龍馬は土佐藩を脱藩し、ニッポンの洗濯を試みようとした。21 世紀で言えば、ニッポンを脱藩し、地球全体の洗濯にチャレンジするくらいの気概を求めたいところだ。そして、そこに必要なのは、個々人の「品格」であったり、「志」であったり、「矜持」であったりする。主権国家を離れて、もっと自由に活躍できるだけの能力を身につけるのだ。

最後に、本書を読んだ人に求めたいのは、この品格、志、矜持を鍛えるために、自分自身を磨き上げる努力を継続してほしいということである。内省力を鍛えるには、鏡に映る自分を反省することが必要になる。そのとき、自分自身の心の鏡をぴかぴかに磨き上げていなければ、本当の自分の姿を知ることはできない。そのためには、学ぶしかない。勉強するのだ。本を読むことだ。マヌケな専門家ばかりが登場するテレビをつけるくらいなら、とにかく勉強をしてほしい。学生はもちろんだが、政治家や学者もマスメディア関係者も同じである。

たとえば、ぼくのゼミでは、柄谷行人著『世界史の構造』を必読書としてきた。The Structure of World History のほうがわかりやすいから、こちらも推奨してきた。あるいは、大澤真幸著『〈世界史〉の哲学』シリーズも必読だろう。

国家を中心とする構造（政治家、官僚、学者、マスメディア）に抵抗したり、挑戦したりするには、まずは、一人一人の知見を広げることが必要だとつくづく思う。本書がそのための手助けになりえたとすれば、望外の喜びである。

2022 年 4 月 18 日

塩原　俊彦

○著者紹介

塩原　俊彦（しおばら としひこ）

評論家。陸海空およびサイバー空間にかかわる地政学・地経学を研究。元高知大学大学院准教授。

著書：ウクライナについては、『ウクライナ 2.0：地政学・通貨・ロビイスト』（社会評論社、2015）、『ウクライナ・ゲート：「ネオコン」の情報操作と野望』（同、2014）、ロシアについては、『プーチン露大統領とその仲間たち：私が「KGB」に拉致された背景』（同、2016）、『プーチン 2.0：岐路に立つ権力と腐敗』（東洋書店、2012）、『「軍事大国」ロシアの虚実』（岩波書店、2009）、『ネオ KGB 帝国：ロシアの闇に迫る』（東洋書店、2008）、『ロシア経済の真実』（東洋経済新報社、2005）、『現代ロシアの経済構造』（慶應義塾大学出版会、2004）、『ロシアの軍需産業』（岩波新書、2003）などがある。エネルギーに関連して、『核なき世界論』（東洋書店、2010）、『パイプラインの政治経済学』（法政大学出版局、2007）がある。権力分析として、『なぜ「官僚」は腐敗するのか』（潮出版社、2018）、『官僚の世界史：腐敗の構造』（社会評論社、2016）、『民意と政治の断絶はなぜ起きた：官僚支配の民主主義』（ポプラ社、2016）などがある。サイバー空間の分析として、『サイバー空間における覇権争奪：個人・国家・産業・法規制のゆくえ』（社会評論社、2019）がある。

プーチン 3.0　殺戮と破壊への衝動
ウクライナ戦争はなぜ勃発したか

2022 年 5 月 20 日　初版第 1 刷発行

著　者　塩原俊彦
発行人　松田健二
発行所　株式会社 社会評論社
東京都文京区本郷 2-3-10
tel.03-3814-3861　Fax.03-3818-2808
http://www.shahyo.com
装幀組版　Luna エディット .LLC
印刷製本　株式会社 ミツワ

塩原俊彦 著作

ウクライナ 2.0
地政学・通貨・ロビイスト

ウクライナとロシアの情勢を詳説し、世界秩序の混迷の背景にある米国の地政学的戦略、マネーと政治問題、ロビイストの活動を解明。新しい世界観として、近代主権国家に代わるグローバルな新システムをめぐる問題提起を行う。
A5 判 2600 円＋税

プーチン露大統領とその仲間たち
私が「ＫＧＢ」に拉致された背景

取材中、モスクワで罠にかけられ、ＫＧＢの後継機関である連邦保安局に拉致された著者が、その手口を白日のもとに曝す。さらに、プーチン政権の治安機関と「秘密の富」隠匿の実態を暴き、ロシアという国家の現状を解明する。
四六判 1700 円＋税

サイバー空間における覇権争奪
個人・国家・産業・法規制のゆくえ

サイバー空間の支配をめぐる国家間の争いは、２１世紀に入り覇権争奪戦の主戦場になっている。サイバー空間とリアル空間が融合したいま、世界中で起きているＩＴ（情報技術）をめぐる最新情報に関わる議論の動向を解明する。
A5 判 2500 円＋税

官僚の世界史
腐敗の構造

なぜ互酬に基づく行為のうち、公務員といった人物にかかわる互酬が腐敗や汚職とみなされ、刑法犯罪に問われなければならなくなったのか。腐敗について考察し、マルクスの捨象した官僚に関して深く洞察する。
A5 判 2800 円＋税